前田育徳会尊経閣文庫編

尊経閣善本影印集成 49

無題号記録　春玉秘抄

八木書店

除目事　可避御衰日并執柄人衰日

前一両日召御以人職事可参大臣仁被仰其日

可候由大臣奉　勅仰外記并辨　一大臣於里亭仰之

当日早旦奏申文　件申文等各引懸紙以紙一枚裹其上以紙捻結其上或不裹但各不引裹

御撰礼紙奉御到書御座撤御座南同奉

御之職事自余上﨟職事及六位一両相共撰

之　多用文章生　畢盛於御硯筥蓋付短冊緩結其上袖

書者下方横置次書目録奏覧之

無題号記録　除目事　前一両日・当日（本文二四～二五頁）

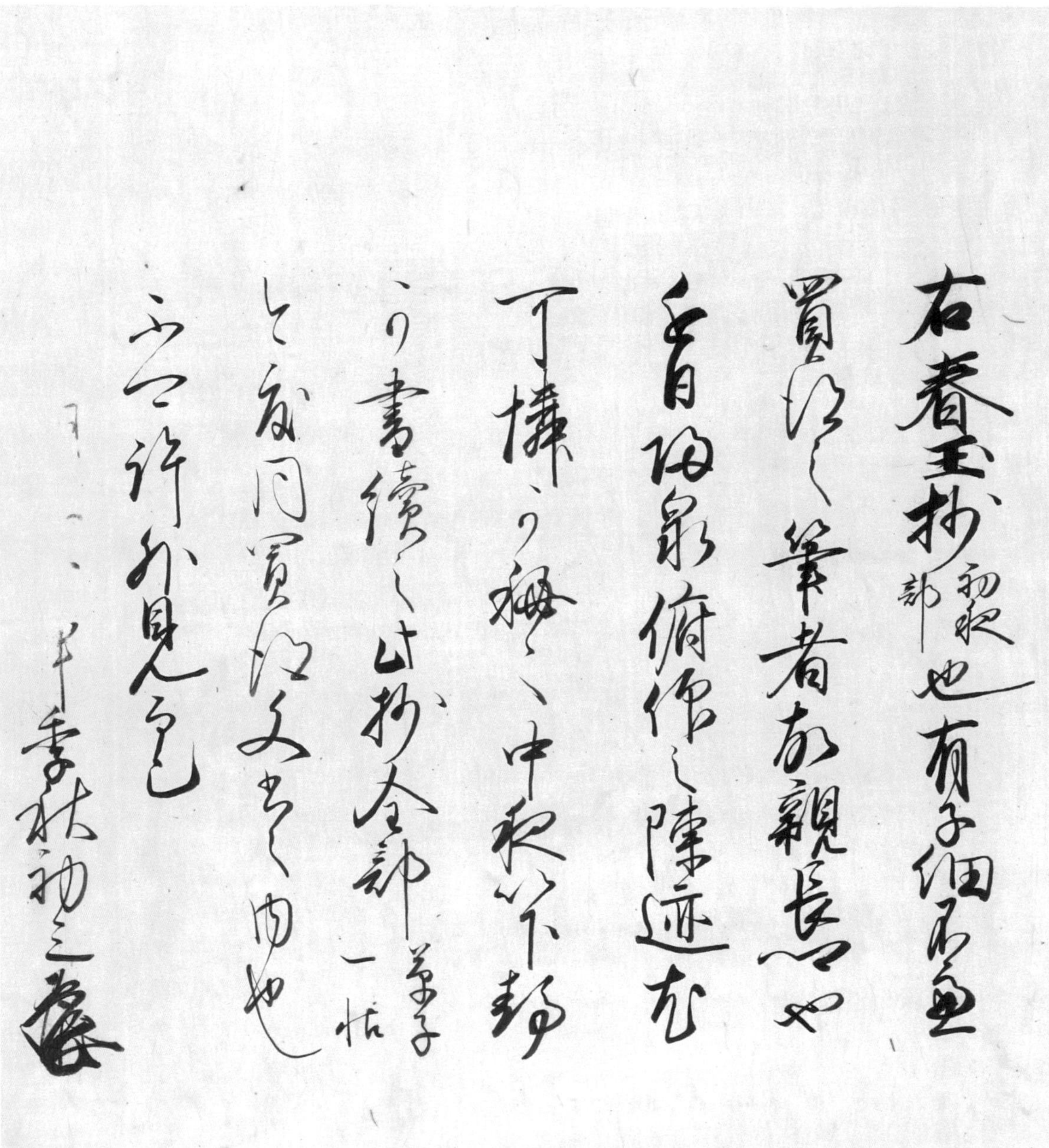
春玉秘抄　奥書（本文二二三～二二五頁）

例言

一、『尊経閣善本影印集成』は、加賀・前田家に伝来した蔵書中、善本を選んで影印出版し、広く学術調査・研究に資せんとするものである。

一、本集成第七輯は、平安鎌倉儀式書を採りあげ、『内裏式』『本朝月令要文』『小野宮故実旧例』『年中行事秘抄』『雲図鈔』『無題号記録（院御書）』『春玉秘抄』『春除目抄』『京官除目次第』『県召除目記』『禁秘御抄』『局中宝』『夕拝備急至要抄』『参議要抄』『羽林要秘抄』『上卿簡要抄』『消息礼事及書礼事』『飾抄』『大臣二人為尊者儀』『任大臣次第』『大要抄』『大内抄』『暇服事』の二十三部を十一冊に編成、収載する。

一、本冊は、本集成第七輯の第五冊として、『無題号記録』（一巻）と『春玉秘抄』（一巻、模写本）を一冊に収め、『無題号記録』については、墨・朱二版に色分解して製版、印刷した。

一、『無題号記録』は、近年その内容が「院御書」であることが確認されたが、本集成では、『尊経閣文庫国書分類目録』記載の名称（「無題号記録」）を書名として用いた。

一、目次及び柱は、各原本記載の編目名を勘案して作成した。

一、『無題号記録』の裏書は、その巻末に一括して収め、本文の図版および裏書の図版の上欄にそれぞれ「裏1」の如く標示し、その傍らに相互の所載頁をアラビア数字で示した。

一、料紙は、第一紙、第二紙と数え、図版の下欄、各紙右端にアラビア数字を括弧で囲んで、(1)、(2)のごとく標示し、『春玉秘抄』第四紙の添付紙片の位置の図版上欄に注を附した。

一、『無題号記録』収納箱の蓋上面、『春玉秘抄』の包紙（墨書のある部分）・外題紙・第四紙の添付紙片（表・裏）を参考図版として附載した。

一、本冊の解説は、田島公東京大学教授が執筆した「尊経閣文庫所蔵『無題号記録』解説」「尊経閣文庫所蔵『春玉秘抄』解説」をもって構成し、冊尾に収めた。

平成二十三年九月

前田育徳会尊経閣文庫

目次

無題号記録……一
叙位事……六
女叙位事……一七
除目事……二四
前一両日……二四　当日（初日）……二五　次日……四四
竟日……四九　臨時小除目……五二　若被行叙位者……五三
若関白候里第之時……五四
京官除目……五五
当日（初日）……五五　次日……五九
無題号記録 裏書……六三
春玉秘抄……八九
初夜上……九三
初夜中……一五五
〔初夜下〕……一九二

参考図版……………………………………………………二二七
尊経閣文庫所蔵『無題号記録』解説……………………田島　公　1
尊経閣文庫所蔵『春玉秘抄』解説……………………田島　公　45

無題号記録

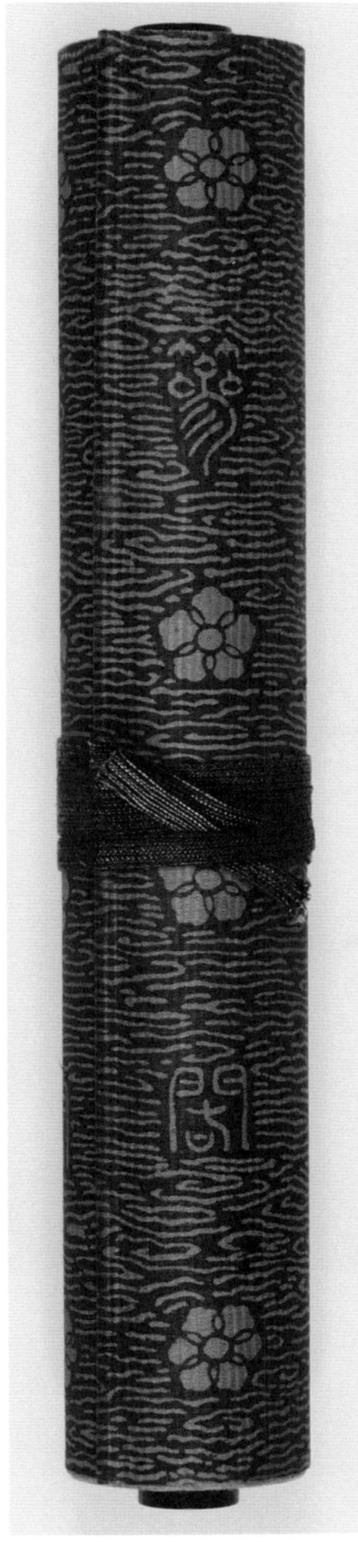

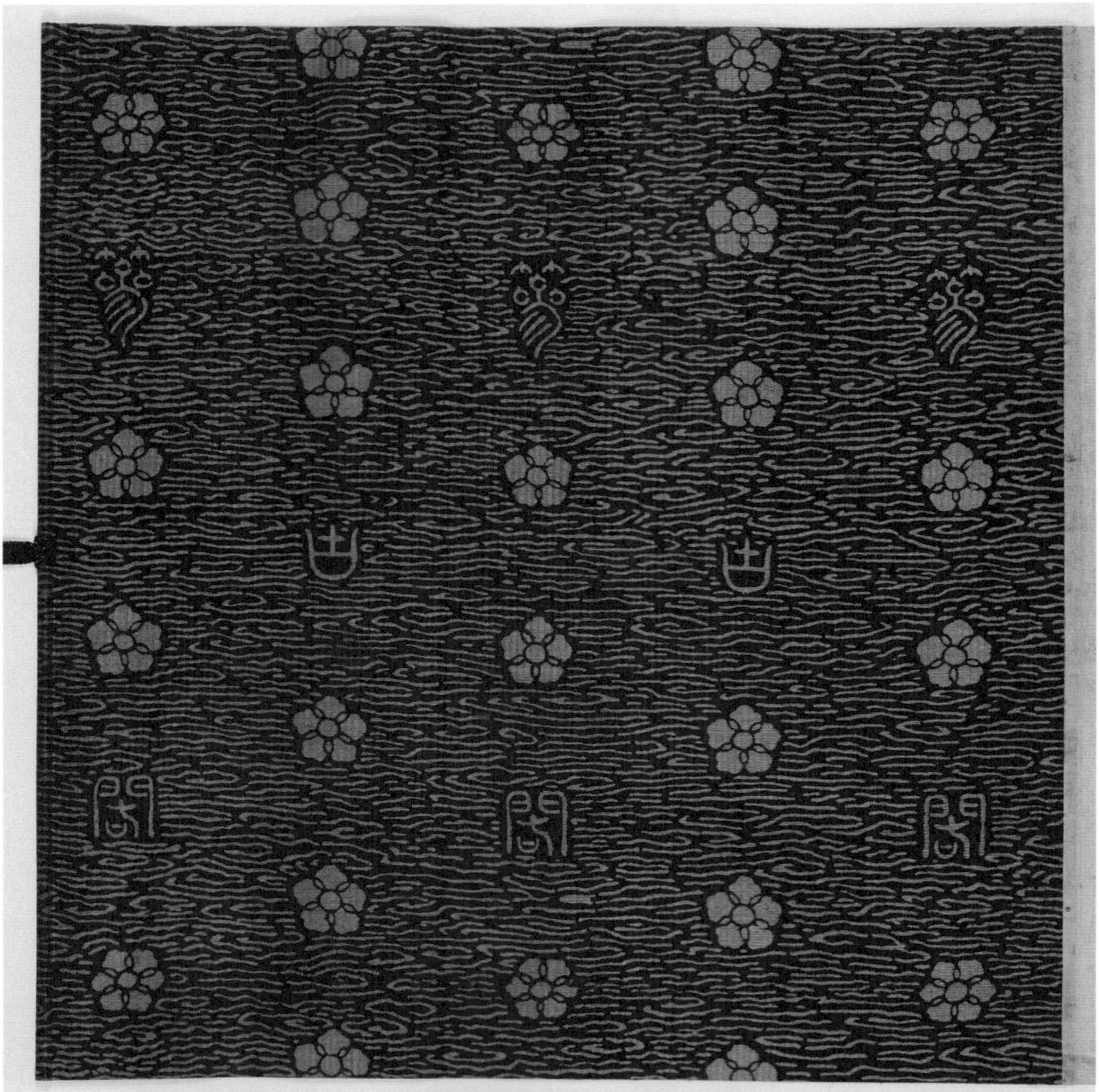

無題号記録　表紙

無題号記録　表紙見返

二世孫王 従四位下以自解申依巡叙
貞観孫王従五位下且■■

源氏 依巡挙之 長者挙之弘仁
御後隔三年 藤氏 長者挙之
門依巡挙之

橘氏 是定挙之已上挙各巻封入外記硯莒但橘氏
不封或件挙状等付奏者云々

諸道博士 紀伝明経雅凡姓叙内階餘道依姓叙内外階云々
凡姓者内外不定之時先叙外但懇入内云々

次御装束

先垂東廂御簾孫庇額间以南反燈楼縄

當畫打敷 御茵御鉤
共打半疊為打敷云々

先垂東廂御簾孫庇額間以南及燈楼綱
當晝御座（御茵御釼等如本）供御半疊為御座〻〻
前副御簾立三尺御几帳（北端寄之）御座西邊立
廻四尺御屏風一帖（便用四季）御座東邊置御硯
筥（中文臺筥蓋上開官帳筥在其傍）掃部寮孫廂南第三間鋪
兩面端疊為大臣座（与納言座頗以絶席）自第二間南行
至第一間更西折鋪繧繝端帖為納言參議座
當御座間以北敷文臺圓座為[illegible]座（或附）

至第一間更西柝鋪繧端帖為納言参議座
當御座同迫北柱下敷菅圓座為執政座（或御簾内）
（敷其座可依時議）
其南去長押三許尺敷圓座為大
臣應召座（二人催時隨鋪二枚）若臨昏時召所燈臺二基
立御前（一基立執筆大臣前用短　一基納言前名有打敷）
藏人奉仰召上卿先到陣後召陣官問膝
着有無也若無時令置之入自宣仁門経参議

着有無由若無時令置之入自宣仁門経参議
座後進自小橋南（不踏件橋）経廊壇上幕外
着膝突先目大臣次見渡以下公卿又見留
大臣所稱召由（詞云召須）諸卿微音稱唯蔵人右
廻経本路退出大臣召外記仰去莒文候外
記取莒文列立南庭（外記数少史生加立）大臣以下起座
到射場殿（経階下雨儀公卿経南殿外記階下）大臣立軒廊（入自三间立二间）
（南面西上）納言立射場殿（東砌西面北上雨儀射場内）参議立南砌

（2）

南面西上納言立射場殿東砌西面北上両儀射場内参議立南砌

北面東上両儀砌内外記立東庭西面北上両儀立射場殿東砌列了大臣

揖之参上着御前座次大臣参候之時於殿上相待着御前座一納言

入自三同立同同外記進跪納言搢笏取書文

或説於青瑣門下邊弃硯水昇近代捐墨入硯瓶不入水於硯

入自右青瑣門経殿上戸前宰相座末自又庇南妻宰相座

西妻昇々進御簾下二箇度許膝行直書更二箇度許膝行還本所、向式支立也畳一圓

座西邊参時先右足帰時先左足左廻自本道着座次々如此文

納言奉仕執筆之時執件書参上

納言奉仕執筆之時執件筥参上

次大臣以下着座（参議一両着座為期必不満参議歟）次主上出大臣

（其詞曰古奈太仁）上臈大臣微音稱唯着御前圓座（用白）

（為上臈大臣着可着御座間北柱下間座経簀子敷入自五間着次々大臣入自四間）

奉仰召次

大臣（其詞曰右大臣哉）大臣稱唯着圓座又召次大臣着

座畢主上被仰云（早久）執筆大臣小揖置笏（左方）

用見第二筥文除十年勞帳外移入他筥取寄

令々更用見了唯遣見筥令右方（用白在外座時推

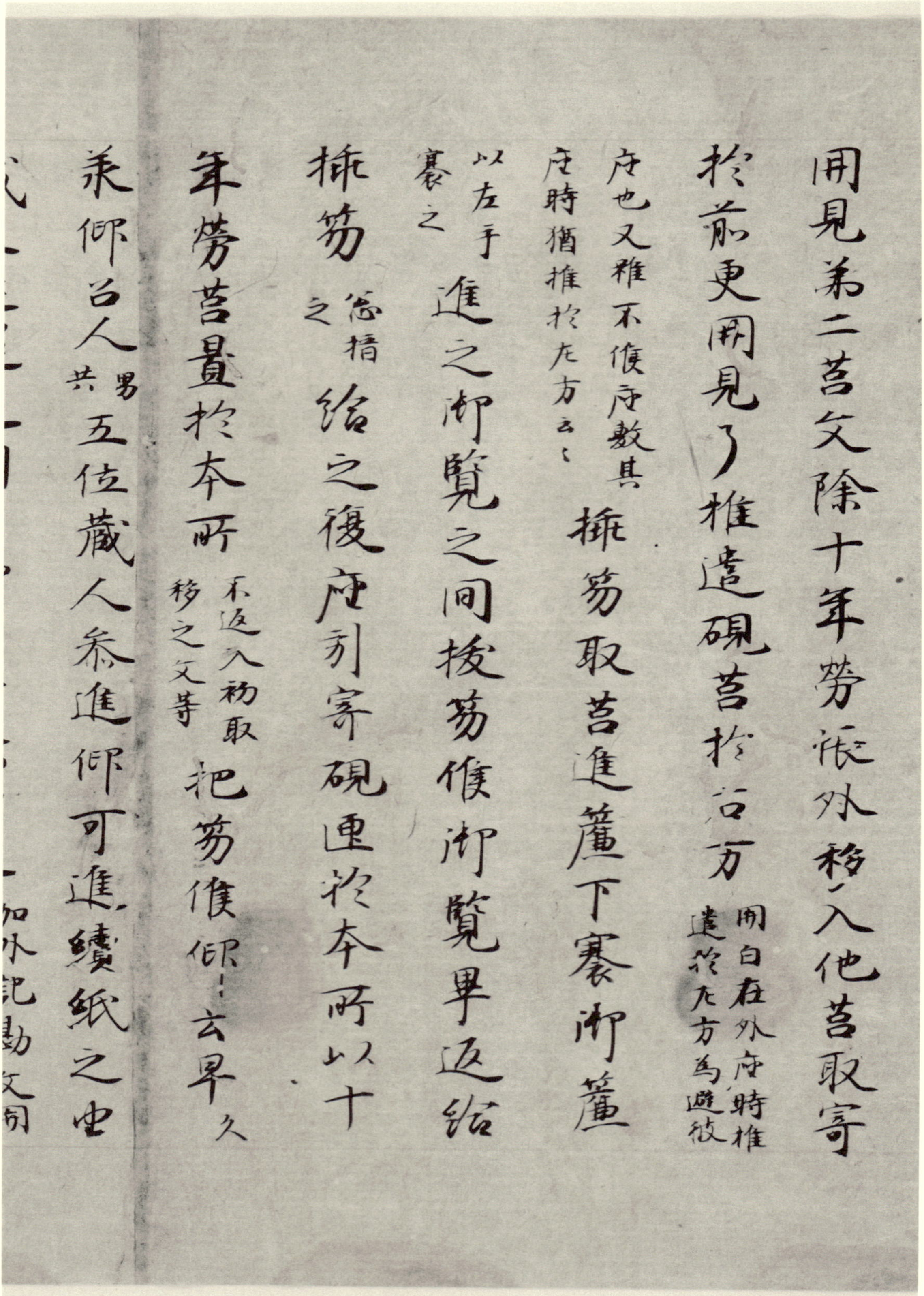
開見第二筥文除十年勞依外移入他筥取寄
於前更開見了推遣硯筥於右方（開白在外座時推遣於左方爲避敍）
座也又雖不復座數其座時猶推於左方云々
挿笏取筥進簾下褰御簾
以左手褰之
進之御覧之間拔笏候御覧畢返給
挿笏（依指之）給之復座引寄硯運於本所以十
年勞筥疊於本所（不返入初取移之文等）把笏候仰云早久
兼仰召人（男共）五位藏人參進仰可進續紙之由
加外記勘文同

兼卿召人男共五位蔵人参進卿可進續紙之由

蔵人退還之間自御前下給申文加外記勘文間白候時下入硯

筥蓋給之間白不候時取申文直給之置笏給之置硯運左方撰取

可叙申文置前此間五位蔵人盛續紙於柳筥件紙二巻也一巻八幅入柳筥欲若紙不足之時續用

就大臣後進之大臣取續紙置前取笏候蔵人取柳

筥退帰主上仰云早久置笏染筆先書従五位下

可叙従五位上以上之程紙置端書之闕二三行許先叙蔵人自御前以詞被仰之

叙式部丞叙民部丞以上依有奏叙之懸句近豊民

可叙従五位上以上之程紙畳端書之閑二三行許先叙蔵人自御前以詞被仰之
次式部丞次民部丞以上依有奏叙之懸句入筥取叙位讀畢暫之畳紙
筆取笏申院宮御申文可取遣也此間叙位八畳硯筥与置座[?]之間其間云院宮乃[?]御申文取ホ[?]遣
年院不御時唯可申宮々勅許之後召中納言若参議近年多召
参議御院宮御申文可取遣由参議退下之後
執筆先叙王氏書於蔵人上撿非違使外記史諸
司外衛等一々叙之随姓高下進退耳次叙氏爵氏長者候座之時或

司外衛等一々叙之（随姓高下進退耳）次叙氏爵（氏長者催座之時或無名薄被擧）參議進院宮御申文若有不進名薄之
所者可申其趣大臣取之進御簾下置笏進
之（不入筥不用封）取笏催御覧畢返給（以懸紙面御所給之不以裹紙）復座
随本所次第雙置於硯筥右方一々叙之又執笏
奏可召入内并一加階勘文也勅許了後令殿上
并御外記進之并傳進（不入筥）奏覧叙之（或不奏唯讀上）
（叙之入内者書於王下蔵人上）外記勘文并申文名薄等毎叙

叙之入内者書 於王下蔵人上 外記勘文并申文名薄等毎叙

懸句入莒 但至申文名薄者乍 裹紙巻之或取裹紙 次書加階逆上至上

階 従五位上所先書一加階毎階常例 所書依可追加者設其所欲 叙位畢書筆

号等 奥有餘紙者放棄之取第二莒文書 移於第三莒入叙位推硯莒如初 覆勘了入

莒揷笏進巻之披笏倹返給々揷笏 忩揷 給

之複座披笏更疊笏返進所下給之申文

外記勘文等畢 件文等 不結 複座成文入莒 不巻重 不結中

外記勘文等畢（件文等不結）複座成文入莒（不巻重不結中）
取副叙位於笏退下於殿上授入眼上卿
退出（宿老執筆占於御前給之）

女叙位事（隔年行之御装束如官奏儀御座同又庇北柱下敷開白座圓座）
時刻出御晝御座（申文幷外記勘文入御硯莒蓋）大臣一人依召参
上着孫廂圓座（出自殿上ニ戸経簀子敷）依御召人（其詞曰男共五位蔵）

上﨟孫廂圓座出自殿上〻戸経黄子敷依仰召人其詞曰男共五位蔵人参進

仰可持参紙筆由即入柳莒硯筆一雙

墨小刀續紙二巻墨小刀本方以紙裹之紙居紙各五枚許経黄子敷

自大臣後進之大臣取之先叙蔵人次参可進

取院宮御給名簿也奉仰名敷上次將仰其

也或名蔵人頭仰之若此中有后宮御名者可返給但近代避母后并當時后宮御名此間給申文

於関白令入御硯莒蓋給之外記勘文在此中関白起座進御座揖笏給之復

於関白
作入御硯筥蓋給之
外記勘文在此中
関白
起座進
御座
搢笏給之復座毎叙一々撰出給執筆々々給之叙畢懸勾入柳筥
釆女御匣殿毎度給之團
司東竪主水輪轉給之
此間持参院宮御申文
加階者以
詞被奏
大臣取之搢笏進御所奏之抜笏還復座候之一々覧畢返給
但懸紙
留御所
大臣起座進御所搢笏給之還本座抜笏置傍次第並置叙之
但東宮
無女爵
若有可入内者仰外記令進勘文叙之
叙従五位之上
或又叙下云々
次自従五位上至上次第叙

無女爵
文叙之（叙従五位之上　或又叙下云々）次自従五位上至上次第叙
之叙畢奥書年号暫撤入柳莒之硯筆等入
件文插笏膝行長押上就御座奉之披笏還
複本座御覧畢如元巻之入給柳莒大臣起
座進御所插笏給之還着本座披笏畳傍如
元返入硯筆成文但件文等不結等取副下名
於笏退下給入眼上卿々々給之着陣令作位
記入等同之入筥之（若男位記相加着各入一）

於労退下給入眼上卿々々給之着陣令作位記令持内記参上令奏之（若男位記相加者各入一筥乳母位記状異他云々）作令請作々々畢又奏之（即留御所但男位記者返給）所司不具之時封給内記若無内記者給外記云々

後日内侍於晝御座令遣於本所（以髪上女史為使但内親王女御大臣妻等類以近衛次将為使）

奏申文事同叙位議但兼仰之後於鬼間擇之

奏申文事同叙位議但承仰之後於鬼間擇之
付短尺﨟御硯筥蓋疊事又同
蔵人　御匣殿蔵人　内教坊　釆女　院宮御給 已上年爵
女史　御手水　水取　掌縫　闈司
東豎 或作豎子
已上依巡叙之令外記勘巡遠近
親王　女御　更衣　尚侍　典侍
掌侍　御乳母 臨時　大臣妻

掌侍　御乳母 臨時　大臣妻

已上被叙加階依年限

・

一加階

命婦　殿上命婦　入内　已上有無随時

褰帳　執翳　已上御即位

陪膳采女　五節執翳　已上大嘗會

陪膳采女　五節執翳　已上大嘗會

除目事　可避御衰日并執柄人衰日

前一両日召仰以職事可参大臣仁被仰其日

可候由大臣奉　勅仰外記并辨　一大臣於里亭仰之

當日早旦奏申文　件申文等各引懸紙以紙一枚裹其

可候由大臣奉　勅仰外記幷辨一大臣於里亭仰之

當日早旦奏申文件申文等各引懸紙以紙一枚、裹其上以紙攙結其上或不裹但各不引裹

紙

仰撲礼奉仰到書御座於御座南同奉

仰之職事自余上臈職事及六位一兩相共撲

之多用文章生畢盛於御硯筥蓋付短冊緩結其上袖

書者下方横畳次書目録奏覽之

短尺書様

院宮内官未給　　院宮未給　　院宮名替

院宮内官未給　　院宮名替　　院宮

院宮國替　　院宮更任　　院宮當年給 件未不可有之、先不可付蔵人之故也、除目依後執筆作議々云也

院宮二合 件未近代无之 或入未給未云々　　一品東宮入此中 不可入院宮未、准后人雖非一品可入之

院宮付蒭返上、公卿付蒭返上 件未實資大臣執可有之也、近代无之、隆俊卿云件未力仇筆尤要

公卿當年給　　公卿未給　　公卿名替

公卿國替　　公卿更任　　公卿二合 或入未給未云々

長女親王入此中

申大夫外記史　　申外記　　申史　　申民部丞

申式部丞　　申左右衛門尉　　申式部録

申式部丞　申左右衛門尉　申式部録

申民部録　申八省輔　申某官

舊吏　新叙　辞退受領者四箇年不任受領、仍不入選　給官後辞退輩入舊吏束　別功

諸司　申六位受領　所司奏　所々奏

諸道挙　若明法挙数　多可別束　連奏　近代典薬寮並連奏、但助不依連奏　神祇官　陰陽寮　二寮

文章生一　大学寮進勘文　入筥　文章生散位　外記勘申之　入筥

諸道得業生　問者生　已上式部有進勘文　入筥

已上付短尺

已上付短尺

(80)裏9 瀧口　蔵人所　已上勞勘文之時預
作出納令勘文奏之　出納

(80)裏10 某院臨時被申　某宮臨時被申

某官親王臨時被申　某大臣臨時申

(80)裏11 某納言藤原朝臣臨時申　内給　臨時内給

(80)裏12 某元品親王臨時申

已上袖書　入御硯筥蓋置御座前入闕官之
筥御硯筥等同並置御座前

院宮公卿二分之代申内舎人　舊年給代入舊年未云々
當年入當年未云々

院宮公卿二合之代申内舍人　舊年給代入舊年束云々　當年入當年束云々

又申名國共可替之由　入國替束云々若院宮并公卿前年　臨時申任諸國掾介後年申改名

若國之申文可入名

替若國替束云々

件申文近代國替人
以任少掾之人申改大掾之申文　塗後入更任二条殿被難云々　入更任束云々

任符返上申文別可付短冊云々　右府命也其　文云任符返上

初日撰外國

次日内官　一官闕入七八人不叶　先例之人不入

裏13（79）

次日内官　一官闕入七八人不叶
先例之人不入

自餘爲大束隨召奉之
大略諸別有召之時奉
之不然早難求得云々

次御装束

先垂東廂御簾孫庇額間以南及燈樓纓當晝御

裏14（78）

座　御茵御釼
等如本　供御半疊爲御座々々前副御簾立

三尺御几帳　北端
寄之　御座西邊立廻四尺御屏風一

帖　使用
四季　御座東邊疊御硯筥　申文藏筥蓋上闕
官帳筥在其傍　掃部

寮孫廂南第三間鋪南面疊爲之座　与納言座

帖（便用／四季）御座東邊疊御硯筥（申文盛筥蓋上闕／官帳筥在其傍）掃部
寮孫廂南第三間鋪兩面端疊為大臣座（与納言座／頗以絶席）
自第二間南行至第一間更西折鋪緣端帖為納
言参議座當御座間迫北柱下敷菅圓座為執政
座（或御簾内敷其／座可依時議）其南去長押三許尺敷同圓座
為大臣應召座（二人依時／随鋪二枚）若臨昏時召所燈臺二基
立御前（一基立執筆大臣前用短／一基納言前各有打敷）

立御前 一基立執筆大臣前用短 一基納言前各有打敷
藏人奉仰召上卿先到陣後召陣官同勝者有
無也若無時令昌之入自宣仁門経参議座後進
自小橋南 不踏仲橋 経廊壇上垂幕外着勝案先目
大臣次見渡 先例大臣着着勝案召之納言以下立召云々 少以下公卿又見留大臣所稱召也 詞云召須
諸卿微音稱唯藏人右廻経本路退出大臣召外
記 以陣官令召 仰云莒文候外記取莒文列立南庭
外記數少史生加立 大臣以下起座到射場殿 経階下雨儀公卿経南殿外記階下

（外記數少 史生加立）大臣以下起座到射場殿（経階下両議公卿経 南殿外記階下）

大臣立軒廊（入自三間立二間南面西上）納言立射場殿（東砌西面北上両儀射場）參議立南砌（北面東上両儀砌内）外記立東庭（西面北上両儀内 立射場殿東砌）

列畢大臣揖之參上（用小板敷先居殿上自上戸出経簀子敷着御前座開向宜僕奥座）一納

言入自三同立同間外記進跪納言搢笏取筥（大刀柄乃上ニ當程ニ持筥）

文入自右青瑣門（経敷上戸前 宰相座末）自又庇南妻宰相

座西妻昇進御（袖乃頰當御廬程也）廬下疊圓座西邊（參時ハ三度膝行退時ハ二度膝行頰向戌亥起 參時先右膝 歸時先左膝）

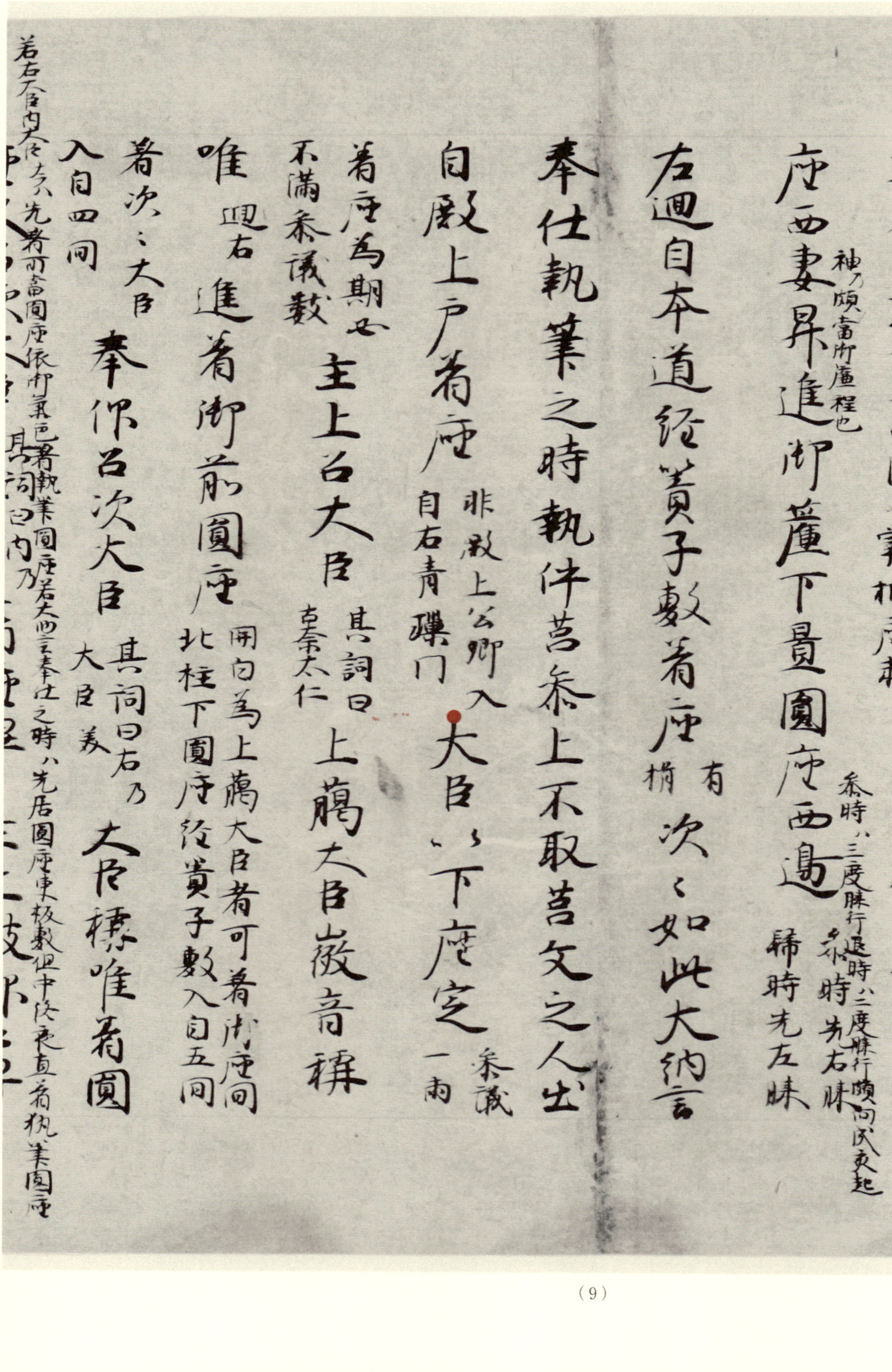
…宰相座末
座西妻昇進御簾下畳圓座西邊 袖乃頗當御簾程也 参時ハ三度膝行退時ハ二度膝行頗向戌亥起 参時先右膝 歸時先左膝
左廻自本道経簀子敷着座 有 梢 次々如此大納言
奉仕執筆之時執件莒参上不取莒文之人出
自殿上戸着座 自右青瑣門 非殿上公卿入 大臣以下座定 参議 一両
着座為期也 不満参議歟 主上召大臣 其詞曰 古奈太仁 上﨟大臣微音稱
唯 廻右 進着御前圓座 用向為上﨟大臣者可着御座間 北柱下圓座経簀子敷入自五間
着次々大臣 奉仰召次大臣 其詞曰右乃 大臣美 大臣稱唯着圓
入自四間
若右大臣内大臣ハ先着可當圓座依御氣色着執筆圓座乃若大臣三人奉仕之時ハ先居圓座東板敷但中俠直着執筆圓座
其詞曰内乃

[illegible]上[illegible]座前座[illegible]北柱下圓座從黄子敷入自五間

着次〻大臣　奉仰召次大臣　其詞曰右乃大臣義　大臣標唯着圓

入自四間

若右大臣内大臣之入先着円座依御氣色着執筆圓座若大臣三奉仕之時ハ先居圓座東板敷但中院直着執筆圓座

座又召次大臣　其詞曰内乃大臣義　着座畢　主上被仰云早

久大臣小揖置笏　左方巻闕官帳　第二莒他文書等取渡第三莒闕官帳二

巻一巻正一巻推入莒奏但取渡之文者懸藏於　推遣硯莒於座右方其

莒西頭入是自本入文為不相交也

跡二　置闕官帳莒又各披見插笏　関白候座之時推左　取莒　取廻

莒文下為御前之方也　膝行褰御簾　於御簾下取廻也　以左手褰之　進之挿笏復座磬

折候御覧訖返給　以〻闕官帳莒推動御簾給也　插笏　忩插云〻　膝行給

之復座見莒[illegible]文[illegible]　次〻莒者以〻笏撥寄所取

（75）裏18
（75）裏19

所之放也
於御前下取廻也
折候御覧訖返給　以國官帳莒推動御覧給也　揷笏　忩挿云々　腋行給
之復座硯莒如本引寄座前　次々莒者以笏擧寄所取渡第三莒之四所籍返取入
第二莒可任次第二藏返懸莒西頭並置也　正笏候氣主上仰云早久大臣先取
大同　在硯莒　放表紙巻入硯莒下方　或入國官莒但入硯莒為勝云々　次縁疊
大同於座右方　東西妻但頬向紐長二尺五六許寸奥二三枚許不用畢堅巻差夾大間之左方折目為軸代有事
便云々縁疊大間者奥為上云々　訖取笏候氣色主上仰云早久大臣
置笏於左奏可任四所者之由　或又内挍文進内竪大舎人校書殿進物所等也　依天
廻籍者始奉仕陳日人始自延喜天暦計
許給目録文並所上之各有勞帳並藏在二莒而奏國官帳時　先撰取第二莒於長久第二年

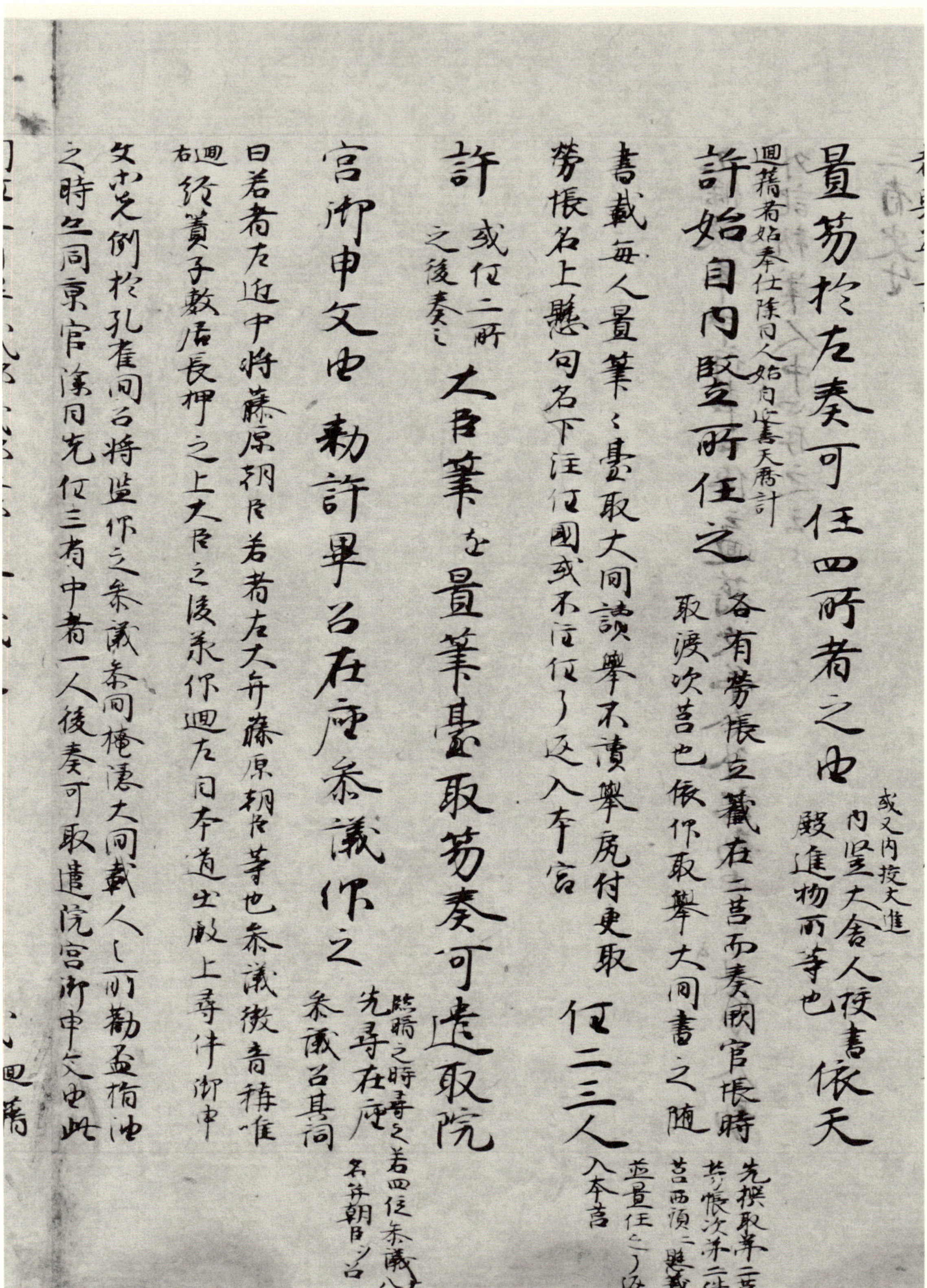
量労於左奏可任四所者之也
或又内按文進
内竪大舎人按書依天
殿進物所等也
廻籍者始奉仕除目人始自内竪書天暦計
許始自内竪所任之
各有労帳立蔵在二莒而奏闕官帳時
取渡次莒也依例取挙大間書之随
先撰取第二莒
労帳次第二件
莒西頒二懸蔵
書載毎人量筆之尽取大間読挙不請挙尻付更取
労帳名上懸句名下注任国或不任任了返入本莒
任二三人
入本莒
并量任之了返
許　或任二所
之後奏之
大臣筆を量筆尽取労奏可遣取院
宮御申文也　勅許畢召在座参議令作之
参議召其詞
先尋在座
臨時之時尋之若四位参議不在
召弁朝臣ゝゝ召
日若者左近中将藤原朝臣若者右大弁藤原朝臣等也参議徴音稱唯
廻右
経黄子数居長押之上大臣之後暫作廻左同本道出殿上尋件御申
文亦之例於孔雀間召将監作之参議参同権堺大間載人々所勘並指油
之時亦同京官除目先任三有中者一人後奏可取遣院宮御申文也此

文亦之例於孔雀間召將監作之参議参間権遷大間載人〻所勸盃猶油
之時〻同京官除目先任三省中者一人後奏可取遣院宮御申文也此
同任三省畢式部民部兵部　参議退下之後任四所残　廻籍依次
等也或式兵民此説為勝
大臣中心所存也件勞帳懸句入第三　此間自御所下給申文
筥下外記九他勞帳等如之
有短冊或奏院宮御申文返給之次下給云〻開白在座〻時　給之置硯筥与第二筥間　大臣
盛御硯筥蓋開口給之置座右臨期撰出授執筆
給之〻院宮御申文　未給名替国替等也　置座前　只今可任者置硯北　後可任者置硯東久
不可任者置硯与第二筥之間　任四所説先内給　件名薄在自御所下給文
雖書析下妻入三筥
中撑取隹氣色随勅許任之若有付短冊　此間参議侍参御
文者取合樓紙樓左右端入硯筥下方

中擇取俊氣色随勅許任之若有付短冊
文者取合樓紙樓左右端入硯莒下方　此間參議侍參御
推硯莒筆事同奏聞官後儀
申文大臣取之插笏奏覧　不開封不入莒開白在座之時
執筆大臣傳奉奏覧云々　被
笏俊　時插笏
返給之　申文一通内巻合結之
但懸紙面御
所裏紙不開
返給　復座一々任之先取
申文天刋裏紙入第三莒随本所次第雙置於
硯莒右方ゝ所當年乃給上奏天依可許取上大
間之其所把筆書載天筆を如元置筆甚位
姓名を讀不讀尻付云々　置大間更取請文懸句
入成文連　此中若有不成文者更巻折下方　次任公卿
尻付執筆大臣書名字或又某大臣上
書是官位為

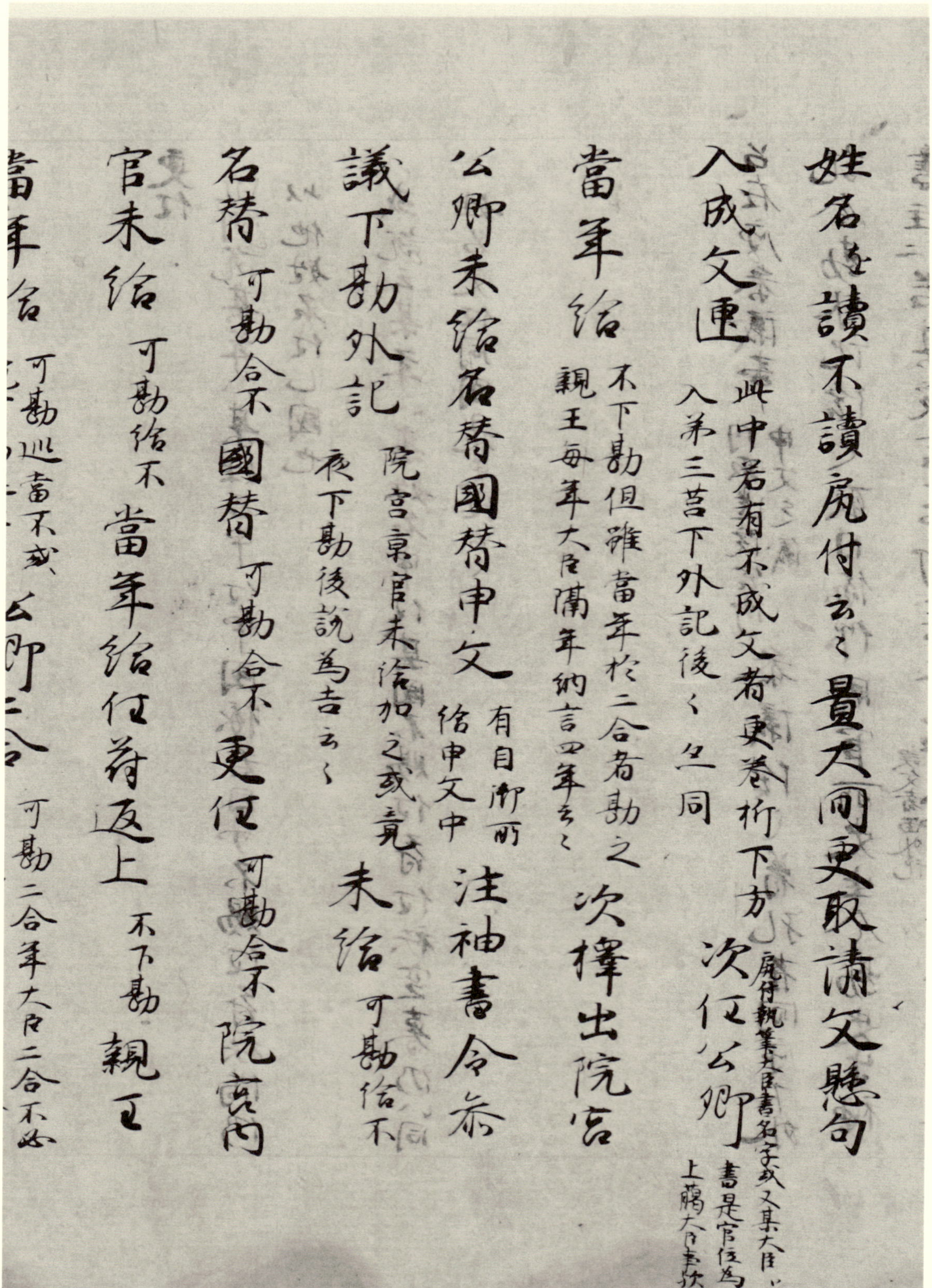

姓名或読不読尻付云〻 置大間更取請文懸句 尻付執筆大臣書名字或又其大臣上 書是官位為 上臈大臣書歟
入成文連 此中若有不成文者更巻折下方 入第三莒下外記後〻又同 次任公卿
當年給 不下勘但雖當年於二合者勘之 親王毎年大臣満年納言四年云〻 次擇出院宮
公卿未給名替國替申文 有自御所給申文中 注袖書令奏
議下勘外記 院宮京官未給加之或竟 夜下勘後説為吉云〻 未給 可勘給不
名替 可勘合不 國替 可勘合不 更任 可勘合不 院宮内
官未給 可勘給不 當年給任符返上 不下勘 親王
當年名 可勘巡當不或〻 公卿二合 可勘二合年大臣二合不必

官未給 可勘給不 當年給任符返上 不下勘 親王
當年給 可勘巡當不或、說可勘巡年 公卿二合 可勘二合年大臣二合不必勘是依便宜於有謀有
憚之故也 參議 或又執筆大臣以箱下勘 不二合雖參議獻五節次年 若今夜勘進者
二合几獻五年次年者或不下勘云々
少々任之 件文更不奏云々名替及京官轉任者不讀舉同余皆讀之國替依申人次第名替依道次若有二通申
文進御所又外記勘進公卿給申文若不任了者加成文進御前云
々道方卿云勘進之時名替國替各々相重而執筆人別々取放
懸句判加成文是常事也而為大弁奉仕除目之時依故入道殿
仰作重懸句判加成文雖非正說是容易說也云々
夜漸深間大臣催氣色大間巻加表紙以人紙捻

夜漸深同大臣催氣色大同巻加表紙以人紙機
結天其結目引墨々件紙機者取在莒申文奥方至廣破
自中折破目を為中機表紙重目ニ當天
結天其上ニ引墨ハ筆を濃湿天結目ニ深入之未頗横ニ引也或説
二筋を機續其上を一結是ニ条用口説也此結之又件紙機亘機儲入懐中結之破
申文奥機由示氣氣色件申文如本巻入第三莒成　次成文以
文結緒如此故實件紙機不用刀以手破之云々
成文及三通之後ハ紙機續結其中猶加次々成文也
紙機結中其結目上引墨如初　件成文者依申文被任
者載大間了懸句入莒
之名　寂初夜事了結中引墨加大同獻御所次夜
也
不解結緒今夜成文入同莒事了解昨日結緒

不解結諸今夜成文入同莒事了解昨日結諸
更結合刷墨如昨日但昨今文頗付意験者歟
不解昨日結諸又以別結諸惣結合引墨云々故
小野宮右大臣実資卿先解昨日結諸続延新紙
機結捨加次々夜成文云々三中最初為吉云々為
令召替國替也今夜成文者頗擎文首不令混
雑去夜成文若有被改任者為樸士也又院宮
御申文中載望椽目者而任一人之時其文必

御申文中載望掾目者而任一人之時其文必
付標為易後撰出也又望一兩國之時其國傍
付墨載注其任國大少權正皆書付云々寄物
如本入硯莒巻大同入莒兩官振移入他莒如初推遣硯莒
挿笏進御所取廻莒文下為御所之方也或説以右手取上硯莒其蓋二以左手引寄大間莒其跡
置硯莒挿笏奏是　次返進下給大束申文把笏
左御門右府説也
復座即起座右廻退下
次日召公卿并莒文作法如昨日大臣以下着

次日召公卿并莒文作法如昨日大臣々々下着
座次主上召大臣如昨日大臣着座之後下給
大間莒加成文并申文以大間莒押動御座給之大臣押下硯莒
膝行揺笏給之以左手褰御座給之複座次置硯莒於
本所正笏候次主上被仰下云早大臣置々笏於
傍縁大間先切所給之紙撚左右端於押合天入硯撚合天莒之下方巻懸紙入硯莒如昨日主
上被仰云早参議取昨日所被下勘之文進
于大臣後奉之不待催直参進件参議不奉文書以前不着座大臣執之

于大臣後奉之（不待催直参進件参議／不奉文書以前不着座）大臣執之

次弟任之（不奏）次文章生（敵任之者一人任京官）三人 任北陸道掾若

無闕之時任山陰道西海道掾云々件労帳

在弟二莒（本莒）任畢入次任内舎人（三人）任坂東掾次

任諸道挙（北堂挙儒後明経挙勧学院奨学院等挙明法依姓満年）（紀傳明経／明法等）次任諸院挙（勧学院／奨学院）台

使（申文者／在硯莒）次親王参議（以入）下置國令殿上弁卿

（参議弁三位及中将任権守）外記進勘文随勘進任之（中少将多任介構録一人見／多任権守而近来不然）（少将無任介）付置字不奏同参

議任権守装束司弁多任美作介（近代不必然）若権守少

議任權守裝束司弁多任美作（近代不必然）介若權守少
納言多任紀伊權守諸道得業生入伴勘文
伴勘久任畢之後加大束申文返上之（不巻次成文）
又令殿上弁作外記進轉任宿官勘文勘進
之後不奏問任之（件勘文不懸鉤巻加成文但蔵人不入勘文）蔵人式部民
部（已上任諸國權守）外記史検非違使（外衛労者不任）（已上任諸國介）外記史多任西
海道検非違使任坂東近衛（将）監去年叙位之者出（或将曹府生之中撰恪勤者本府挙之）
納亜國多任近江（近代多任目）掾蔵人所瀧口等労長以人蔵

裏26
（70）

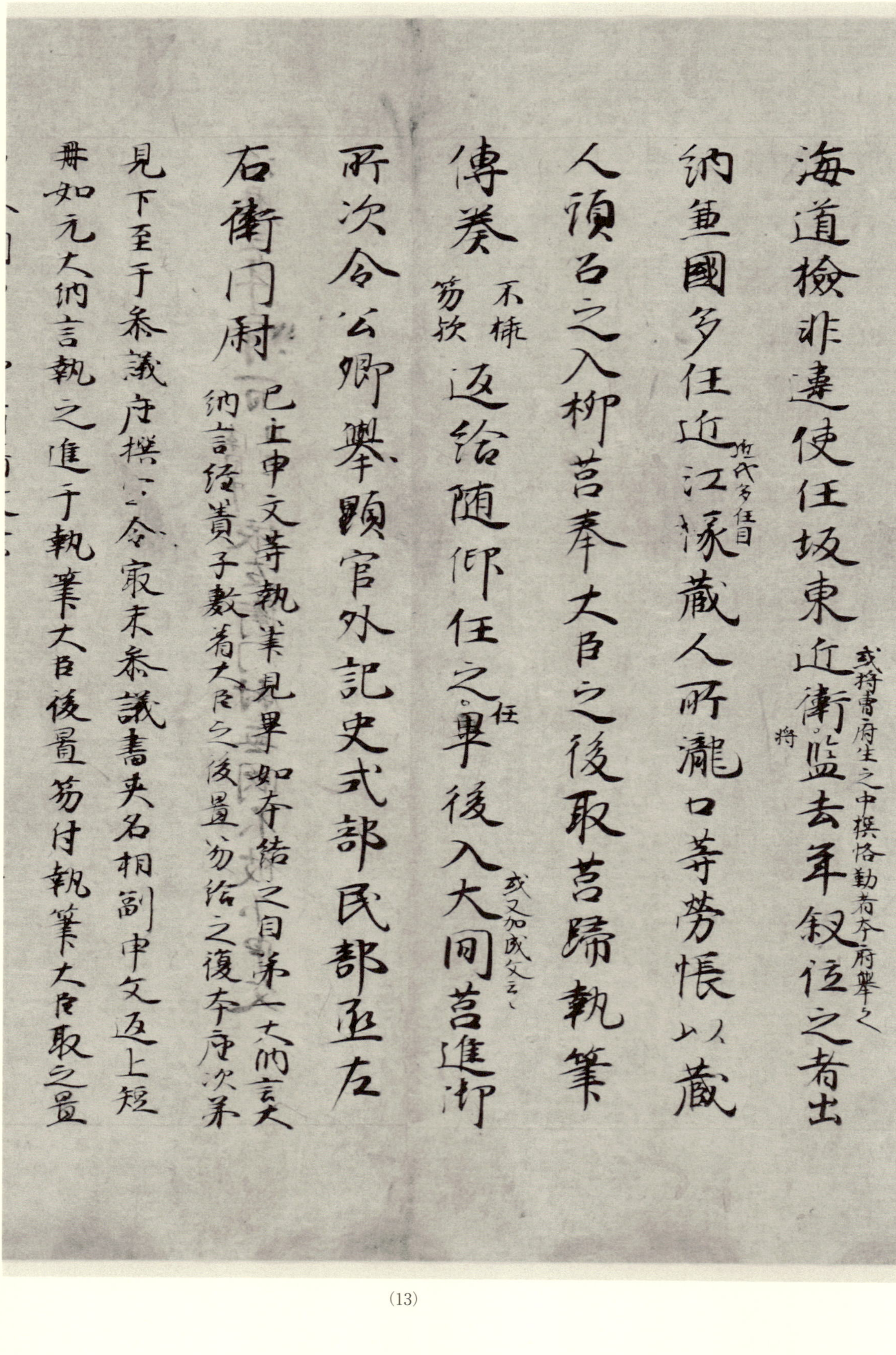

海道檢非違使任坂東近衛監（將）去年叙位之者出（或將曹府生之中撰恪勤者本府挙之）
納亜國多任近江（近代多任目）掾藏人所瀧口等勞帳以（人）蔵
人頭召之入柳莒奉大臣之後取莒歸執筆
傳奏（不挿笏歟）返給随御任之（任）畢後入大間莒進御（或又加成文云々）
所次令公卿挙顯官外記史式部民部丞左
右衛門尉（已上申文等執筆見畢如本結之自第一大納言大納言給貫子數看大臣之後置笏給之復本座次第）
見下至于参議座撰定令取末参議書夾名相副申文返上短
冊如元大納言執之進于執筆大臣後置笏付執筆大臣取之置

見下至于参議座撰〻令寂末参議書夾名相副申文返上短
冊如元大納言執之進于執筆大臣後置笏付執筆大臣取之置
笏奏同留于御所構政除目
時自簾中直給大納言歟　次大臣大同仁加封如昨
日（懸紙以奥為端以而為裏也或説以上為下是大宮右大臣説也）入筥挿笏就御所奏
聞（加成文）復座搢笏退下
竟日与初日不異正官有闕之時権任人転正
新任人任権云〻重数官者遷他官之時依一官
付重字其所去之官不任替者大同取闕云〻斬

付重字其所去之官不任替者大間取闕云〻斷

欲畢之間令諸卿挙受領諸卿着議所書挙

各付大臣大臣進奏御所 不用封 不入筥 挙間任受領

先書別紙 用大間懸紙先披見寄物書 兩国依作人名を書付其下 移入大間之後

差加成文事畢年号下書入竟日云〻或思

出之時雖中間所書入也為恐失也巻大間 不加

表紙不結中不入 成文暫入次筥 第二筥文書取移第三筥入大間

硯筥推遣左其跡置大間筥搢笏奏覧御覧

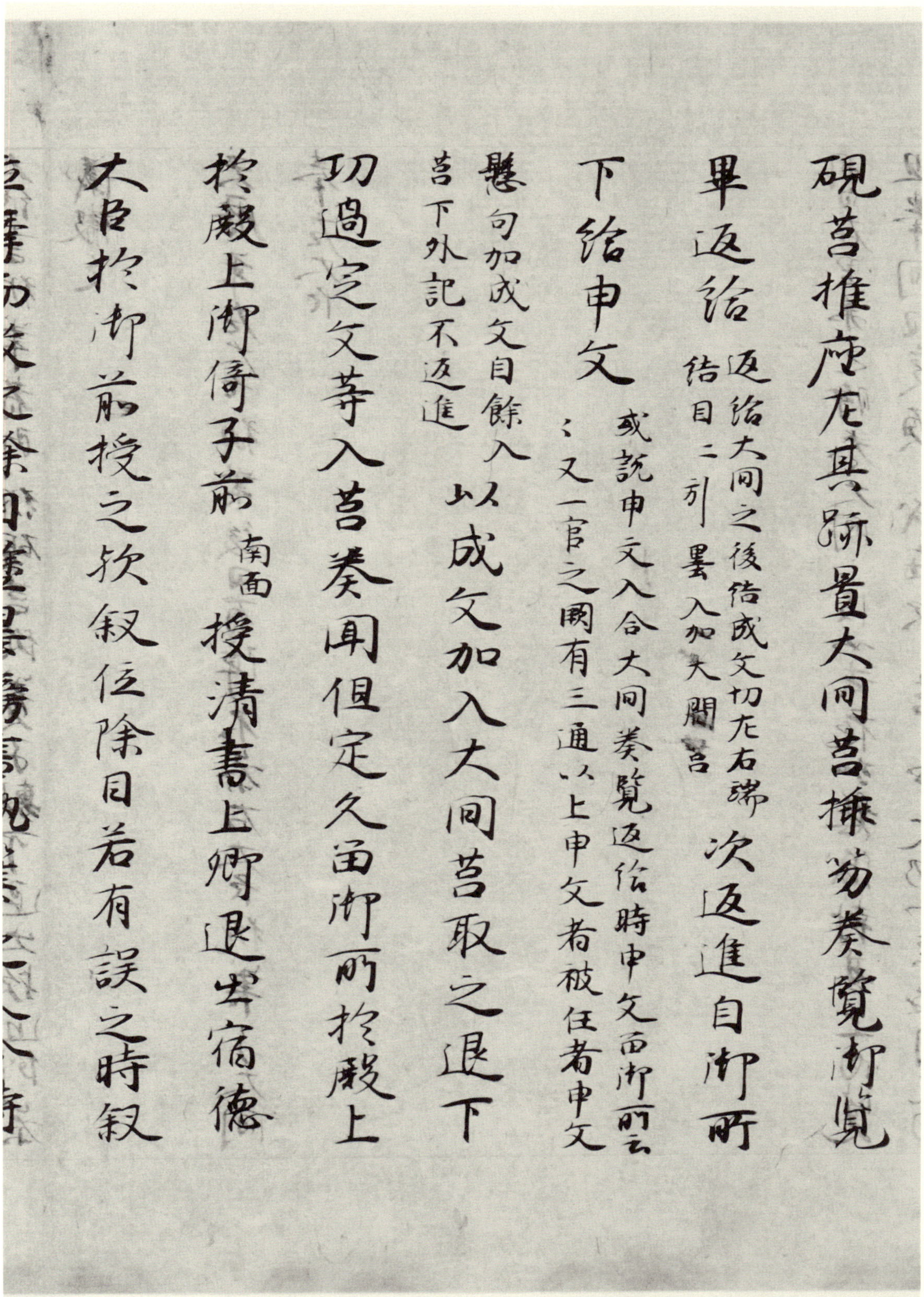

硯筥推座左其跡置大間筥撤笏奏覧訖覧

畢返給（返給大間之後給成文切左右端 給目〻引 墨入加大間筥）次返進自御所

下給申文（或説申文入合大間奏覧返給時申文留御所云々 〻又一官之國有三通以上申文者被任者申文）

懸（句加成文自餘入 筥下外記不返進）以成文加入大間筥取之退下

切過定文等入筥奏聞但定文留御所於殿上

於殿上御倚子前（南面）授清書上卿退出宿徳

大臣於御前授之欲叙位除目若有誤之時叙

大臣於御前授之欲叙位除目若有誤之時叙
位簿所改之除目塗墨傍書執筆之人令持
硯筆墨給外記令入莒但硯必不令持又用白
管筆二管云々 一管ハ最初夜次夜用之一管ハ終夜用之
臨時小除目於御前書者不書大政官謹奏文
歸陣清書時令書之直物之次於陣須行時
先奏草如常 在尻付 近例即清書奏之不成草
外記以人成文備後鑒 案之召上卿於御前任要官後以卿給請文等被下陣時加載清書

外記以成文備後鑒（案之召上卿於御前任要官後公卿給請文等被下陣時加載清書）
可奏更又不可奏草也但至参議
猶載草加尻付先可覧上卿歟
按察使書於陸奥國不載出羽國（給任符両國）四位任
中納言即書從三位（後成位記）齋宮寮頭以六位被任
之時書從五位下三分二分有疑者先任二分後
愁申時若有其理改任重任人可載除目近任
者不可載或載之尻付注近任二年
若被行叙位者巻大同畳硯莒北把笏召男共

若被行叙位者巻大間置硯筥北把笏召男共
五位蔵人参進〔候〕簀子敷仰續紙可持参之由
奉仰退帰盛續紙於柳筥就大臣後奉之大
臣取之置座前五位蔵人取柳筥退帰執筆
取紙兼仰叙了奥書年号若有餘紙者放
入第三筥巻入加大間筥奏聞
若関白候里第之時者封大間内覧但懸紙者
以墨不付方為端件懸紙仁不書受領用所

以墨不付方為端件懸紙仁不書受領用所
衆瀧口勞帳懸紙歟若被行叙位畳加大間
懸紙内結其上也

京官除目　儀式同春　但二日或一日

京官除目（儀式同春　但二日或一日）
諸卿参集陣　次着議所　次蔵人来召
次仰筥文事　次筥文列立　次執筆大臣
以下列立射場殿　次執筆之人着殿上座
次着御前座　次納言置筥文（硯筥一合　文書二合）大臣
以下座定　主上召大臣（其詞云古奈多仁）上臈大臣着
圓座　次承仰召次大臣々々着圓座　主上被

圓座次承仰召次大臣〻〻着圓座　主上被
仰云早〻大臣小揖置笏　左方　奏聞官帳　一巻正　一巻権
御覧了返給挿笏　惣挿云〻　正笏候　已上同春儀　主上
被仰云早〻大臣先取大間縁置了取笏候
氣色　主上被仰云早〻大臣置笏取三省
史生勞帳　在第一筥各立籤書銘　随天許任之　以史生任諸國目多分任畿内
北陸南海道目往古任京官二分云〻近代不見　次遣取院宮御申文　召参議仰之　次

北陸南海道目往古任
京官二分云々近代不見　次遣取院宮御申文　召参議
仰之　次
下給公卿給申文等書袖書令参議下外記
令勘　此間持参院宮御申文大臣取之挿笏
奏授笏候返給復座一々任之　京官但不任勘解
由判官弾正忠云々
或次日
任之　次任内給未給　次任公卿未給　随勘上
任之　次随
御氣色巻大間加表紙結中同春　次結成文入
莒進　加成
文　正笏退出

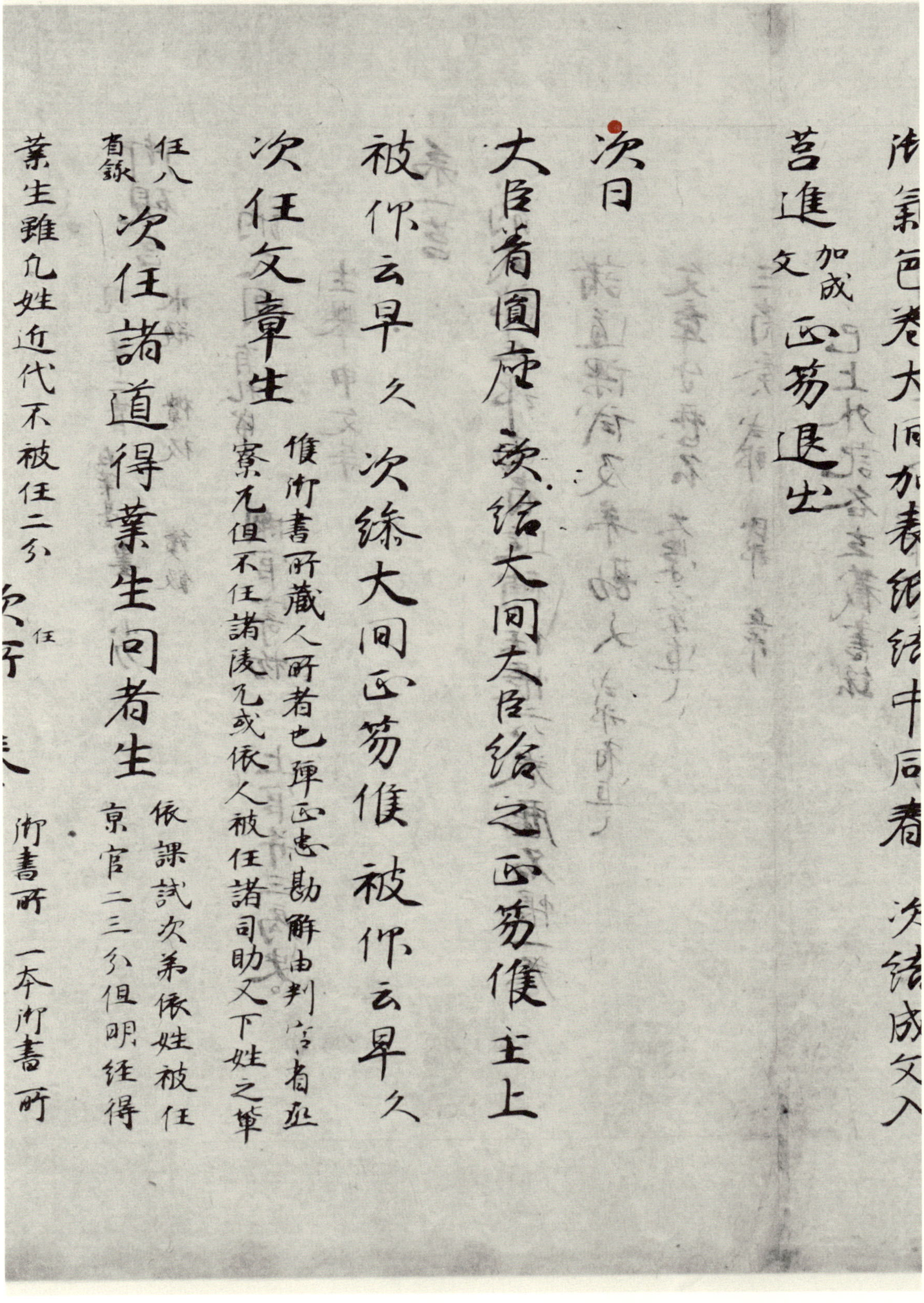
仍氣色差大同加表紙結申同書　次結成文入
筥進文加成　正笏退出

次日
大臣着圓座　授給大間大臣給之正笏候主上
被仰云早久　次繰大間正笏候　被仰云早久
次任文章生　候御書所蔵人所者也輝正忠勘解由判官者[illegible]
寮允但不任諸陵允或依人被任諸司助又下姓之輩
任八省録　次任諸道得業生同者生　依課試次第依姓被任
京官二三分但明経得
業生雖凡姓近代不被任二分
次任
御書所　一本御書所

(16)

任八省録　次任諸道得業生同者生　依課試次第依姓被任京官二三分但明経得業生雖九姓近代不被任二分或年挙之外有儒後挙云々

次所々奏任　御書所　一本御書所　畫所　作物所　贄殿　酒殿　女官預　内教坊預　神泉預　後院預　穀倉院預　依姓任内官二三分或任外國掾目而近代不見

次任遷官者　次任五位以上官　次大間入日　次奏大間其儀同春返給之後出殿上給清書上卿退出

儀同春返給之後出殿上給清書上卿退出

無題号記録　巻尾

無題号記録　裏書

御硯筥　硯　筆二管在筆臺　墨　小刀
水瓶　攪枚　續飯

納大間　有礼帋　闕官寄物　上官并三局史
生擧申文等

第一筥

納式部兵部兩省進補任帳二巻歷名帳一巻
諸道課試及第勘文　式部省進之
文章生歷名　大學寮進之
三省奏　式部　民部　兵部
已上外記各立籤書銘
闕官帳二巻　京官一巻　權官一巻

闕官帳三巻　権官一巻

第二莒

納諸司諸衛諸道所々挙状幷諸大夫四位〻〻下申文等

已上外記様定付短冊

（51）裏29　（52）裏30

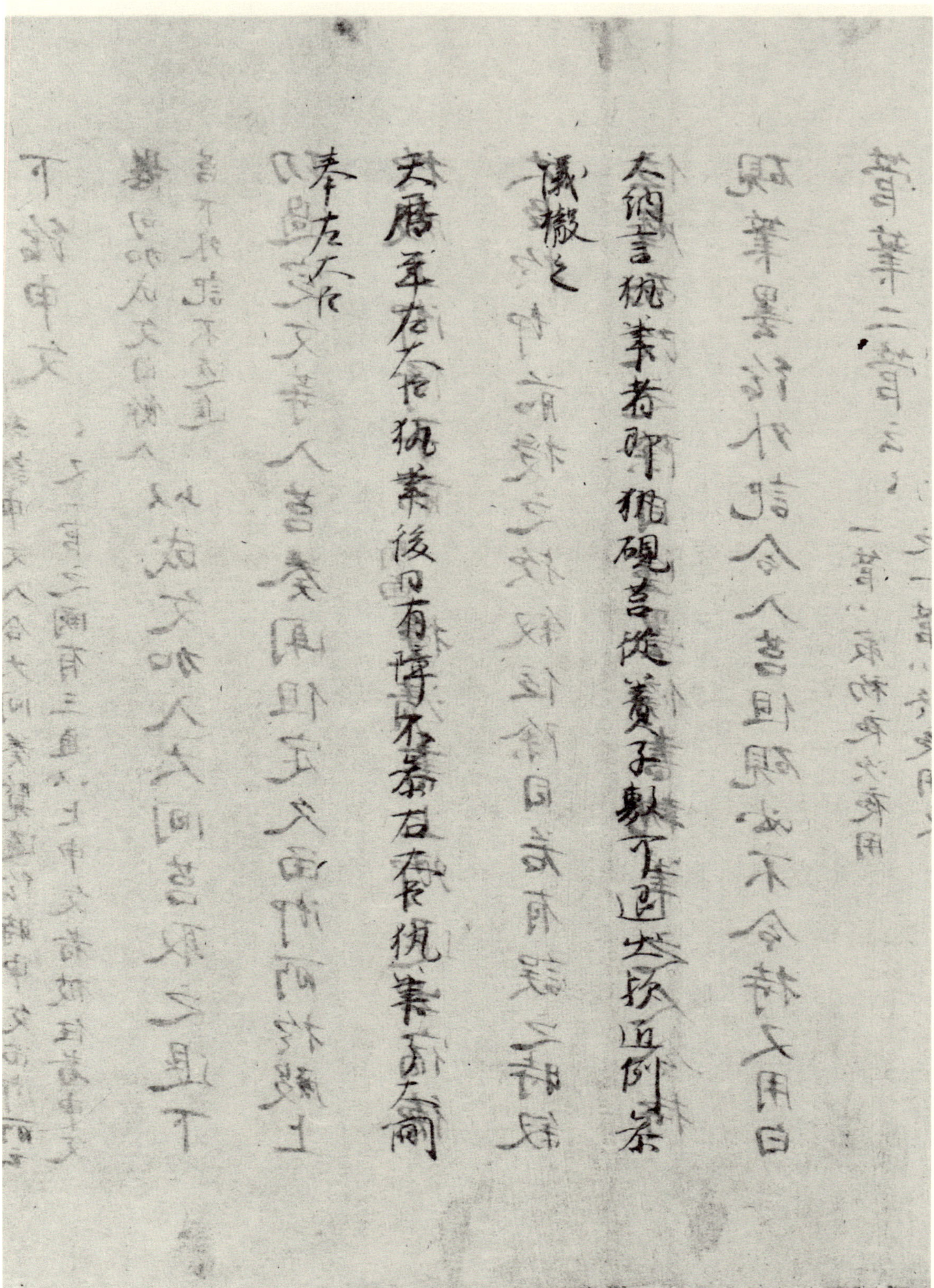

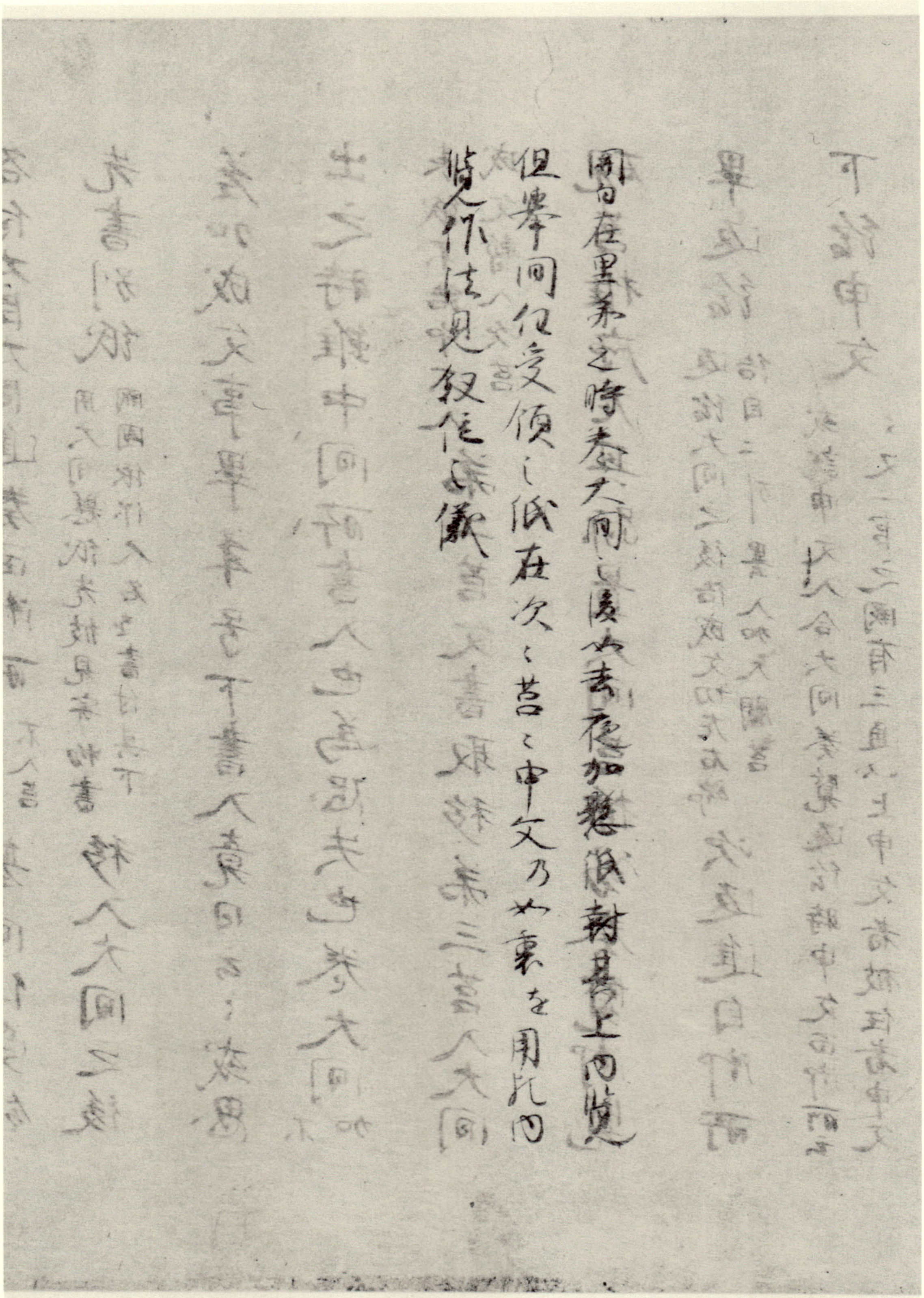

受領挙　天徳三年除目初廿八九日〻物忌外宿公卿依
　　　　仰進挙公卿列射庭蔵人承保傳取進　諸卿

諸儀前　給階下向儀所
　　　　入夜者燈前進
　　　　雖近衛大将進前
任外記令進新紙　豫注入國　諸卿見
　　　　　　　　國任可寺

取解由文随思注入　一國三人之上四位加朝臣五位名六位加姓書了名
　　　　　　　　　下加上字持参御前之之定進大臣大臣取集

奏大臣不進受領挙
但民宗大臣進挙

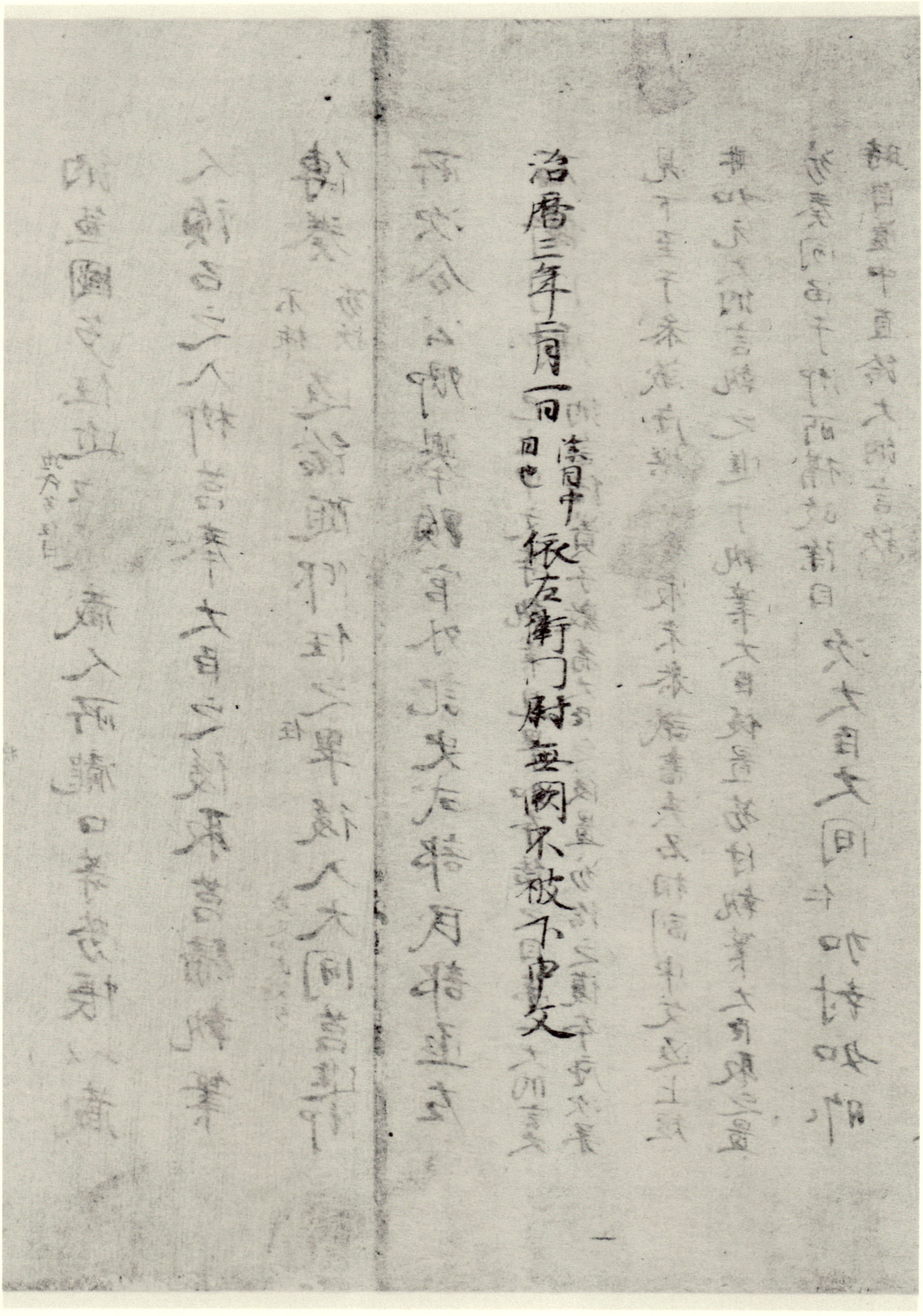
治暦三年二月一日除目中日也依右衛門尉無闕不被下申文

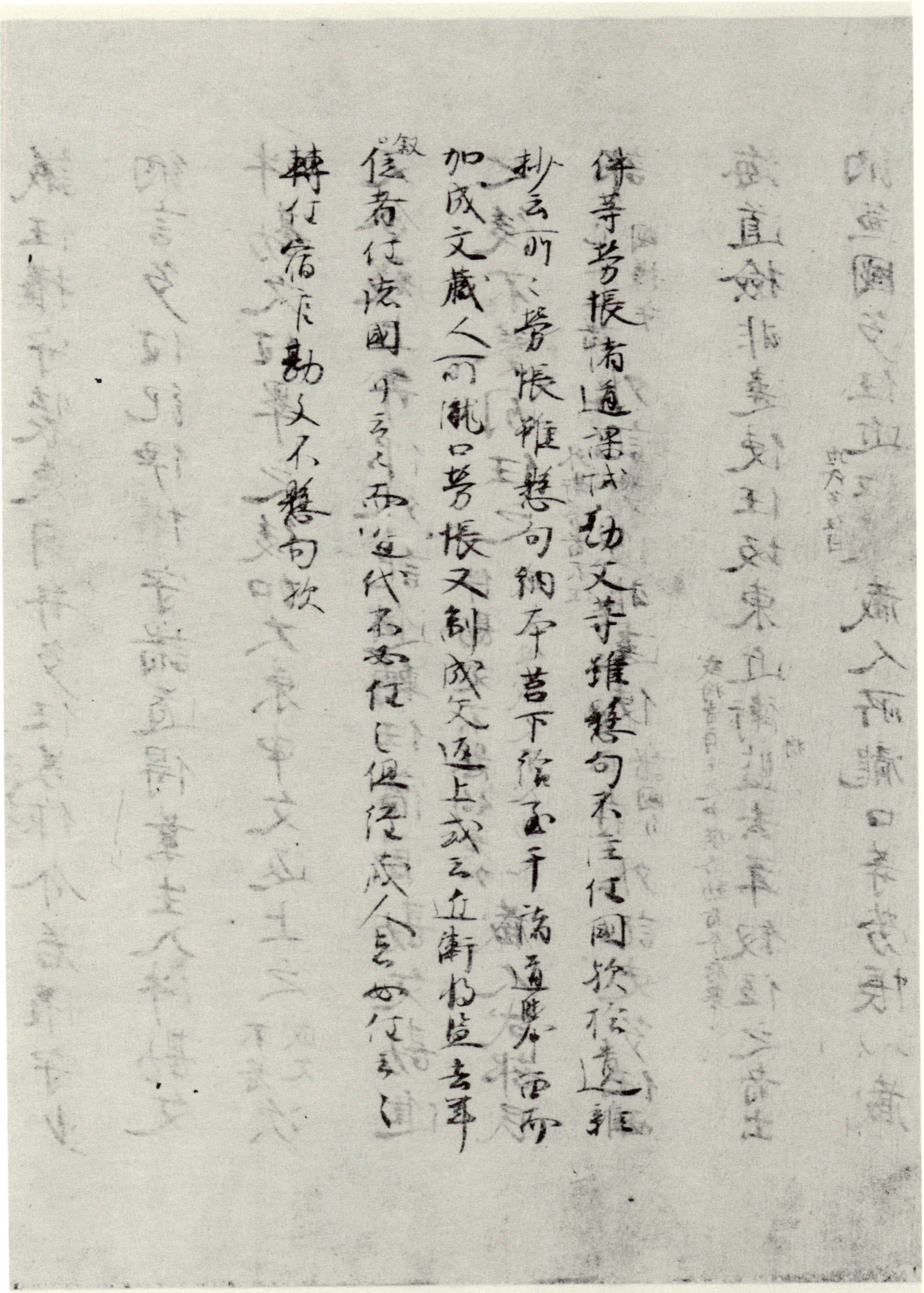

併等勞帳猶遺課試勘文等雖懸句不注任國状從遺雖
抄云所〻勞帳雖懸句納本苔下給函千論遺界播而
加成文藏人所瀧口勞帳又副成文遺上或云近衛將監去年
（叙）從者任諸國 中云〻而遺代不知任之但從藏人已無任之
轉任宿官勘文不懸句歟

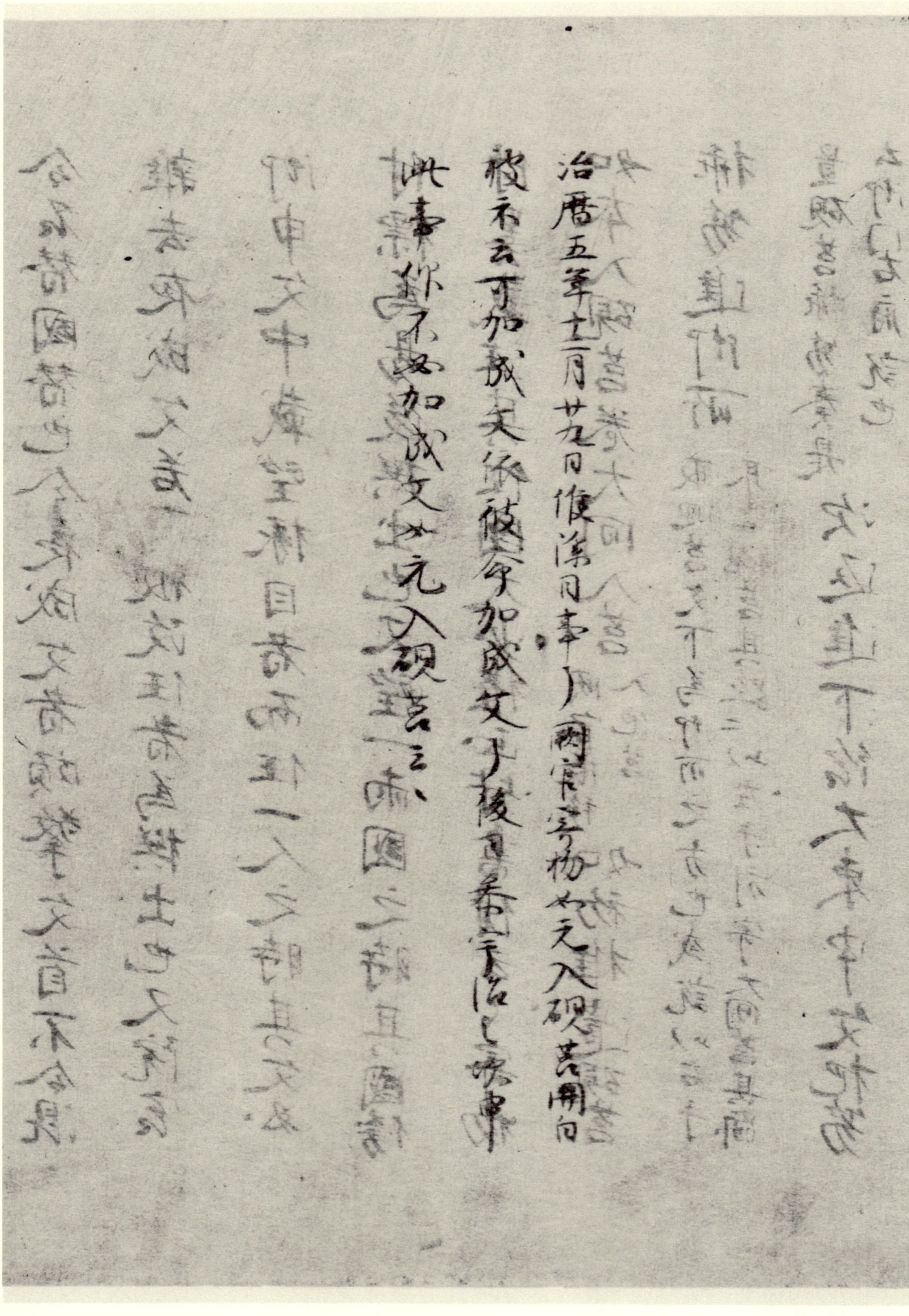
治暦五年十二月廿九日修法日事
被示云、可加成文、仍被令加成文
此事
加成文、如元入硯蓋云々

裏22（40）　裏23（41）

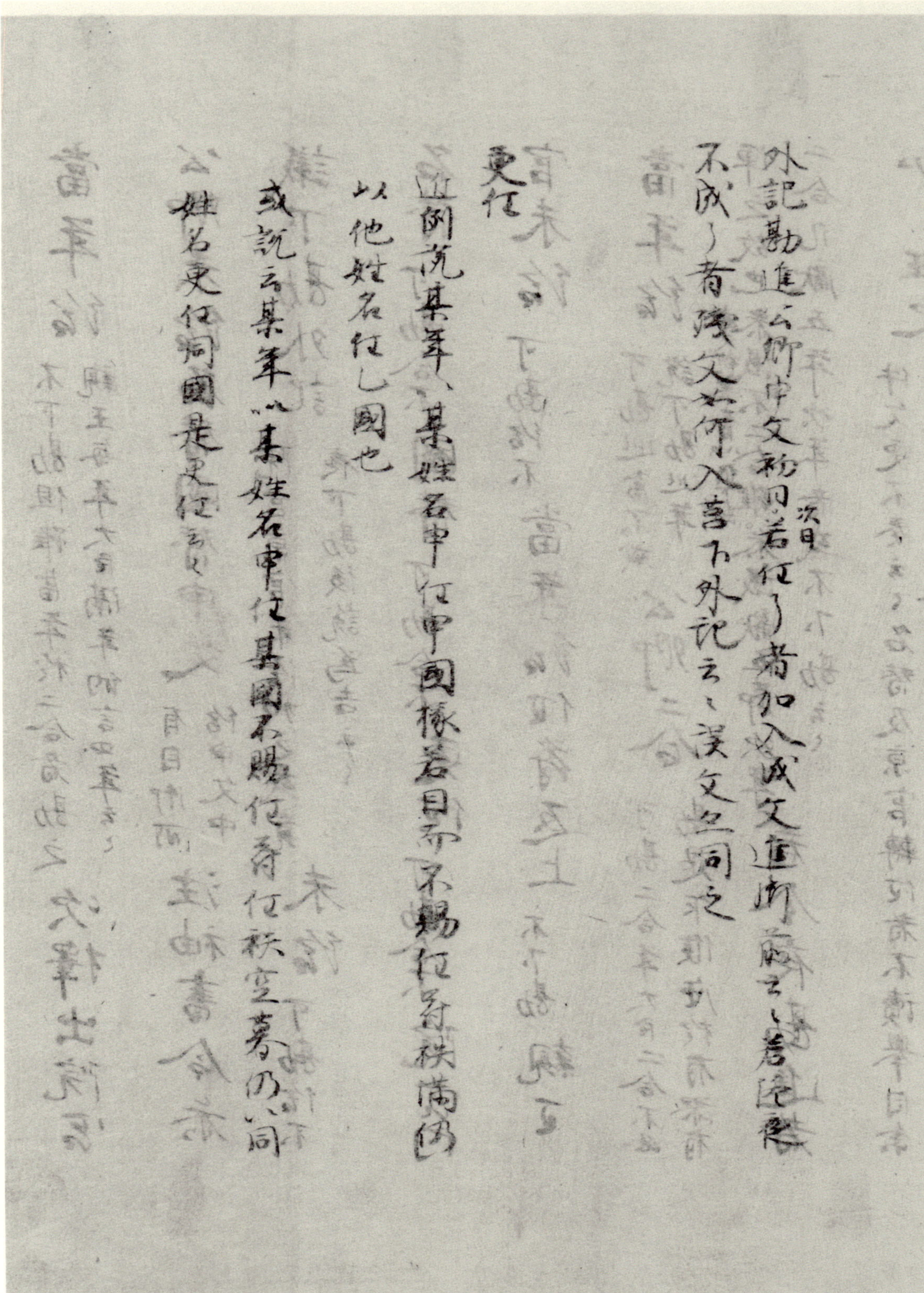

外記勘進公卿申文初日〈次日〉若任了者加入成文進御所云々若隠歟
不成了者猶残文如何入書下外記云々漢文且同之

更任
近例称某年々々某姓名申任甲國掾若目而不賜任符秩満仍
以他姓名任之國也
或説云某年以某姓名申任某國不賜任符任秩空暮仍同
姓名更任同國是更任云々

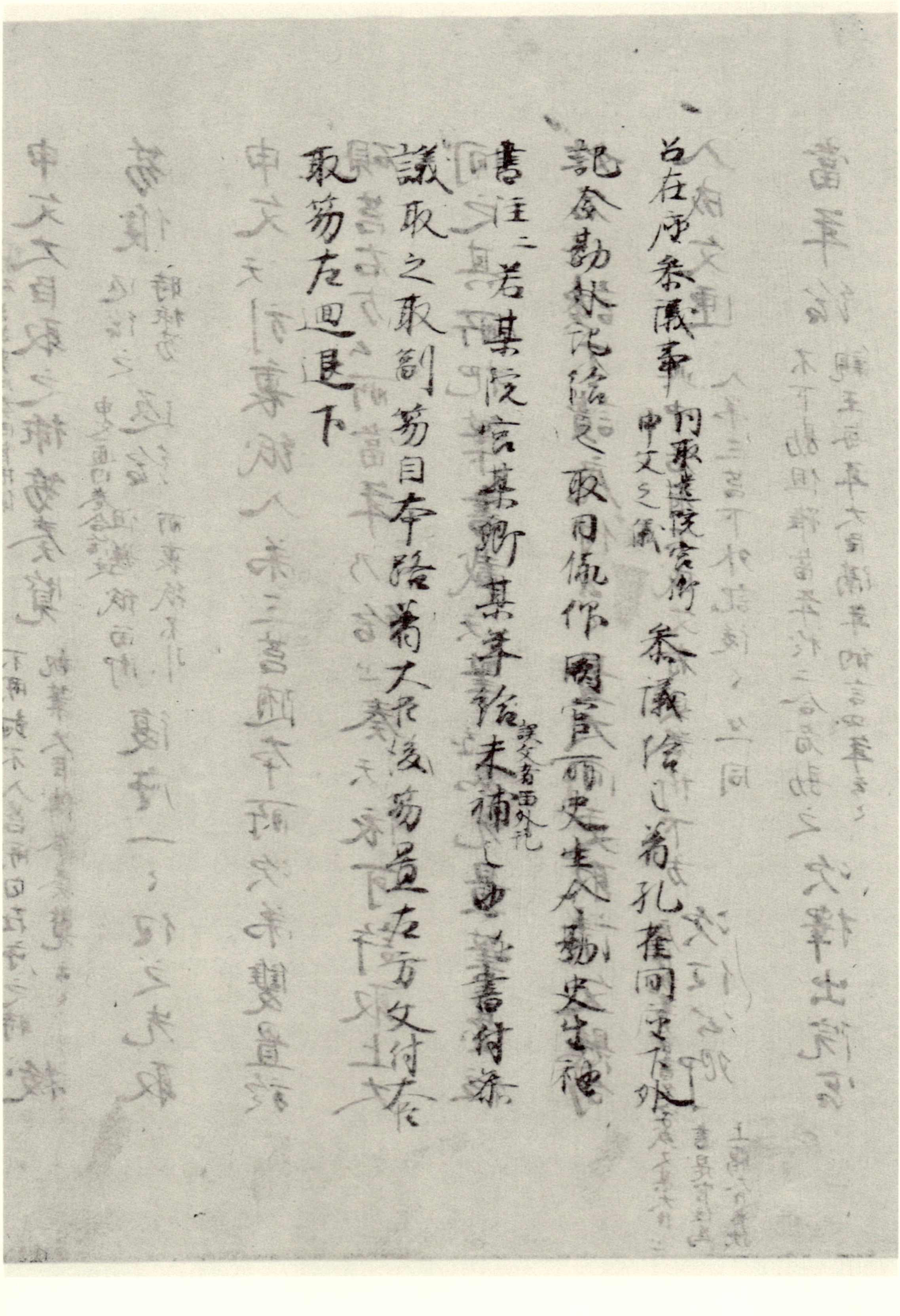

裏20（37）　裏19（36）　裏18（36）

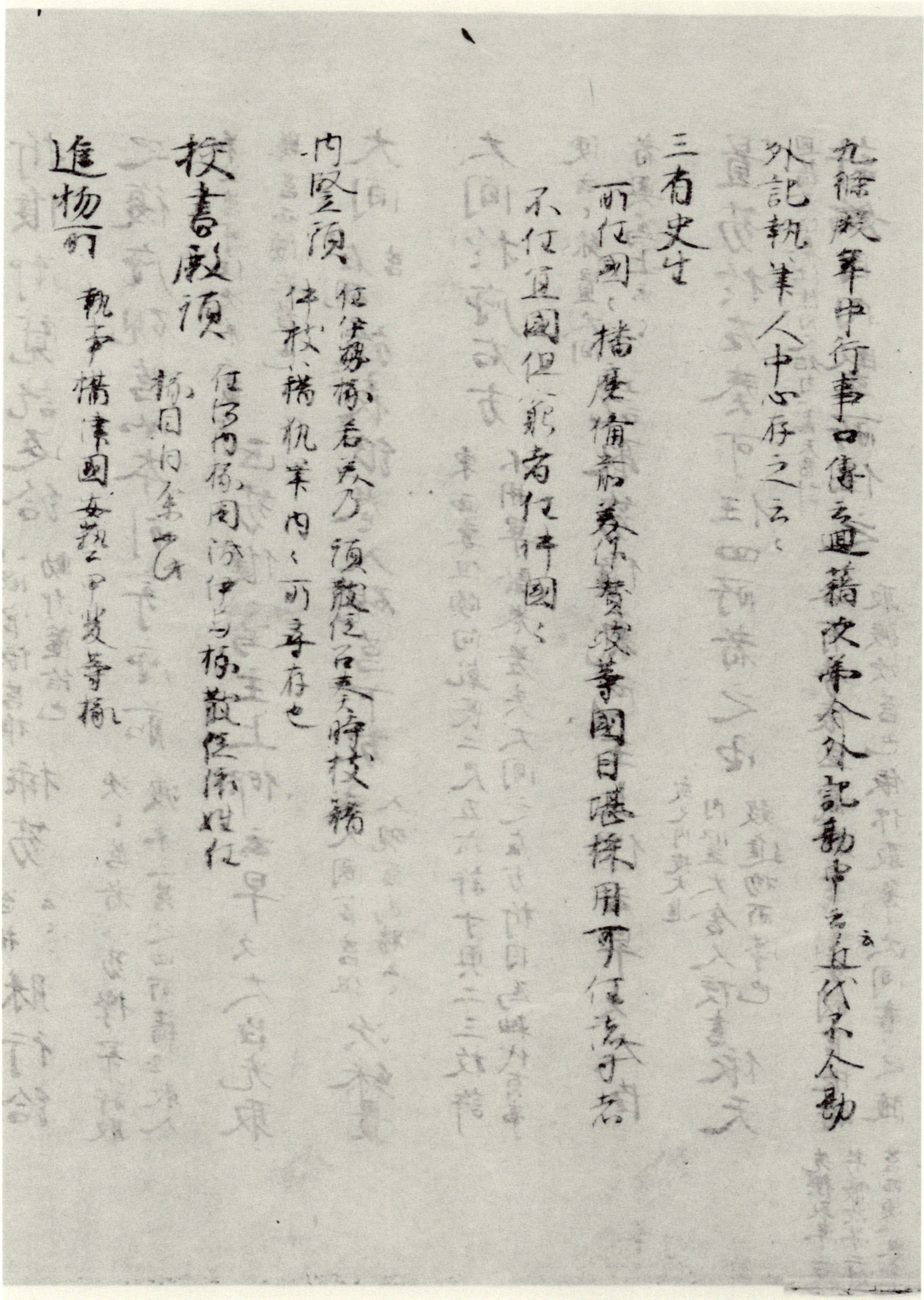
九條殿年中行事口傳云通籍次第外記勘申云近代不令勘
外記執筆人中心存之云々
三省史生
可任國々播磨備前美作讃岐等國目隨樣可任之者
不任近國但馬者任件國々
内竪頭　任伊勢掾若大乃頭叙位召大臣時被補
仲校々補机案内々可尋存也
校書殿預　任河内掾周防伊与掾叙位之後任
補日同案也
進物所　執事補東國安藝目之等補

裏17
（33）

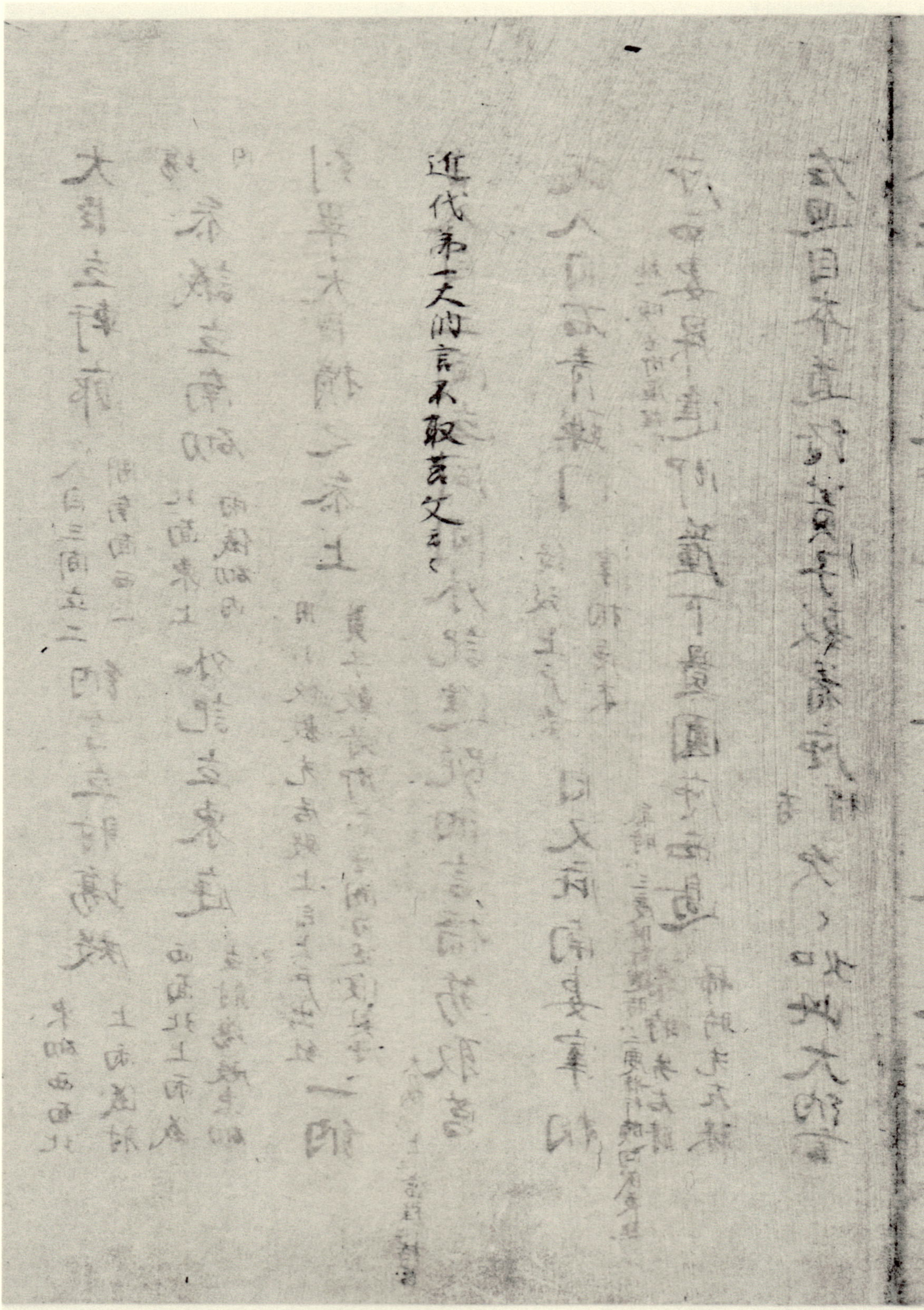

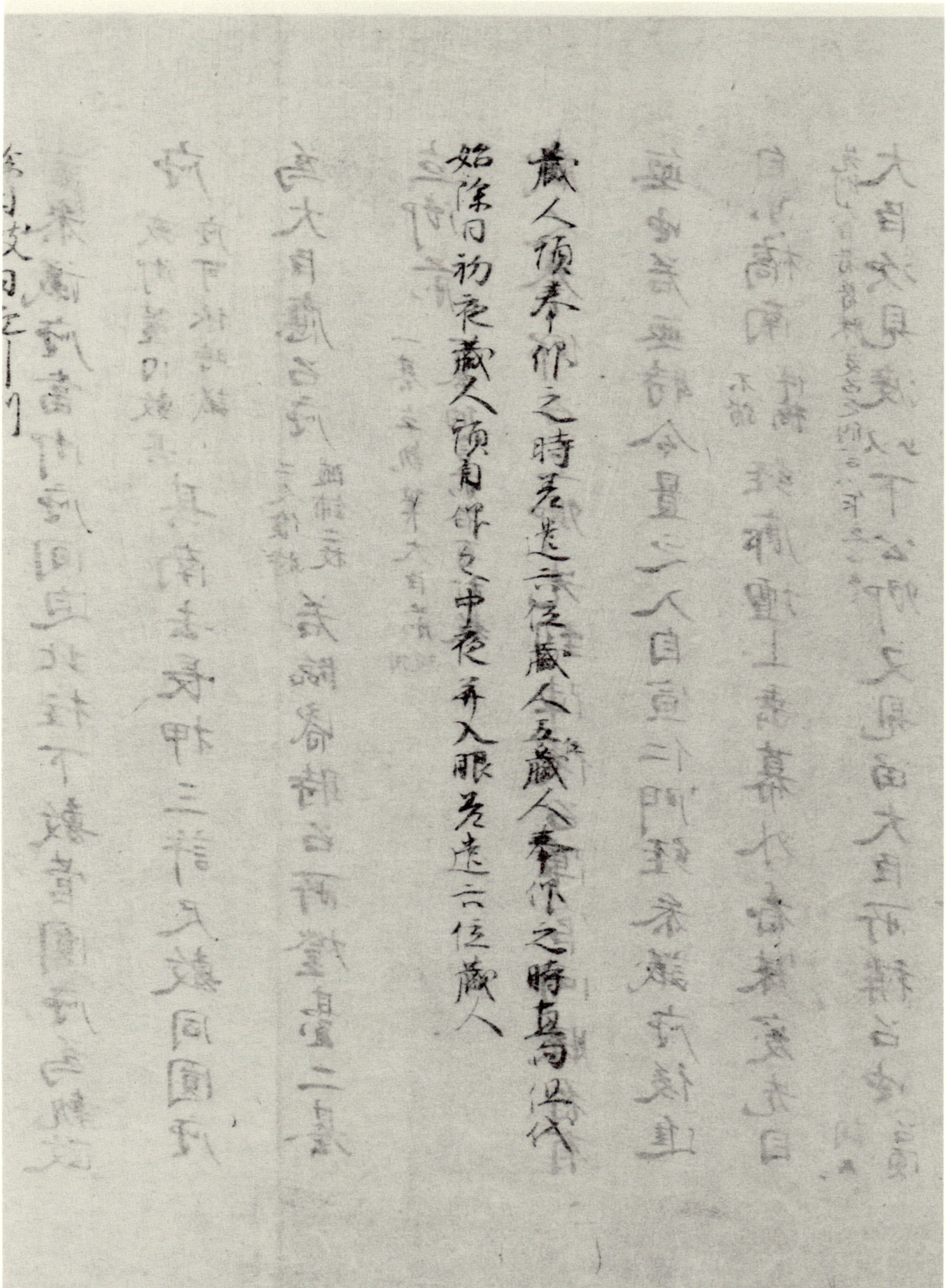
蔵人頭奉仰之時若遂二位蔵人又蔵人奉仰之時直向任代
始除目初夜蔵人頭自仰之中夜并入眼若遂二位蔵人

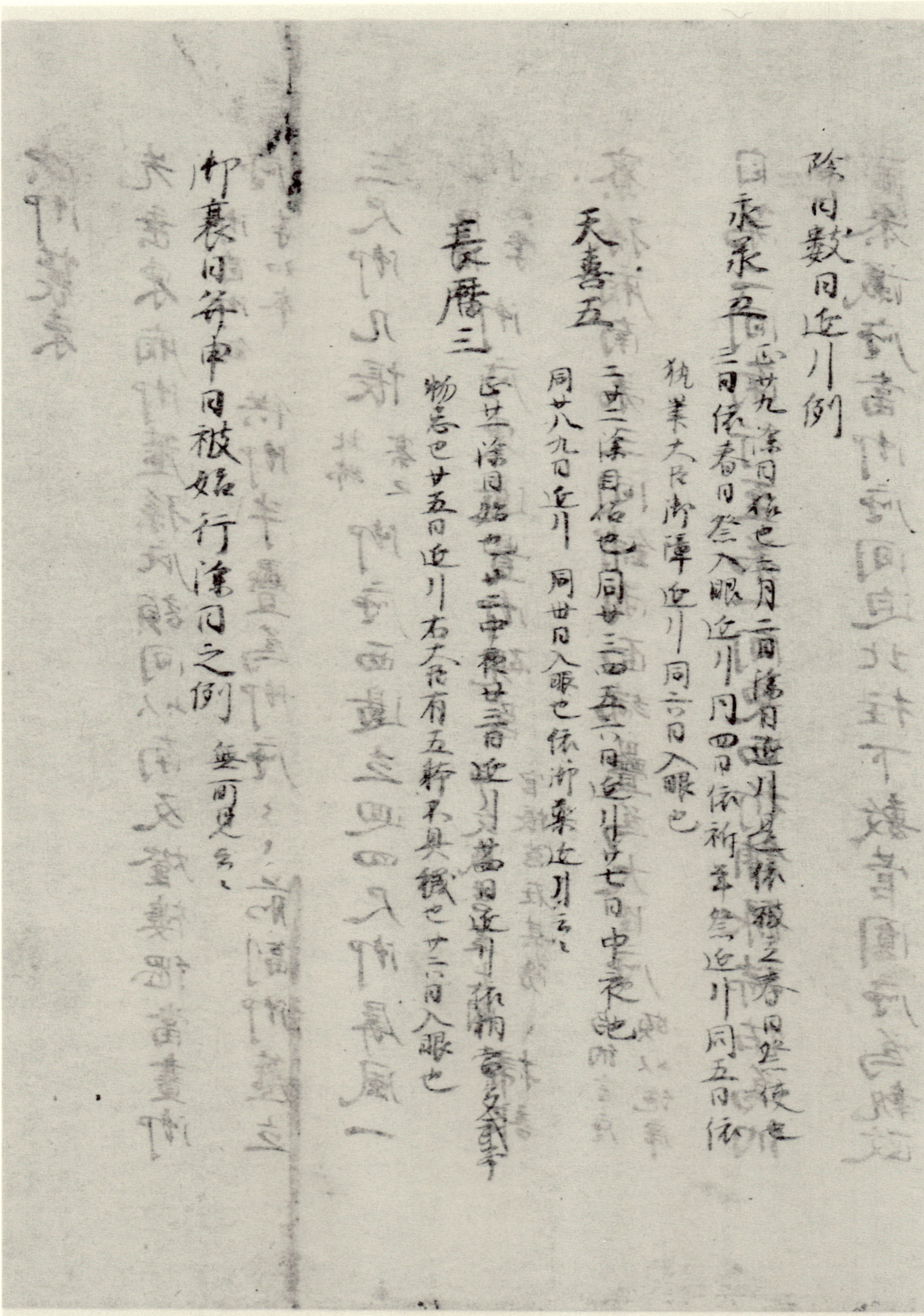
除日數日近日例
永承五 正廿九除目始也、二月二日除目延引、是依被立春日祭使也
三日依春日祭入眼延引、同四日依祈年祭延引、同五日依
猶業大臣御障延引、同六日入眼也
天喜五 二廿二除目始也、同廿三日、五六日延引、廿七日中夜也
同廿八九日延引、同卅日入眼也、依御薬延引云々
長暦三 正廿一除目始也、廿二中夜、廿三日延引、是大嘗日延引
物忌也、廿五日延引、右大臣有五節不具職也、廿六日入眼也
御裏日并申日被始行除目之例 無可見云々

重復日被行春祭日例
長和元　正廿六丁亥初也
康平五　正廿七己亥初也
同六　正廿六甲子　復日初也

長元七　正廿六丁亥始也
延久五　正廿八甲子　復日初也

裏12（28）　裏11（28）　裏10（28）　裏9（28）

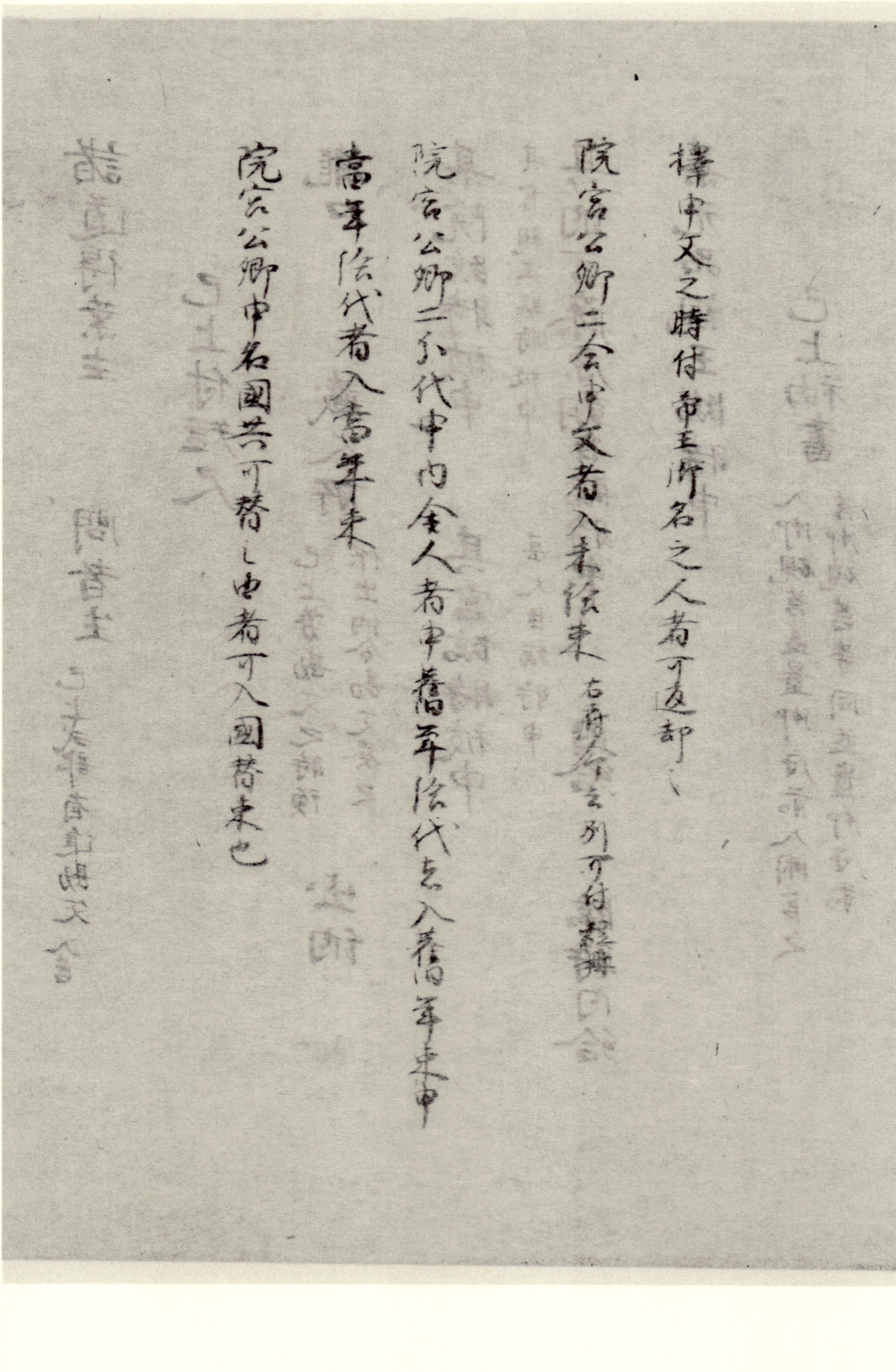

擲中文之時付帝王所名之人者可返却之
院宮公卿二合中文者入未給来　右府令旨別可付解摺同令
院宮公卿二合代中内舎人者申舊年給代者入舊年未申
當年給代者入當年未
院宮公卿中名国共可替之也者可入国替来也

裏8（25）

裏7（25）

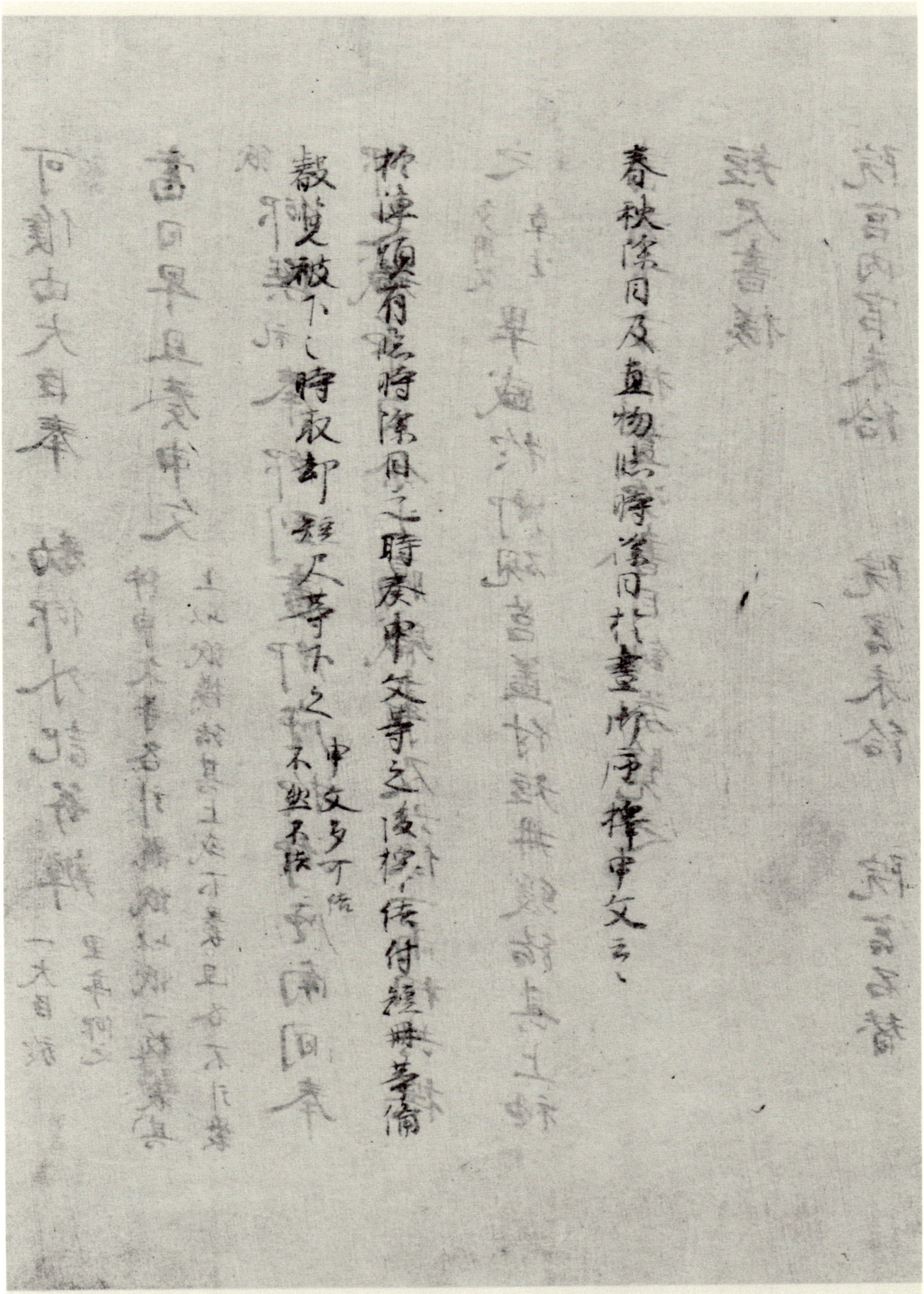

春秋除目及直物県召除目於書所爲撰申文云々

於陣頭有除目時除目之時奏申文等之後撰々伝付短冊等備

叡覧被下之時取却短尺等下之 申文多可結 不然不結之

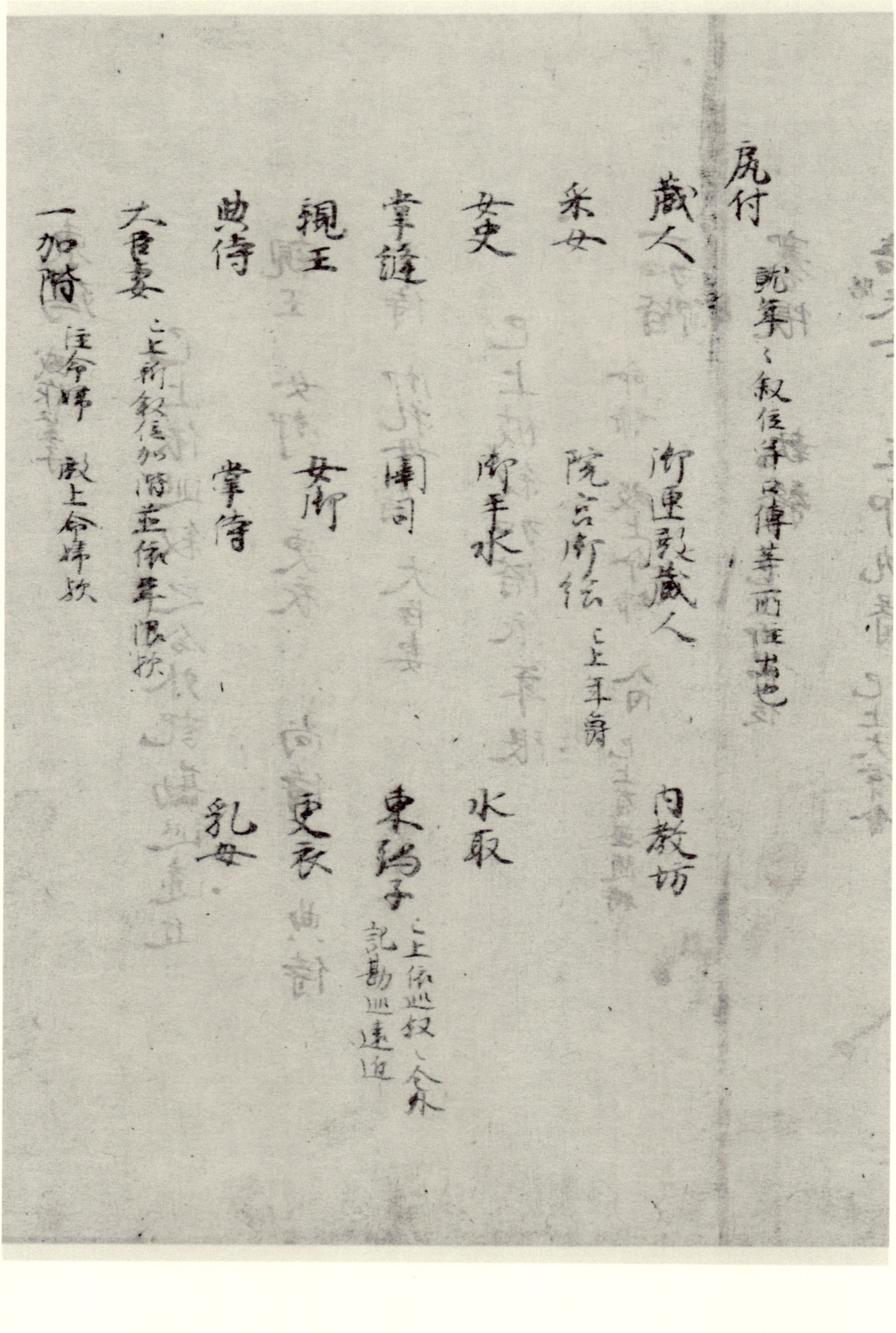
尻付　就事〻叙任并口傳等而注書也
蔵人　御匣殿蔵人　内教坊
釆女　院宮御給　〻上年爵
女史　御手水　水取
掌縫　闈司　東豎子　〻上依巡叙〻　今外記勘巡遠近
親王　女御　更衣
典侍　掌侍　乳母
大臣妻　〻上所叙依加階並依年限歟
一加階　注命婦　叙上命婦歟

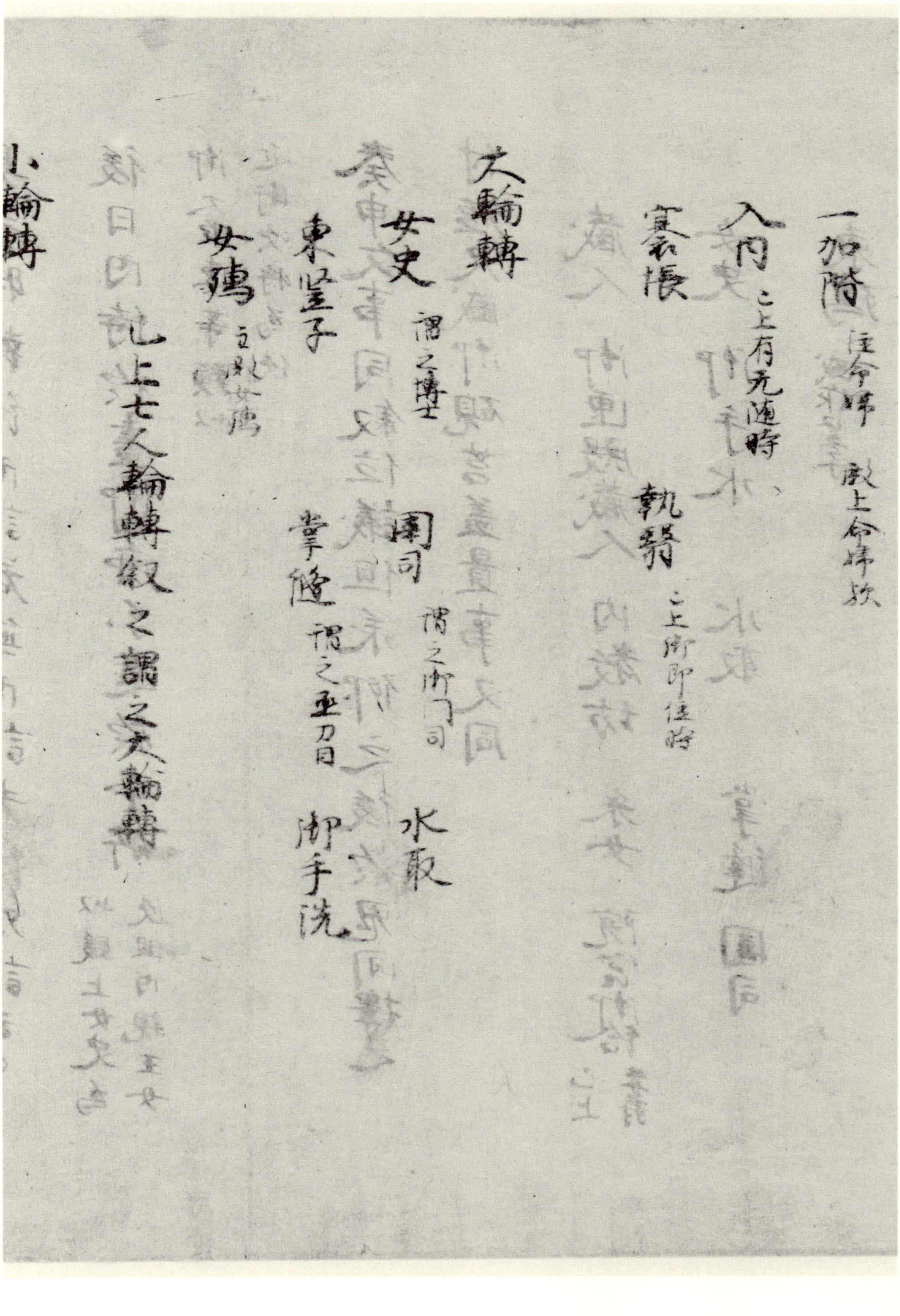

一加陪　注命婦　敷上命婦歟

入内　已上有无随時

褰帳　執翳　已上御即位時

大輪轉

女史　謂之博士　闈司　謂之御門司　水取

東豎子　掌縫　謂之亜刀自　御手洗

女孺　亦号女孺

已上七人輪轉叙之謂之大輪轉

小輪轉

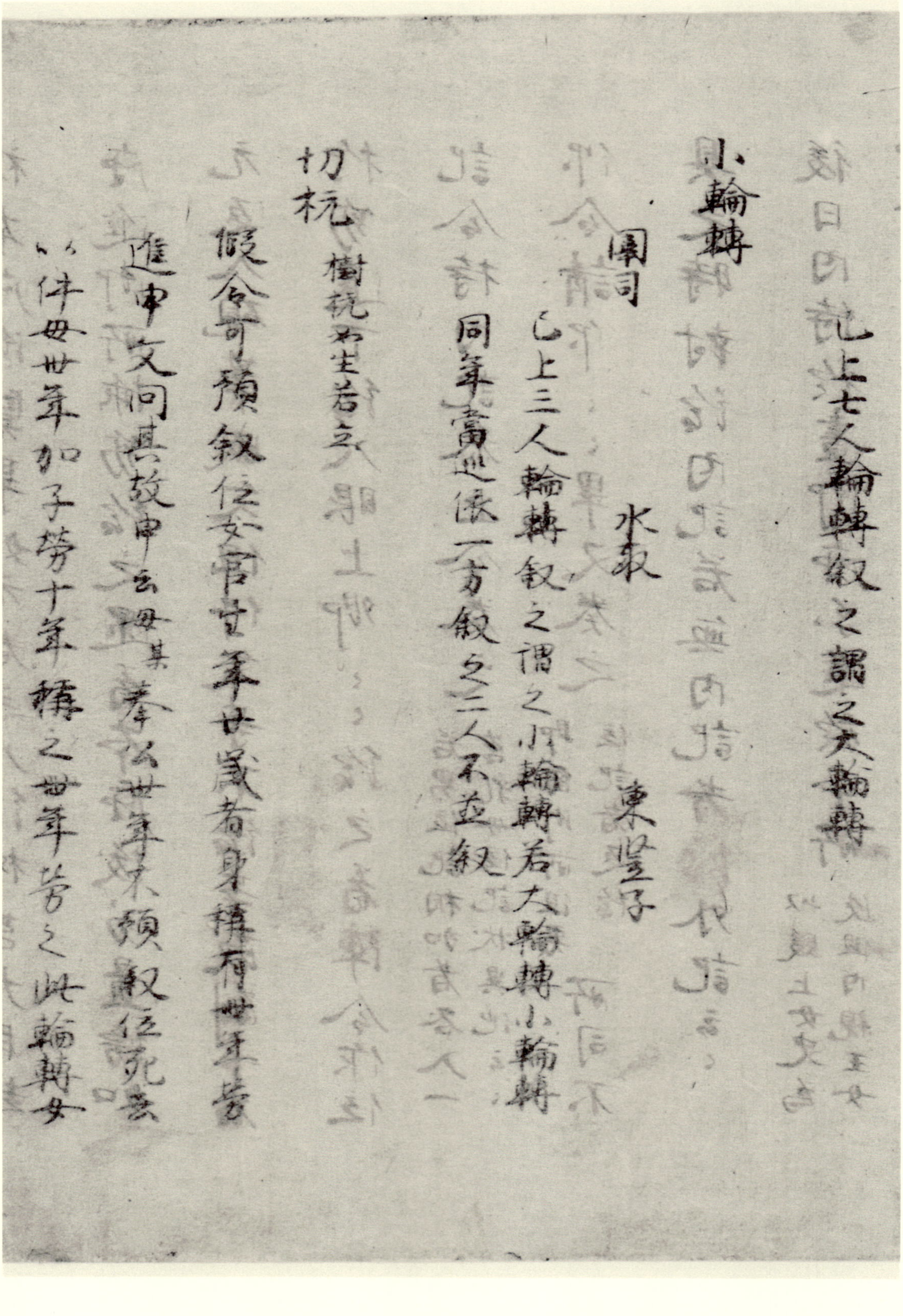

已上七人輪轉叙之謂之大輪轉

小輪轉

園司　水取　東竪子

已上三人輪轉叙之謂之小輪轉若大輪轉小輪轉

同年富進依一方叙之三人不並叙

切杭　樹杭不生若之

假令可預叙位女官廿年廿歳者身積有卅年労

進中文同其故申云母某　奉公卅年未預叙位死去

以件母卅年加子労十年積之卅年労之此輪轉女

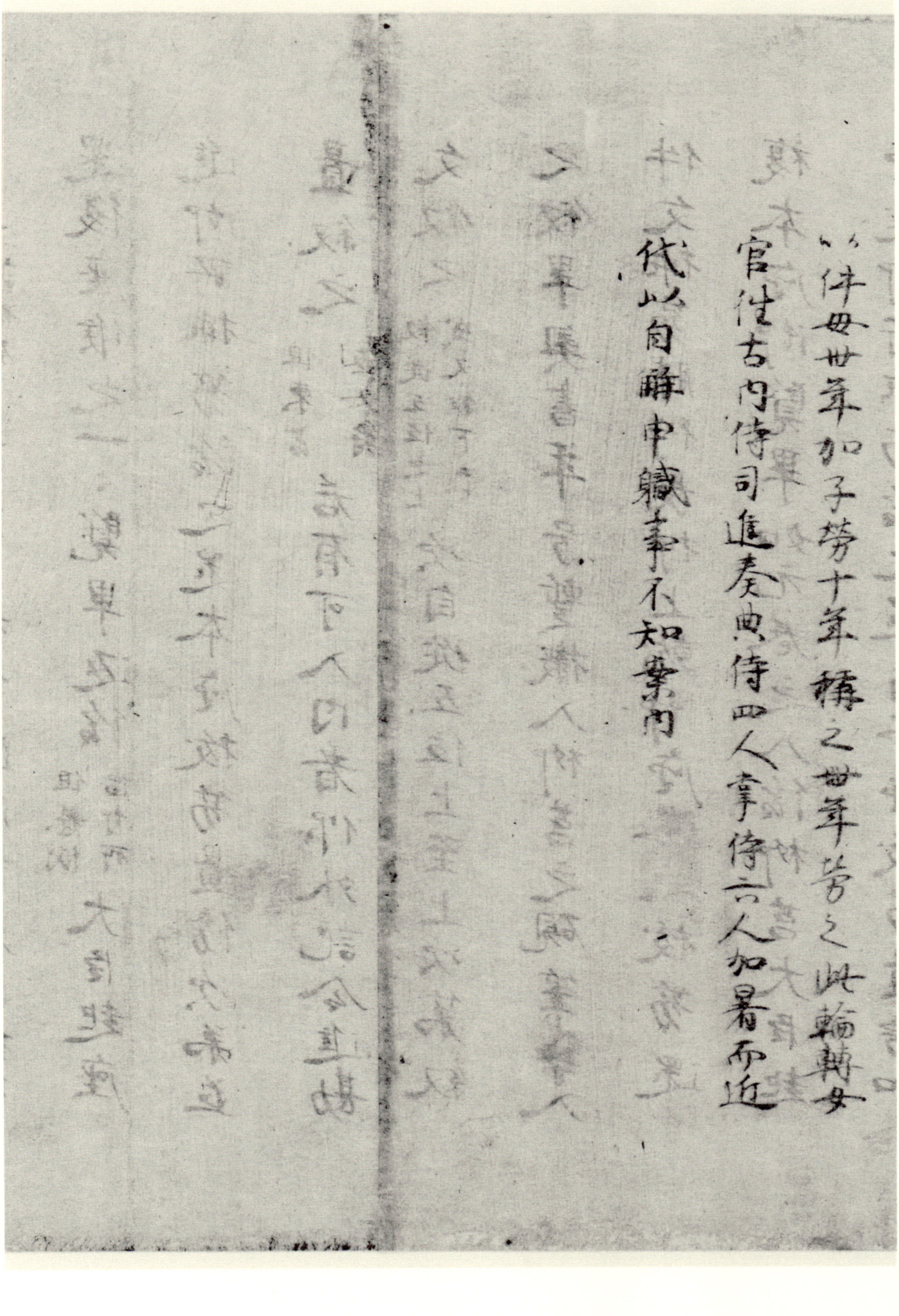

以件母丗年加子勞十年積之丗年勞之此輪轉母
官仕古内侍司進奏典侍四人掌侍六人加署而進
代以自解申職事不知案内

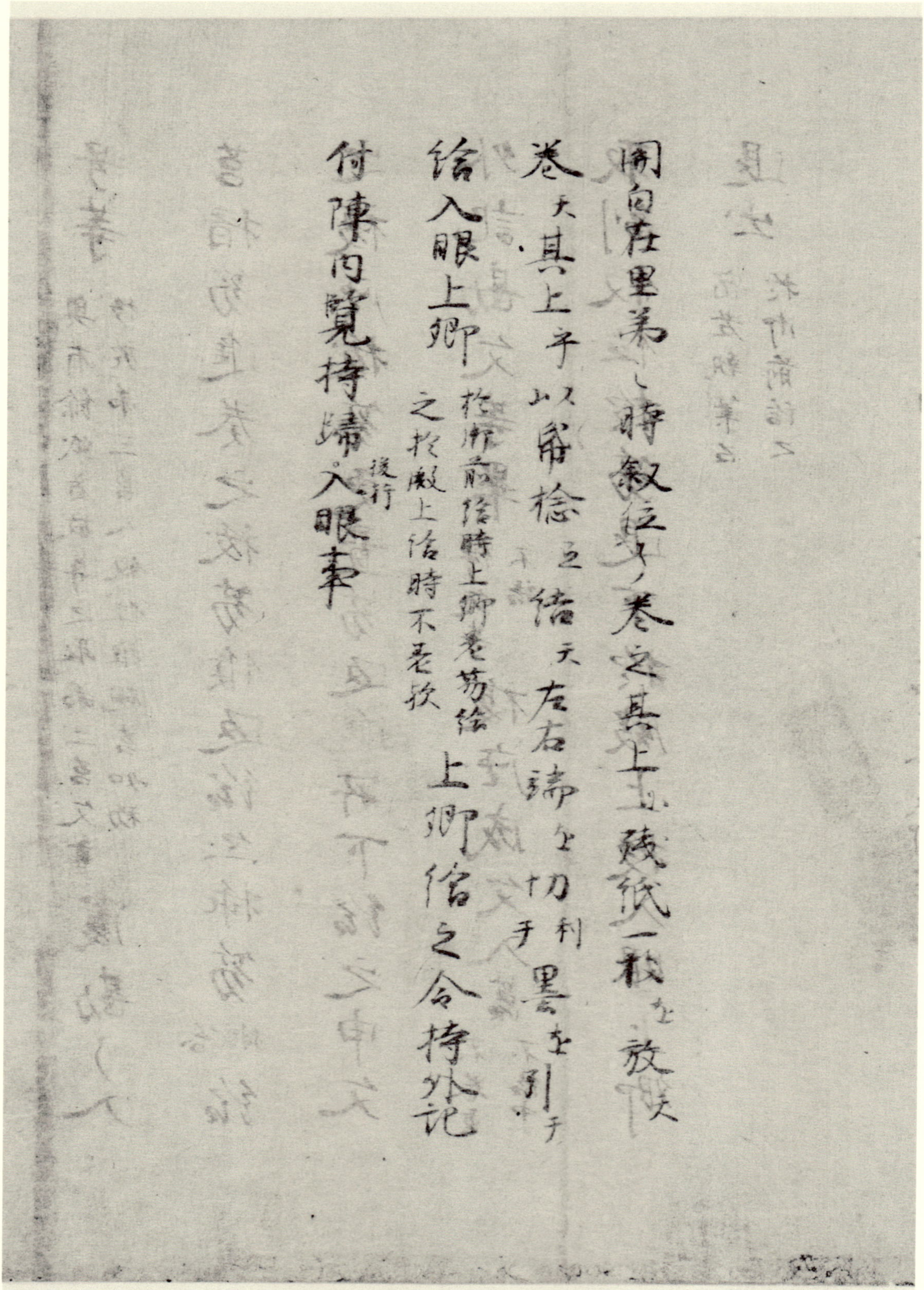
関白在里第之時叙位之ノ巻之其上ニ残紙一枚ヲ放天
巻天其上ヲ以小刀紙捻ヲ結天左右端ヲ切利墨ヲ引テ
給入眼上卿於御前給時上卿悉筋給之於殿上給時不悉歟上卿給之令持外記
付陣内覧持歸後行入眼事

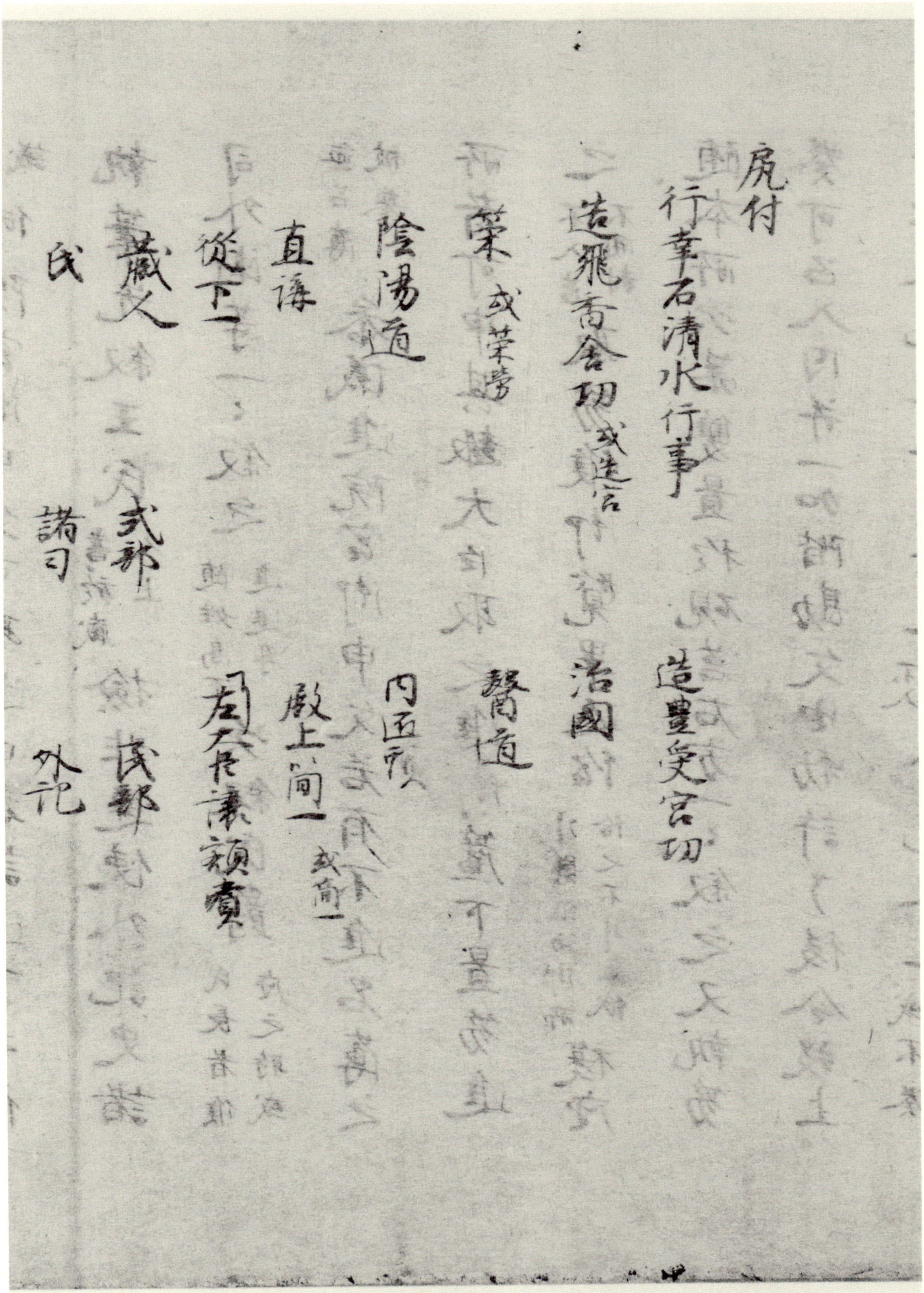
宛付
行幸石清水行事　造豊受宮切
造飛香舎切　或造宮　治國
榮　或榮勞　醫道
陰陽道　内匠允
直講　殿上簡一　或簡一
從下一　左右大臣兼預賣
藏人　式部　民部
氏　諸司　外記

裏1
(14)

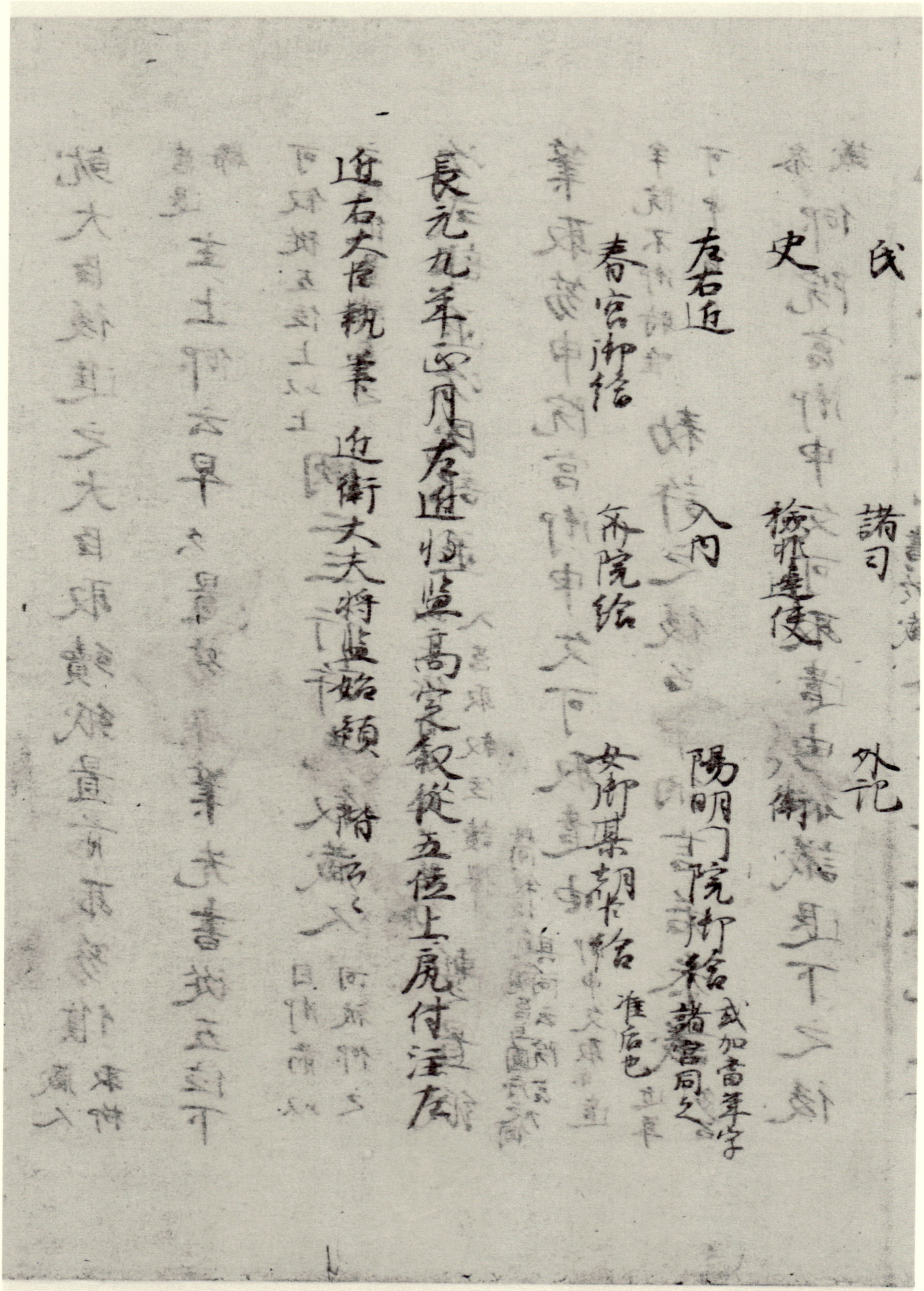
氏　諸司　外記
史　検非違使
左右近　入内　陽明門院御給　或加当年字 諸宮同之
春宮御給　斎院給　女御集朝臣給　准后也
長元九年正月左近将監高定叙従五位上府付注在
近右大臣執筆　近衛大夫将監始頭　階嶺

春玉秘抄

春玉秘抄
初夜

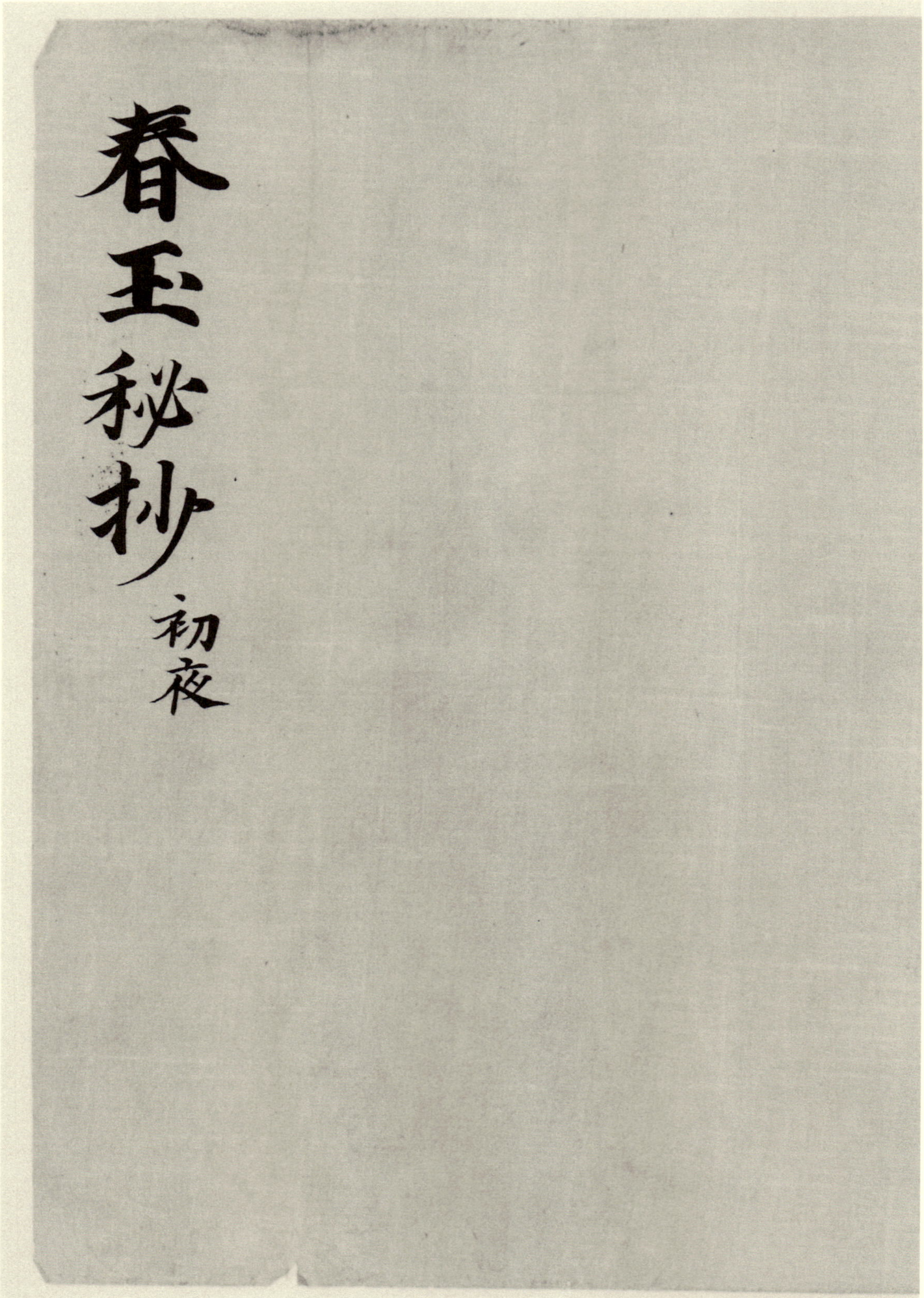

春玉秘抄　表紙

初夜上
仗座
議所
関白并大臣着殿上
公卿前座

（1）

関白并大臣着殿上
参御前座
納言取筥文
奏正権闕官
縁大間
任四所
取遣院宮御申文
任四所残
持参院宮御申文事 在奥 又在発巻之 仍所
除目先撰定吉日可避御衰日并執柄衰日等

除目先撰定吉日可避御衰日并執柄衰日等

前一日以職事被仰可執筆之人御衰申

日重復日不無例

當日執筆召御前給硯式遣進關白帳之下給之人

硯 君硯 筆 白管二許 墨 太平元 平大墨也 以紙裹下纏其尻 以紙纏給 纏目并上方

令外記硯置 可召取也 故太政大臣被示云件筆墨宗俊朝臣御外記

大臣着仗座 内一上ハ直着奥座 着弓座 職事来仰云今日可有除目召

仰諸司 ヨ職事来居 大臣居向 大臣徴称畢座揖移弓座

次令置軾 令宮人敷之

上記自杓云除目次日大臣可必着外座令置軾

（2）

次令直車　敷之
土記白抄云隆国若大外記可必着外座令置軾
次召外記々々参着軾　大外記ハ直着軾少外記ハ先候庭依召参軾
傳仰識事口宣外記稱唯退出
大外記奉勅旨一日召外記并仰上卿隆国之由
甚詞云自明日可被始隆国可作諸司先式一之上
於里亭作之式文開白書布有被作下時
近代当日於陣座被作也
本書云作外記并ハ縦式作之大外記一人進不及并
西園記云一上於里亭作之
玉記云治暦五年三月廿五日大外記未来参之

西園記云一上於里亭作之
古記自抄云治暦五年正月廿四日大臣未参内之
同納言先行召作
同云一上参内之後兼召作事
同云康平七年十月七日内大臣着陣仕座居饗
時大臣以下着此座不能仍撤饗了更着之
同云長保二年十二月一上於里亭兼召作仍移渡
中関白答曰自作召作事早可参内者仍一
上参内
或所記云摂政直廬儀諸卿以下向直廬着座

上夜

式部丞云、称召直廬、諸卿以下留直廬着座

執筆着外座也、為召取菖文式部卿上人

次召大辨、問議所装束畢否由、大辨退出之（大弁不候者少弁之、同之）

之大弁在座者作ゝ

諸卿参集陣座後、可問之云々

為帰参申、議所装束畢由

大臣以下、自宜陽殿壇上南行、経日華門、至議所（其路経桂内、公事為）

議所（所司敷之、南座上頭置莫文）

議所装束事、江記云、宜陽殿南第一間（謂巽角）

帰参、参議座（納言以下半畳）、[illegible]南中也

議所

議所装束事　江記云　宜陽殿南第一間　謂巽角　南座上頭置筥文

掃部寮敷座　納言以上半畳　参議黄端畳二枚　壁邊立屏風中央

間置膝突　内竪所立臺盤六脚　五尺ヘ四脚　八尺二脚　以東西為妻　或抄云　五尺ヘ四脚　以南北為妻

各西上對座　但西第一間臺盤一脚　南北妻　東西件饗　侍従厨家所儲也　造酒司候同華門南廊

引廻纈縵　敷座柱　納言雖當日上卿從坤角参入　参議從西壇艮角参入　東面南第三ヽ

間庇敷座為弁少納言記史等座所　史生座在卿下　召使座在其東

並南面西上　上達部未着之前内竪所立筥於西壁邊跪　大臣後之

置硯筥並筥文於南座上頭　少納言以下預候此間

件議所東面太政大臣座下　南小面右大臣座下　此儀同在綿文

太政大臣在為　、車元經頼　記云太政大臣

可置筥自入道掌門下ヽ可ヽ

添付紙片アリ参考図版参照

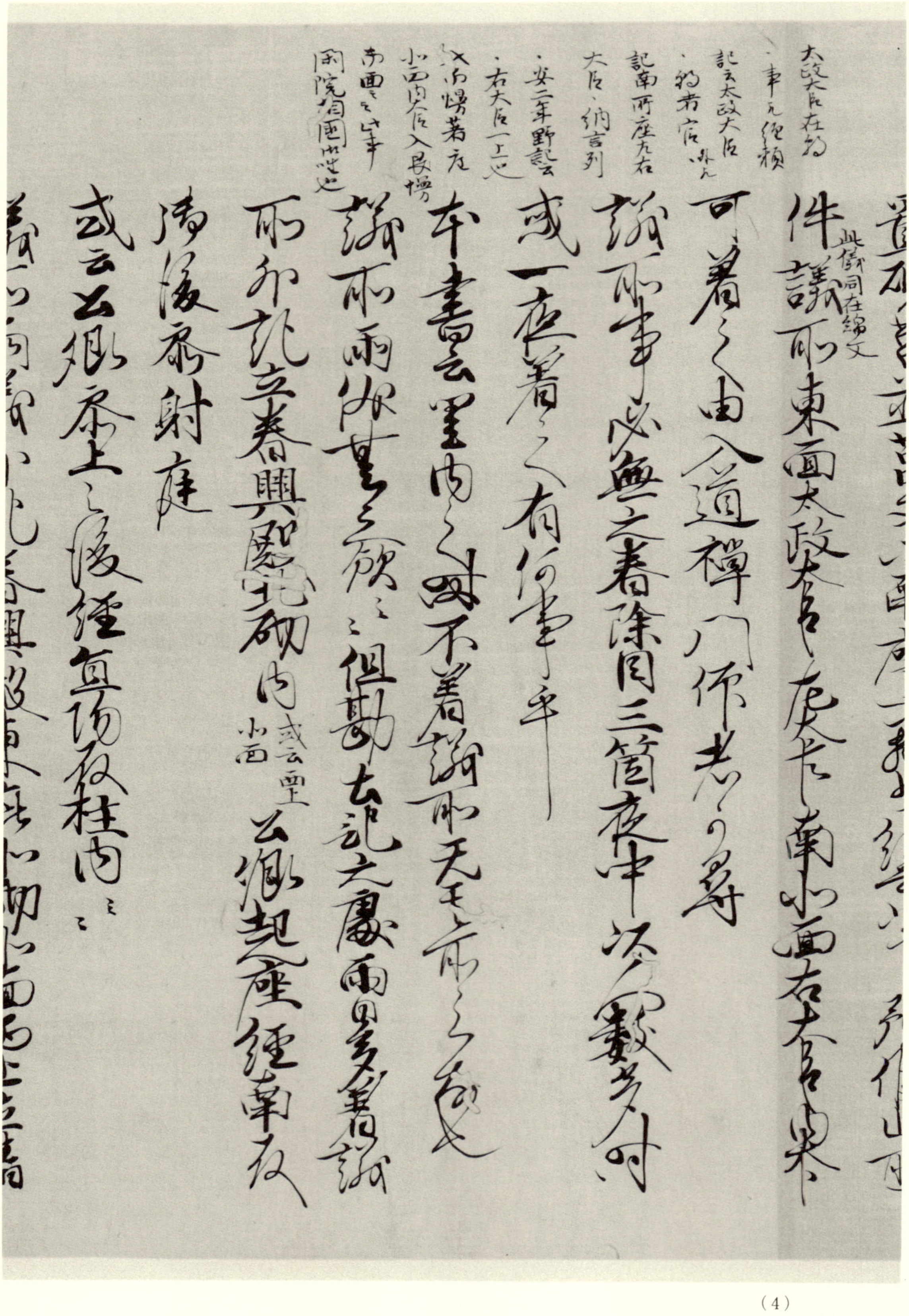

階給右廻殿

或云公卿参上之後経宜陽殿柱内云々

議所雨儀於北春興殿東庇小庭北面西上立階

猶於壁上西面可立

一大臣入自陽坤角也　当日上卿　着座　大臣大盤南小緣上　上臈ハ南　下臈ハ北対東面也

次大臣并納言以下入自陽艮角　納言雖上臈入自艮角　納言参議対座東西行也

永治二年内府為日上入自陽坤角

本書云大納言為上卿之時経□之入従艮角歟

去記自抄云永万二年宰相中将未居饗座依

恐難早居大臣着之早　余直著文不置膝突

大臣各令置早

殿雖早居大臣着之畢　余置笏文不置膝突
大臣各令置笏
同云大臣説所着東面北半帖先年着南座末畳
笏文之時大臣令置之文不敷膝突同令置件膝突
令敷西壁之下人數南遣之由有先例　云々
次勧盃一両巡近代無巡相分　弁少納言献盃　件事人近代無之
大記自抄云長元五正弁少納言遅参間不能献盃
參射庭
年書云一度二人勧盃
或抄云諸卿座定後弁少納言各取盃入自長扉

或抄云諸卿座定後弁少納言各取盃入自長肩
㮇相分南北進就大臣座後内豎各一人取盃插
勧盃故盃後各帰本座
九条年中行事云天慶八年以往以一盃行南北座也
北座也後箸下勧盃
往古箸下後不勧盃　勧盃事江記説有
綿文云大臣雖一人不勧盃插二人如大饗 大饗
次翁若蔵人来告事由 大臣以下揖之 代始御蔵人所作 召之
九條年中行事云大臣居召納言立召〻〻
舊例立召近代居

舊例　立呂近代居
本書云移入自南幕於大臣南邊召之或不着
議所之由於陣座有之
院宮書云藏人頭奉仰之可着六位藏人五位藏人奉
仰之可有也但代始除目以初日清行自仰之中使弁入
眼若藏人六位藏人
次大臣召外記召之使令召之外記一人以自日華門参着膝下
可着軾歟
大臣仰云召文亦作候入外記稱唯退出
去外記自柳云大臣仰召文之間先外記等群参取
召文之外記取而上一可立之自日華門南柱東去一丈

苫文之外記北面西上一列立定向日華門南柱東去一丈
次外記召人〈不称〉進一人〈進不取苫文傳下〉ノ外記退立
〈左云當日華門南柱東頭西上北面〉
〈江云或北上西面〉
本書云召人〈不足之時史生取苫文立〉後
左記自抄云康平二年二月一日除目外記一人〈史生三
人〉立苫也
承久〈不召〉史生取苫文事外記失也其例
或抄云外記々不進居大臣座後〈下〉弟取苫退去
件苫文春召名秋召叙位三召本在外記所不着外記所
之時着陣後大臣召外記々々進小庭〈五位外記直[illegible]〉大臣

只称了外記云六位参上庭中了……参進云
件莒文春巳后秋巳后叙位之后奉在殿所不着殿所
之時着座後大臣着座外記〻〻進小庭 五位外記立庭 経柳内着軾 大臣
正笏仰云莒文進へ外記退出之後取莒文入日華門列
立宜陽西廊 北上 西面 大臣以下起座参射庭 屋 在外座大臣経小庭出軒廊当間次〻人経宜陽西壇如常
大臣以下経本路入自日華門経階下参進射屋 次立床子幷柱
或人云経日華門宜陽殿南一間出自西廊南一間自西
面壇上北行下砌経階下至射場
本書云経日華門宜陽殿西廊南面階下参射庭
綿文云経廊柱西

綿文云經廊柱西
廷爾云御弥射庭之時於日華門下如之
當時母屋自經宜陽殿西廂自石階間北柱外自壇上
小忌經軒廊二間并階下參上
江記云自宜陽西廂一間北柱外經登渡階下之入自日
華門經宜陽殿壇上（西廂 西日經）下自石階經階下到射庭
經行合間立南廊西第二間（南向）有随身之人君經
階下之時者随自殿坤角不随經月華門来殿上
口本ゝ不叱可然者奏之時者随身相從至射屋
内或人無門ゝ或不是之

内或入無明門或不入之
大臣入自行合門立戸西面　西上南面
本古云西第二間
綿文云或共立中門
綿文云深大臣立戸間　擇上﨟晴書
或云右大府立同間之時狭者内府立次間不
可為難云々左府敏命云々
納言東砌内　西面北上
本書云納言八随其文數列立為善必皆不列立
参議南砌　東上北面　或西上

參議南砌 東上北面 或西上

外記立南殿西壇下　史生居其後

本書云外記立東庭 北上西面

本書云雨日経西仁南殿北庇左青璅門

到射庭

綿文云雨參議列立桂内

綿文云雨日云々経南庇清涼後従外記経階下雨日

外記立場東砌 北上西面 納言後

本書云雨日外記立宜陽殿南壇上 西上北面　也自南

殿下経廊砌立射庭舎東砌下

殿下経廊砌立射庭舎東砌下
大臣揖昇　大臣揖時列立人々皆揖次第同之
大臣昇殿上　故實人々親立之者之由向次人々後
昇自小板敷
綿文云執政後坐之時ハ暫居殿上小板敷之以東向為
道次大臣経一大臣後著下
関白揖着床上
本書云関白自殿上相加設着御座
次納言以下取草文
右記者抄云兼保元年正月廿七日草文役人不
足時弁雖可取之取草先左大臣大殿其儀未知為

呂時弁雖可執之執筆左大臣殿大其儀未知為
之如何左府人々右府又无左右命仍催宰相中将令取筆
去記自抄云永承七年十一月二日右金吾云故右大臣
被不云取筥文之由処大納言入自弓場東立戸前常
中納言入自戸東間立同所大中納言有差別之故也
中宮大夫説云不取筥文之人ハ凡不列也
近代第一大納言云不取筥文云々
綿文云新叙外記元筥文之時乍立進之不跪也
是大臣也之々儀命也
綿文云史生取筥文之時跪外記後居令外記

[illegible]

御文云先生取筥文之時跪卻訖後居今卻訖

傳進之後外記下立磬折進筥

本書云大納言公卿不足多之時取筥執之居定

殿下侍者執之有其例云　法性寺殿御説 故知足院殿御説 是又一条左記作平 抄忠

御文云取筥文立列立大臣取不揖取筥後揖是上

臈之人取筥文之人下自南廊之末方為足聲身是

可閑其次人之有也立大臣取揖取人取筥揖是尋

常儀也然而其先揖右上臈也入先立大臣取揖而

不揖之由當時關白命　中納言云中将給但[illegible]件

件儀依大殿教命關白納言之

中等取筥肩合

不揖之由當時関白命 中納言中将給但執柄件
中将取後揖給　件儀依大殿教命関白被示之 時其後揖而令取給之
中宮大夫說云大納言撥笏之時自取笏文
大記自抄云遅参人追着御前座
大記自抄云承保元年正月杜陣座之人下在座不列立
而人参上御前座奇怪事也不可列立之人若可起座
除目日陣座依無人光頼卿上
大記自抄云延久二年正月遅参大臣加列参上遅参
之云々不参合列而着御前座条頗違例
大記自抄云治暦元年十二月大臣移入座之後遅参

之不参会以前着円座皮座位
右記目抄云治暦元年十二月大臣移〔〕座之後遅参
公卿着座是不立列不取笏文之人也
大臣着御前座　経上戸并障子北簀子敷　南面端関白同座
一揖後　膝行之時猶可下笏手下之云々
縄文云着第三間畳座
次納言置笏文如常　参議以上座之
本書云不取笏文之人先経殿上参着必不渡参議殿
次関白依天気参着御前円座
本書云傳云古大夫仁則称唯之入自御座下向着円座　南面
或云主上召大臣事参議一人在着召之必不待召着
云可尋

或云主上召大臣事奉勅一人着召之必不待皆着

云〻可尋

白川法皇仰云主上召人詞コナタヘ此事必存知

綿文云大臣着陣座後主上召ス其詞云コナタヘ

大臣奉勅欲参時先被奉天召欲参其詞左ハ大イ

ミウチキミ欲参奉着後有他大臣者關白人召之無欲

致人之對應召欲参奉令召之大臣　但當時關白

不参詞之可奉由有氣色于大臣後参入参之召

此關白忠　唯氣色許　無音

天暦…事…大臣關白…召之入参更行右兼小堂行

次關白忠 唯氣色許無音

天永二年正月廿日關白蒙右之後更折右膝小揖起

微唯也 小起笏 畢即一揖起座此作法吉也

次依右 依天氣關白召之也詞云 其オホイマウチキミ 執筆大臣微唯稱 除目執筆期正笏畏侯也 進右声微々興禁之而導

關白雖不與之笏 更先折左膝 可随所便 歟 深揖 經筥子數参進着円

着我前座 先跪座下不膝行程也押座端着之不令近硯 又不可令動座之故也 深揖 調平続打 奇据條

磬屈正座條 只謹可候之

御記云前關白召後不揖参上座大臣更揖参上

御記云座定之以下襲數斂虎下為不令鳴也

御記云嘉承二年正月廿四日除目民部卿参執筆

綿文云、嘉承二年正月廿四日除目、民部卿以下参、執筆
居奥座東上、大臣殿末給由被仰、尚可居南上、
法皇仰云、右内両府先着端座、左大臣直着執筆円座、
本書云、大納言執筆之時頗有作法、若大臣之円座
外加数之時、先着前末円座、依皇御気色可進円座、
後又右大臣内大臣執筆之時、数奥座三枚ハ先着
端座テ、次依御気色着一之円座、但次之日ハ只直可着一
円座、
次々大臣又依召着之、間自不復之時、執筆着之、
次依仰深稍移執筆奥座、自長押上移之後、閑隙座之時ハ起移也、連座時者只膝行居也、保延内府依隔座起歩移云々、

次之太鼓之儀者至于成文作之時始之也

次依師澡掃移執業負座（自長押上移之後閑隔座之時起行也／連座之時者只膝行居也）

澡掃調平補縁寄裾刷衣正笏磬折修（保延内府依隔座起歩移云々／但磬折不深人只謹可修意也）

保延二年二月弟子依召直着執業負座雖右大臣依

右大臣死闕兼一上事也　後関白藤氏云々之道大相国公宣

主上仰云早

大臣掃置笏於左方（半指入負座下深）

凡置笏之時不令鳴也是故實也或説深云以左指

右笏尚置左結中文時先右用之

先取第一莒之蓋置帳二巻小冊是知其有無返入莒畢

并二[illegible]

先取第一莒之御宣命帳二巻、不用是爲知其有无也、入莒畢、

件文無籤并軸表紙、沉莒底也、今案、二巻也、両度ニ取之也、可返入本莒左方、見他文ニ同爲不混合也、緩案此

事殊取前不可取上御宣命歟、

次取諸勞帳、不見籤銘畢、移入第二莒、随當手、雖両三巻、一度取之、見銘也、左右手未定、置二莒巻

但於巳下文籍者、置第二莒右方也、自他文ハ指上置之、

他文ヲ下置之左方、擢取時易擢取也、今案、見銘後入文書、皆一々練習

或説、以歴名帳籤有置莒中央天以巳下置右如文章生

文ヲ置左、内舎人文章生之文并諸道課試不顧入

文ヲ置右内舎人〈文章生之文并諸道課試亦預所〉

分別也

錦文云口云有籤文二度許取還云々以左右手取還

錦文云右手取笏帙七巻委見而取右手置所笏

在右手置内舎人〈文章生諸道課試亦三通文置于〉

莒之左方其後莒ノ右方ニ置雙紙所籍置第

也竪按書殿進物所大舎人〈等也〉其後第任ニ以収

皆積畢残闕書帙二巻テ以右手取一莒右〈中央〉持之以左手

取硯之莒右方ノ道座左方テ其跡置闕莒

取硯筥左尺引遣座左方ニテ其跡墨筆置筥
令案欲取上之時先ノ合筆置二局ニテ令鎮筥下方
可不令流動也若ハ可墨取方人後案此流吉也
本書云以左手推下硯筥其跡ハ右手墨一筥指笏
ハ右手取筥膝行進寄取廻ハ左手裹御笏屋尾入
頗退接笏作不正笏
接察使云保延内府推筥之時必ハ左持上ハ右手推硯
云不數筆向座之時推右也
取上筥推遣更事不書文頗不被得心之處後日
見或抄也之然ハ右手取上ハ筥ハ右手押筥於左暫置

見或抄出之紙ハ右手取上ハ一莒ハ右手押莒於左暫置
一莒ハ其跡指挿取之膝行進寄之付之葉之件
抄出説尤可然歟件抄出ヲ付彼本書ニ出之　云々
但件左右手共同事也強不可分明也
本書裏書云開白紙不柔数座之時擡可推硯莒ニ
右方　綿斎之　次ニ莒尚押左也
常用意几推莒事推左時以右手推之推右
以左手推之
更之用見開書帳　一人流二枚見之其流一枚許見之見両枚時　左持如取要用見之以常　見畢謂
置莒中也　不令動文々　見上

置莒中了　不令動文了　見上

次折左膝挿笏ノ人硯莒令少左方ヘ微ゝ推去　次ゝ莒　如先也

刷袖開心　次袖端　左方大旡　取莒　取上此莒目開白　可称畢す　折膝　後復彼座之

可許後膝行進御前下　去座ゝ時不令動舊座　可有用意也

綸文云口云開白雖在執筆必参ゝ

居入後置莒取廻畢　左説也

或説云左持取廻ゝ云　保延内府左持取廻ゝ

若手裹御筥進莒畢

綸文云取硯莒進御前下左手取莒右手莒

上方取廻左手裹御筥指入之件御筥不可高

上首取廻左手塞御簾挿入之件御簾不可高
塞不可引高之
小退 兩膝許 按笏進入及簀座前 保延内府發居凡庭
令案左折左膝正笏磬折僂 隆季
　　　　　　　　　　　　　　 僂云
保延内府以足用意事有之同弟説
綿文云不正居本座
正笏深磬折僂
綿文云居廣𢌞
　　　　　　 綿文前云
　　　　　　 宿老之人如禁指笏逼座下
深僂臨年返行大喜見庸簀座 茲𦤶第 云
　　　　　　　　　　　　　 已如老病之人
呆延四府球易進不云戾再奉乃發竜入刀 云

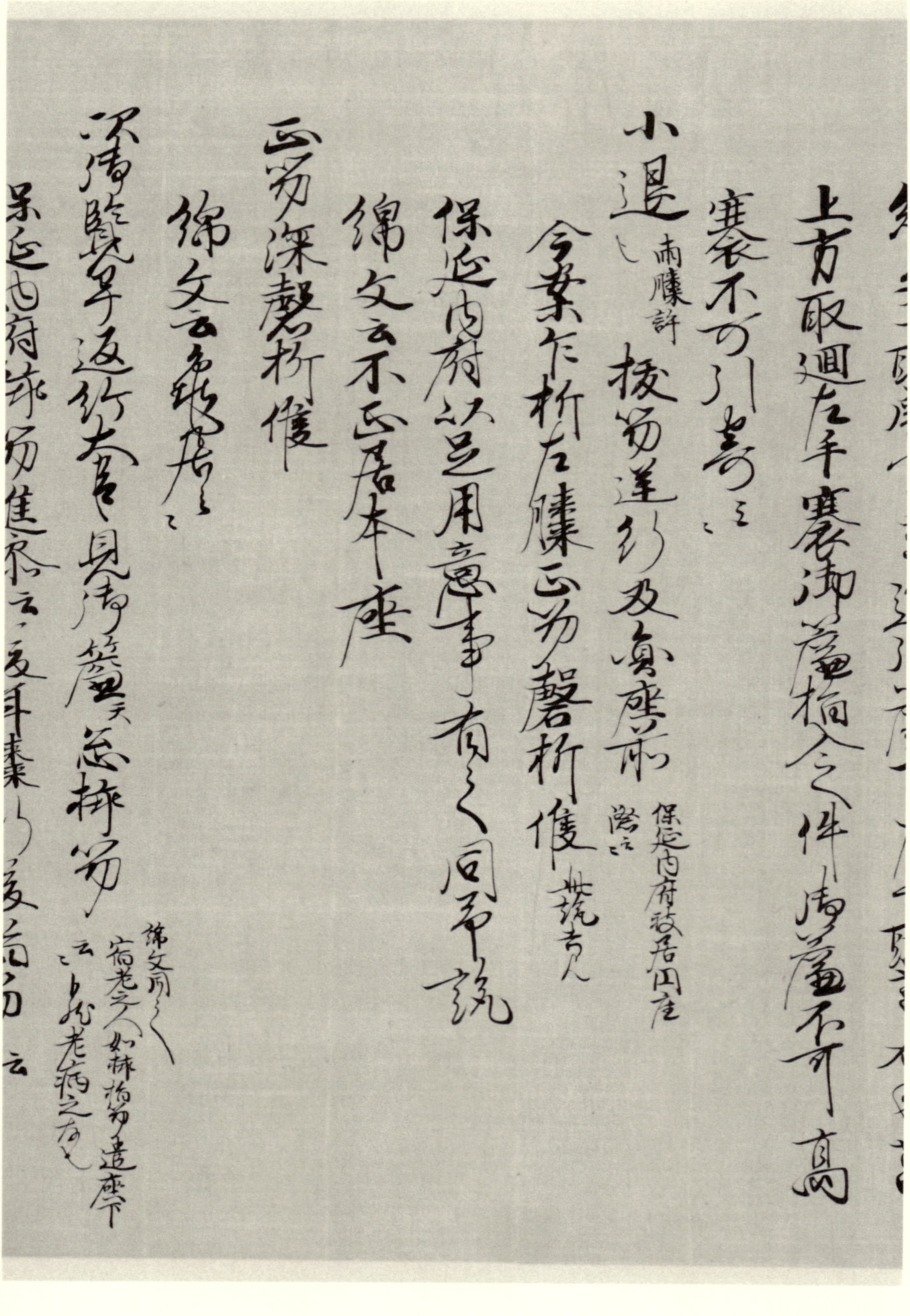

給文云兼存之

次御覧畢返給大臣見御簾下忍搢笏云々 錦文同之 宿老之人如搢指笏遣座下云々 或老病之者也

保延内府搢笏進來云々後年膝行後指笏云々

如初膝行參進給筥畢 於此所引直文并之次若進行者 取廻退也

進行復本座 復座之時笠偸 蹤迷様也

本書云給筥取廻復本座 本書云先置筥復而之後更取上

先置筥次貫笏置之間平絞刷衣裳也

更取上此筥 左手取之 如不置 内府同之

次右手取硯筥右引直本所 但件硯筥亦遠去者亦取上一筥之上先近ヘ引寄也 其後取上一筥置替之

次一筥置其次　不返入補任歴名也
江抄も同く不返入

次笏入直二筥

大臣依可奏文甚不入其次筥也
復業之尚次々筥可入事人遠有之
當時具苦人如何

綿文云口云三四筥入其時申不及笏挿奏

或抄云復本座置笏之後返本文書於一筥
先是載次才
取懸苔端

次取笏復

主上文伸云早

大臣展伸小揖置笏　左　方
以左指右之時尚笏置左人是或次才
用中文結中时先右用
取出大間　在硯筥下

方
置硯筥東北取放札紙
且如巻取展元之巻
保延内府

因見入見目録　一行具　横　或読文有置慶之　板下云々

右関葉付　小行墨筆方　用中文持申時先右用　取出大間ヲ筥下

方　墨硯筥東北取放札紙　且如巻取展元之巻　保延内府

細巻入硯蓋下方畢　横　或說文有墨處〻　板下〻

綿文云以右々推竪入之中程如折入之不難之

弁書云或入硯蓋筥東不習此說綿書同之但以硯筥左勝之

取出大間取直左右手先墨硯右引表紙入硯筥了

折左膝継之

先大間之時皆参議召之

本書云先墨座前取懸紙令葉此文与硯北傍置之

次用大間先如中文礼紙展墨甚偏継之

件事必不可失次其後時如式之酉一刀了之

次用大高先如常文礼紙展墨甚論條之
件事必不可然欤保延内府如此之猶可尋之
座右方去硯邊一許尺小坤艮隅　綿文同之
後房秘説云先於硯右條之後入道甚不是容易説也
長七攝之也
土御門云二尺五六寸許　本書同之
隆佐云以長為書但左説一枚三寸許
綿説一尺五六寸　或於同之　又二尺五六寸
土葉唐七宮善記云長二尺許
入道大相國被問二尺五六寸説也

其葉唐紙也其絛之長三尺許
入道大相國被伺二尺（五六寸説）
納言入道申云以短為容易説是同左説
而書之短時殺中宜顯於長時宜多纏之
保延二年秋予長絛之試而左右長多尤多煩
猶短一尺絛ハ宜於見トモ於短吉也
或抄云大間絛事或一尺五寸或二尺（五六寸）保延抄
長短絛
絛之事以左手左方疊目中央ヲ持テ絛之要三度絛
之後巻夫者遣右方之度推取指持テ本方ヘ遣テ至
左方テ更小又上裏ニテ持至右方端ハ下向上遣

之後巻大者遣右方之度指中指持付テ本方ヘ遣テ至
左方テ更小取上摸ニテ持至右方端小ノ下自上見
析目知程指上析く　自中返読左府始被授了　但奥三枚許不除畳
ノ置左方（是出府説）　大間奥三枚許不除ノ是大間書字大少猶必不當衛府人　推展上暫休息更開奥
竪巻以右手取上左畳目以左手取巻末テ置大間下
中央テ爲軸代有事便之　近座條之遣其末時以左手取左畳目以右手取奥軸代ノ推遣
本書云奥二三枚許ヲ残テ不開畢ス堅巻テ下是爲軸代
綿云奥不除ノ爲軸代此説悦皆用之巻く
保延内府取左下方内三度除被（析）左方文以左右手
上下被調之

上下被調云々
或人云故入道太相國條大臣之中間暫休息攝衣裳
刷衣袖云々此事同口傳也　有興云々
如此條ノ其妻〻押付畢取笏後清〻氣多
凡條大臣書〻間自他口傳於多也　仍只注付大略
許畢　呪衆〻玩〻依旁無益不注之　只付一様如形
注付畢　總除同作法雖後多說只付一様注付耳
主上作云畢
義作小揖置笏取正衣裾許　返入第一菩（菩中右方並蓬　菩為迎第下也）
返入正衣裾事插義畢作度第三插正笏參可任正衣

返入已所撥事猶兼早作（第三度）猶正可参可任意

由之後可返入之（異説者勘）

本書云作云早ク摩硯墨云如本返入已所藉於一

菩戒説不返入一菩只作二菩取第撥秋有之

先見籤第絃北取懸籤於菩西端並置但内

堅者也

次摩墨云也困緩良久摩之（不忘摩）摩入多テ令薄墨云

也（取墨事有手様之 硯勤ハ押之）摩畢見墨頭先達多者二切符

摩之ノ如本置筆其也

口傳云一度摩之為善度々摩為苦之

口傳云一度摩之爲善度々摩爲労云々
水多摩之云々墨色濃時可加水欲自元水少時薄墨也
保延元府返入稽之後被摩墨欲云々　後主上御作云尚先摩墨也　[illegible]
次濃墨也乍二巻濃之云々此是墨跡以吉墨硯方云々
綿文云摩墨之間以裏衣袖覆當年
江云一度和墨々後重不和云々陣定文如此云々
次取筆奏可仰下之由
件事大略摩墨許也詞云下知
今案下知者無由所説也誠可任
江云西宮記云下知稽不儀氣色也直任之云々而近代[illegible]

江云西宮記云以宗成補不候氣色直任之云々而近代經奏
西宮記以宗成補者不候氣色直任之也近代經奏
通俊記云右府不奏以宗成事人同書云爲取件帶
様付弓驗是今案也云々而思食事始奉仕之人
如此令相構何事之有乎撿書殿於位階姓任
依様改命
或人云保延七年内府任也不畢被取帯成来云々
或人不爲可
依天許置剣出之取内豎所帶剣懐手右用手推合手
内豎取之用[illegible]詞云内豎所[illegible]

依天許置笏出取内竪所帯懐于左肩于推合于
寄於更用讀上（詞云内竪所　付次其姓名）讀ノ置硯蓋北ノ巻合
巻合如二巻置之一枚文巻卜用書天間左之云々
京極大殿巻如紫衣巻之置之云々以不向其右吉
或說云不讀名可尋
江云内竪召其姓某丸由付宣旨之後用帯法
申ス内竪召其姓某丸ノ讀申ス但次々者
只換事某姓某丸ト、ヨリ歟（御書云其詞云内竪　所私説日勘々）
内府以下所作用董任之云々
随其讀文心中信姓名亦可暗誦之

随見請文心中位姓名亦可暗誦之
讀申事大略如法申文可許後擢姓名不讀ハ
人可用見不可為難之云々
次取寄物用之至外國三々分亦見瀰否ヿ返入硯筥 不巻返
今案随用見可見上目録是易見得之
次用大間可書載様謂置了
見付求亦テ以左方先自中一折ヿ人擢自其中一折
合二折之依大間長短其後置大間左之但其左右端ノ
任人之時ハ其平如重多ハ引放一重テ其外ヨリ巻之置
次此一枚如巻返テ取上任之右方一枚二八指人手如取上

次此一枚如蓑返テ取上任之右方一枚ニハ指入手如蓑取上
書之凡取上書之取上法之
初条用大間之時許中程可用也多書誤因初也
是併務様處也
内府右方被任者之時強不取上只推付書之
師時説云左府命云用大間之時左右共大間上折
ニテ更無左也其左中可用者如本打合許被更
用也一枚之不解
説云入道殿示給云取上續之事必左手之指ヲハ
ツミアリ　右手ハ自下入枚中續之

ツミアリ　右手ハ自下入枚中讀之

深業取上大間書任人

本書云以左手取上大間書付之

書尻付年ノ星書蔵秘業基不可失此事

左府左手取渡置之給云々但勾申文度々不可然歟

以業ノ星每基事每度不可失有法皇御說

以讀申大間　不讀尻付

上不申云取上大間讀畢云々同業曆已年記文如此

右手ハ只一枚下入之手如元上讀之、但三个数如式云々

每度讀之

毎度讀之
左府仰老作墨書之、文讀之、位姓名許也、如書時
毎任不打合大間、但御堂作云、大殿毎度打合可為
保延内府毎度打合大間、彼家流也
同御堂作
本書云、以右手取上大間
次取上筥帳取筆勾名、外国不注任國　件文不讀墨本所
令案用筥帳テ先推返其端テ取放可勾之
一枚取筆勾之、畢墨書也テ此枚ノ返テ巻書ヲ墨奈
綿文云、或注任國、令案不注為善也、於勾者薄墨お
點尤濃

點者濃也
本書云内竪所者ハ仰世様不取之時任文書様有餘依姓任目
綿文云尋申左大臣云故殿除目文内竪所任仰物様
按書夜欲事者任例内侍仰國不蔵人所也納者任近
國由令江重所仰國不取者不可任之如件云
任他國常事也若
同文云可所給籍雖懸句不任國是為下知之文任之
故竟在所不令知人也
同云可所籍書之之請申諸文給文字唯兩三人
後必不請是略説

後必不読是略説
或抄云、姓之外以音訓太中名爲高姓云々
次取書物用之取筆塞點ヘ本箸
猶不巻畢後才之然者亦云ヘ任畢一度點之
二巻塞點ハ時ニ可除義無人
土代文至云者多枯墨至點若可曲濃飲
或人云後々塞必不塞點続中束言必不點
又人云點ハ言京無難也
本書裏書云凡關言可　物硯箸下方ニ横置之件

本書裏云、凡闕官寄物硯莒下方ニ横置之、件
寄物自中日事畢之後起テ、本莒可下給之、雖有
合點任人不見此下の秘之存也
又三ケ夜ノ之後、猶入本莒有下給之説、或又見
成柄同云、凡追外記進文之心ニ、不審思可有、見之文々
敷置硯莒与一莒間也
凡外記所進之文雖不難之、猶有大難、着中合
開白可問外記也
一開請文、撰中年置硯右
開白被命云、替召依事輕、不讀之

例向被命云、替名依事輕不讀上
名替文也、不讀事ハ見經冊テ名替者ハ合
不可讀之由也
古云、向餘皆讀之
名國并替擧之也
二見當物不卷ハ入本書
諸國㯰目之時必可見之人可點ル以當年爲枝
忌失並同取之ハ私案也
三用大間謂置其末ハ
可隨筆取上大間書載之

四條毎取上大間書載之

諸道毎年任二合云於上紀不任二合但二合

年任之事

五算業取上大間續之　不續尻付云々

六取帶帳懸勾算業次算生帶帳

雖令任者更被傳之時件勾傍書生字云々大間

如何　令業消之　欲

綿文九人和氣首之文不一合勘之与勘文是同所

謂第明法陽年任數之

七書記點入算之業次返入書記

七者被點入墨畢下次返入之者
次又取帶懸用見如初任兩三人畢
此間任兩三人畢間有作者可受領文書
作在座上臈也其詞有兩段之但隨上作詞
以是為段　大治六年兩局作一天德之例云々
大夜段云不及三人之奇者院宮御給
内府任兩三人之時必不讀申云々文云
綿文云舊折也進大　近來也挿進大
次大臣取筥奏可取遣院宮御申文也
綿文云詞云院宮御申文下許也　詞葉不聞也　院宮御

綿文云詞云除目清書文ト許之詞案不見之除目清

之時又除目ト申之

本書云外任奏ヲ給之各付封

綿文云左府云故大殿師命云春除目任官ニ後

并取除目清書文奏上之

綿文云或任二所後ニ清書文或任ノ後ニ清書ヲ取テ奏ス

二ニ首取所奏ス

天許之後何在座奉行

云ゝ案相ハ誰ゝ儀同之由ゝ

本書云奉行ハ誰ゝ儀ソト可被示云ゝ

本書云本説ハ雅々儀ソト一事云々
正笏召上﨟参議
其詞云ヒダリノサイシヤウノチウシヤウ其朝臣或右大弁某朝臣
召位ハ若殿召
可着座官但官位ハ若殿召或人云不称前参議上也
参議参進
件間引揖大臣不見任人揖由人同人件事云
引合之但取當時諸文書大臣上云々是一説也云々
師云深笏文揖大臣上事侯人来進可事也
是任人衛満大臣可事也不能着召引返云々又風来時

是任人衛満大間寄事し不能者只可返之云々又凡来時
赴座者可奉硯若懸大間端上在座寄挿事也
以筆継墨ゝゝ
見座定之作可遣取紙寄清書文也
西宮餘流参列居善子數奏作
江云居長押下近代居上
参議退下
本書云其後任内竪所之人竪人以下
通記云叙位時遣蔵人時除目時遣將監式部之處

本書云[illegible]

通記云叙位時遣[illegible]除目時遣将監或[illegible]

次任宣旨

宣旨籍無難書之不難之云々丸外記方上之文云々依姓為

下任掾目之云々件勞帳無朝臣也

上東宣旨乃者任掾目余依姓進退之但内豎之外

顕も依姓歟

任秀才　内擬進大

本書云内大[illegible]進文説内[illegible]進大　綿文同此説

綿文云件籍無[illegible]

進[illegible]

綿文云件籍無相違擬書落書加大間而相合宿禄
難分先一ノ書宿禄
第作法如初儀ノ帶帳如本巻ノテ口ハ筆之入第三莒
或說筆一莒左方テ四所皆任ノ遣三莒云々是一ノ說云々
當時之說入第一此
本書云入二莒　或入三莒
太政第云件帶帳下外記也凡他帶帳等如此廻籍
伝奏大臣中心所存也　上﨟件事執筆可存也及除目期於里第之令外記勤來也吉
今案四所籍者早速可任ノ歟雖他事文書也来可
所任畢前不可行他事有之　不允

[illegible]

所任畢前不可被仰他事者也（不允）

綿文云朝臣ト可書ニ宿祢ト書ハ非難宿祢ト可書

ニ擬ト書ハ難也

綿文云巡籍大臣可知也

内竪所也五人以上七八人以下

本書云内竪之次任大舎人三人以上五人以下番

長ハ多ク任掾同餘ハ多依姓次任校書殿預撰事

任掾餘依姓任周防[illegible]掾[illegible]撰事[illegible]

膳部[illegible]任[illegible]安藝申[illegible]掾餘依姓如初[illegible]

[illegible]

膳部大任攝津安藝申掾餘依姓如初凡て
所籍等任國每人ハ隨可計只可左右重有作
者任意可左右
本書裏書云先任人不必須上之下申文懸勾次人
梢成文末必取闕　家書也
綿文云寄充交點可擬　其國掾二人二人成可其國三成三撰
其國三五中成三時餘唯可免也
綿文云左作云謂下所巡籍者頭執筆於各有別
籍之所不弟任之之預執筆可用意若夫以同所
者連年雖任之無許　道云々
本書云凡内豎之大舍人多有枝籍廻不弟巡可成但

本書云凡内竪之大舎人多有校籍廻第巡而成但
代始或執筆初参時不讀第可任天暦籍云依可
然有本字籍也遅怠之外大中臣菅原任掾也
本書裏云九条中年中行事同傳云廻籍次第
今案説勘申云近代不今勘案説凡執筆人忠之
同云ヒ案件木帶帳諸道課試勘文未紙懸勾不同
任国上人
或抄云已而記執筆外有本而大少籍及舎人代取之
渡人散位一﨟着内竪而外頭也依姓任三ヶ國
皆云生王家司

渡人、散位一労者、内竪所外頭也、依姓任三之郡
者依姓任掾同
凡任一員無人者、取前目挙由〻
若任已所之間、参議持参院宮御申文者、取之置前（座）取前
可同御前依許挿笏撤文推落取文参進可奏也返
給暫置右方兼暦年長記、必也（或時御前侍奏之）早進院宮
御申文事見兼暦長記、即奏之テ且任所返給置
右手取前笏後御前擦也、御申所御申文給之、取之
御名未給国之替者之名付短冊、余取之置書右方院宮
御申文之上、但可候某年無度先任也給也

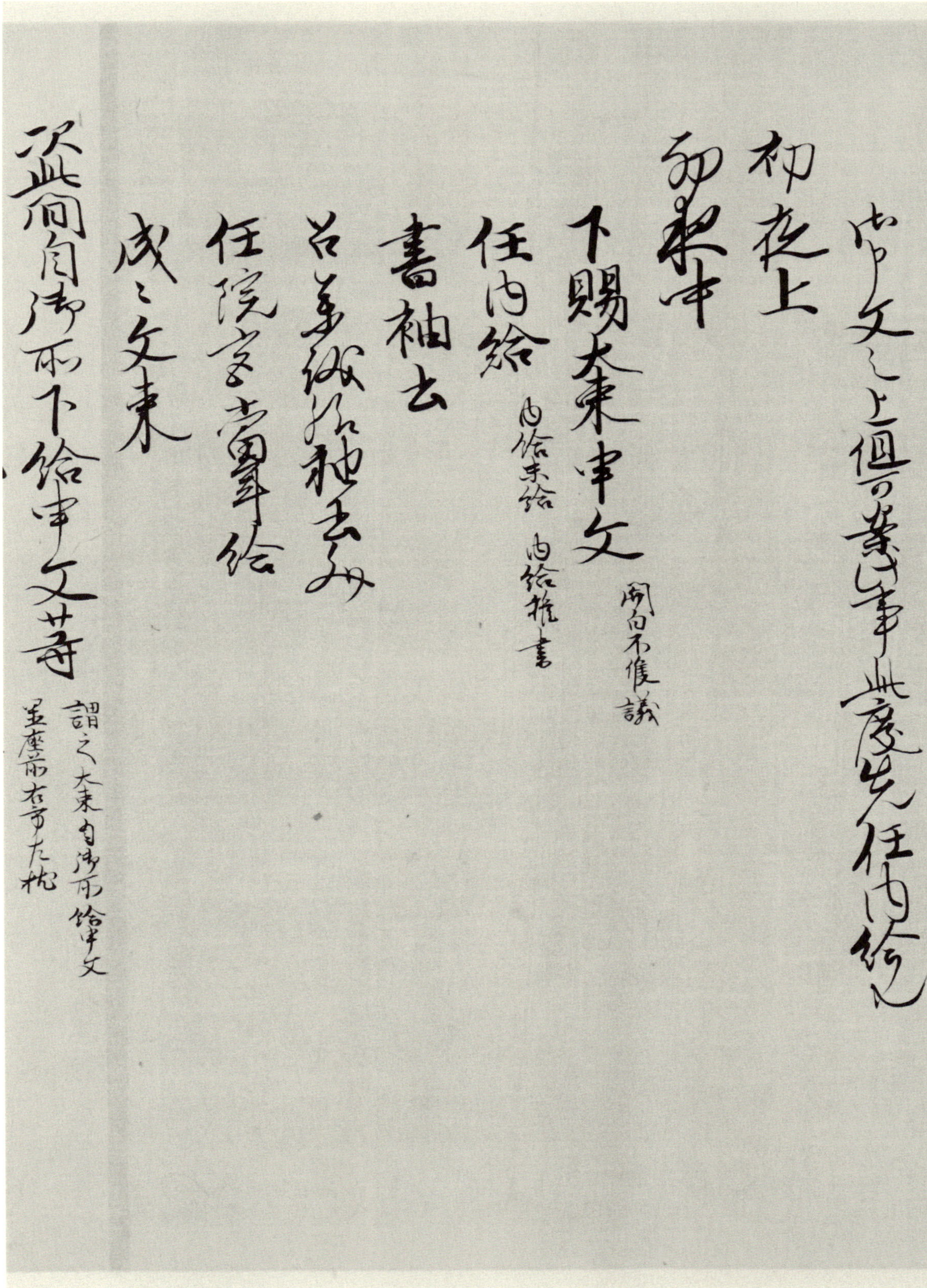

此外文之上但有叢事無度先任内給也

初夜上

初夜中

下賜大束申文 関白不僉議

任内給 内給未給 内給推書

書袖去

召筆紙於袖去之

任院宮当年給

成之文束

次於御前自御所下給申文等 謂之大束自御所給申文 置座前右方左机

(28)

次[illegible]

次並関白御所下給申文等（謂之大束自御所給申文　置座前右方尤枕）

関白候時者盛御硯莒蓋関白給之置座右臨期撰授執筆之（件申文其年一各為束有短冊其中大事袖書　束合各惣以紙捻為大束）

若関白一度給大束申文者取之置座右撰之

去兼歴已上○記置座前之右方取件事抄可給

若関白不候之時者主上直給大束推硯莒（先揆筥　推之）

奉進給之復座テ以大束置座左披筋置テ引直

硯莒以大束置硯莒左引直之莒（去次用云或奏院宮御給テ返給之次給之云々然者後）

座以文書撃之置座左引直莒ホ以院宮御給暫之入第一莒除期可取出之（如本書或置硯莒ヲ）

凡可任文乃不除莒暫之入一莒（一莒同之）

第文云関白有置文奏可給申文大置見莒之後置之

座以文杖墨之筆座左方置筥不以院宮渡給杖墨入第一筥除期可取出之
凡可任文乃不除取杖墨入一筥　如本書或墨硯筥与一筥同之

備文云開白有筆者皆給申文不置硯筥北縁墨
也随取之可任限リ取要枚残返上
保延七年内府給大束墨大間硯北撰取申文或人
不落可
本書云各見緩冊今夜可成之束許リ墨座右
但開白被催之時撰出可成之申文給硯筥人々
後見案此事自御前下給申文可置座右之其後々可
撰之人可為左方開白以下置座右方之大間南邊置之可
置右之由欤但文墨座右方者大間任物之時可為便

璽在之歟、但又璽座在之、若大間任物之時、不大便
宜事也、旁有煩、又璽硯与一莒間者煩也
先取外袖書來璽座前、大 解緒攘取當年内給
先置硯右　内給者雖有誤不離也、若内給ノ未給名替國替不在此束中者、此時取之、暫置璽座前、先任當年、後袖書時見書之
取外袖書、書束如本束ノ取上内給、又開見、任之
任人懸紙并注任國　若此中指國申者、先必見之、弁物望國不顧者不任他國
任ノ入一莒　内給當年二分代申、又兼國有之、取入一莒　中及畢夜
大治五年内給名替以之入載一紙、開白示云、一紙以
可書以之人不能書、一袖書也
後開大間ノ任之、取物同開白書其時先合當

可書以二人不能書之一袖書也
後関大臣任宮所ノ取易見所包者其時先給当
年内給文之
但先内給以他書為後之筆居也来古説云先任内給須先之書
袖書尚有之而依便宜任之又秘書大臣家関令云件事
前後口ハの
任之　執筆給之用見推合中云内給　天許後置
硯筥右任之如常
結申文事遣取院宮給
後不如法漸略之
綿文云任内給
延長五年以八七年二人進物所六人袖書文先下ノ者雖不給幾事中テ
給内給テ可任之件内給有定数其外為臨時内給是当時関白所定也大殿
或抄云当年内給ヲ五位雖無所付内給名替国替
対の有所付之者此事今案之勘合文書之可尋
若内給ノ未給不類抄之給者以件文暫置座前先任
当年人其後此書付之出書之加之文下一の下

若内給ノ未給不類如此之給者以件文暫置座前先任

當年人其後袖書時先書之、如他文等ノ下勘

大治五年依関白命下勘之々

本書内給未給名替國替等ノ下勘

綿文云内給未給可[illegible]。院宮未給未内給中ニ入公卿給モ

在之　後判　此事未覺悟

内給雖書事大治五年内給名替以一紙載二合等関

被難依之年不任之依命返奉関白ノ不入見乱云々

次取書分二枚在御硯蓋仍取未給之書袖書下勘之

先書袖書之儀者先取内給テ暫置入市一莒右

除目取次任之々

除目取之任之
次給一枚書之文者置座前 抑左 一々開見書袖也々ノ
置座右 右抑 若舊下勘之
若此等給任符返上文者取之撤一又人一莒 右 雖有舊
國替未只今不可除也 任時一々書袖書云二合文雖當
年給闕所竹者取在座大臣中文者撤入一莒 上卞勘 故
其外皆可書袖書也 雖在座大臣給抑未給ノ二合
者下勘件三合未為別來事 當年給人々名代滑在他
綿文云下給隨文未給未文若此中有任符返上文者
取之置硯莒上維置之々見横置文八上為抑但袖書

[illegible]

取之置硯莒上緘置之凡横置文ハ若在為枕但袖書

ノ文ハ以右為上其中有可定事之者折文上高如本

置横以折為験歟

開白次第給之仍束下云々ノ當年給束仍暫入一莒之

又任公卿給之時取上依次可任之

次撰取中文等　件間不解大束緒之不可包在文ハ如本　撤大束諸未給者皆不封

公卿當年給束ハ暫置座右　大間南邊在枕以上　為一束不可勘之

親王准后雖當年給至二合者令下勘但大臣在座

人二合不下勘　綿文云意ハ与在座大臣之當否　之故不下勘歟

雖大臣不候

座下勘云　欽但無事　年　是別給人々大臣勘當等

[illegible]

人二合不下勘（綿文云意ハ与在座大臣之當否之故不下勘歟）雖大臣大傳
座下勘云々歎毎年事（年）（是別給人々）大臣隣等納言等後度
件二合ハ別來事（師云無事別給人事也）或只當年許也云々
未給名替國替等之二合ハ皆在世具歟云々若在當年未
中若任時見付之テ書ハ袖書整入一首待否叩下勘
本書云書袖書下勘事兩貝之様集給二合中文
書様書但當座大臣中文任府返上中文不下勘
隣年二合自本年限無不審之上在座中其由不可
題之但有下勘中文云々今案新任之大臣年納言ホ
之明年春二合中文不可下勘之人初二合也依可

疑之但有下勘申文云々今業新任之大臣并納言未
之間年春之叙中文可下勘之初之叙也依可
無事疑之一可有勘
此事申関白無左右返答之
師元云不被下勘之由師遠所申之云々
本書裏書云々当年給抜之当年巡給猶東南
撰留并卿不下勘者抜之当巡給在其年勘巡当
之時如何従御所下所申文未一被見雖当年臨時
抜之之例其年当巡給之撰取可勘巡当
否之由申書申文袖付之云々当年給合返冊国異

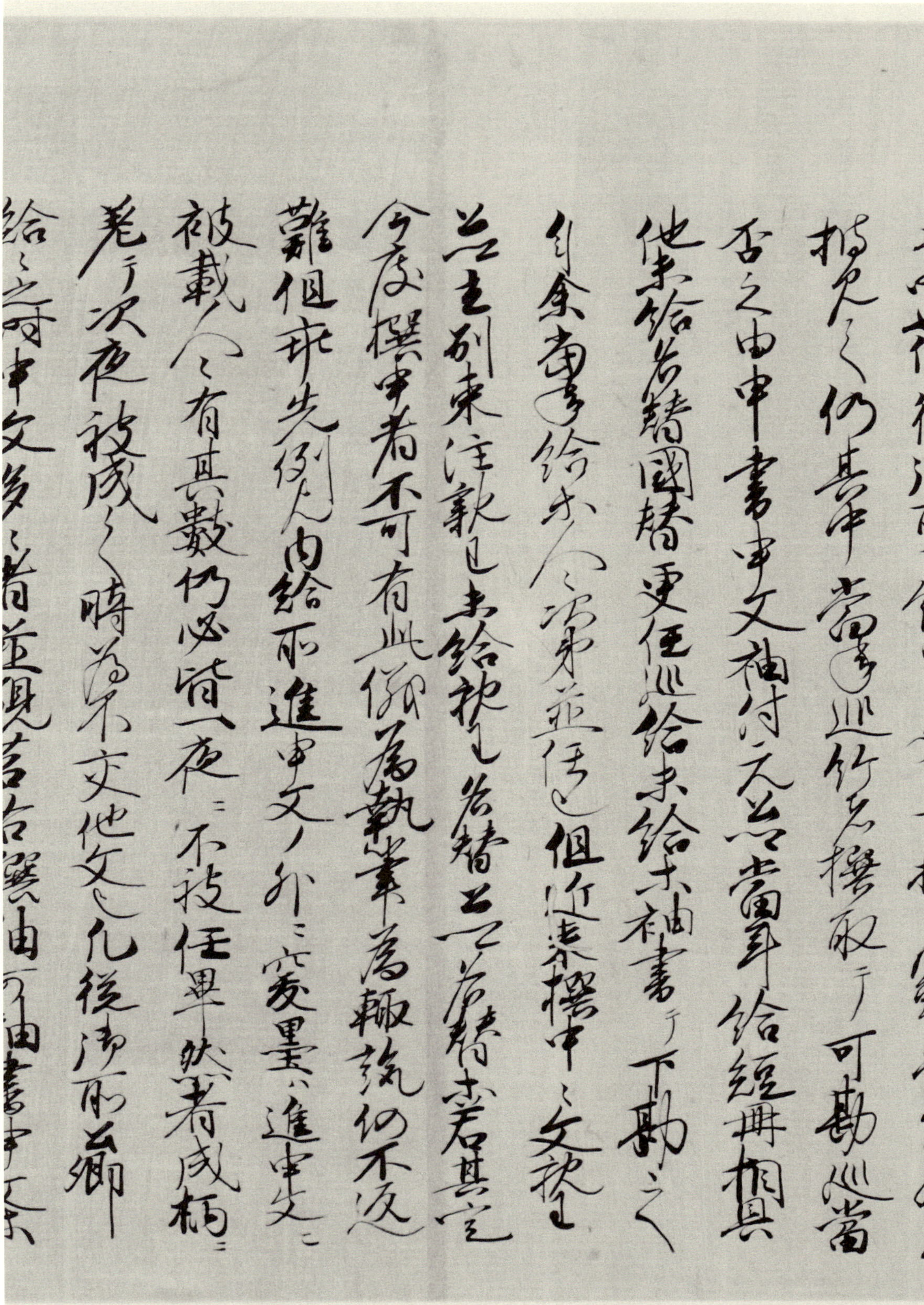

撰人ニ仍其年當番巡行名撰取テ可勘巡當
否之由申書申文袖付ハ又公卿當年給經冊相具
他乗給名替國替更任巡給未給等袖書テ下勘之
自余當番給等ハ只常並任但近来撰申之文等也
並主別來注歟已未給等也名替ナト名替等若其它
今度撰申者不可有此儀為執筆為輙強仍不返
難但近來先例人内給所進申文ノ外ニ定裏書ハ進申文ニ
被載之人之有其數仍必可ハ一度ニ不被任畢然者成柄ニ
是テ次夜被成之時為未文他文也凡從涉所公卿
給之之時申文多ヽ背並見若合撰由一ゝ由書申文等

被尋人々云最仰以可一揖火被仰之如者廣枕

卷テ次夜被成之時為不文他文也仍従御所云卿

給之之時中文多々者並硯蓋右擲抽可袖書中文等

座前横置之不の勘下中文如元在座右袖書

畢可召蔵人識候之氣色召其人々の給之也直物等

時未定文同の用此儀凡中文等ハ置蓋下方テ可居

人々の袖書物等蓋右ニ置之

院宮并公卿任符返上文ハ整之一蓋中右方不の下勘也

任符返上ハ可有別束云々但如小草子者院宮束公卿

束各別之號云々後例為別束者云々未給之公卿

國替旨一紙之大略由進旨等撰又所望之人一蓋奏余事

束各別ゝ読ゝ云ゝ後聞為別束者云ゝ未給之名替
國替皆一束ゝ然者袖書時撰取聖入一筥春除目
無當年任符返上者任符纔返上ゝ近代任符返上ハ
希ゝ事也丁度奉仕来是此文
諸未給　名替　國替　更任宗置座前　左紙
次書袖書　取件束置座前　右方　左紙　猶棄之此時見難否　本書合此棄　若不可下勘文宗可
左右大治五年予下ゝ勘例白二合申文是失也依不委見之
取上撰置申文テ開見之　先上束緒也不解テ　一束帝貫取文見之
无難者深筆テ
書袖書無指次第　件間短冊乍持先推上箱緒貫取開展其端書之
自端一許寸入ゝ自上際書之　依忩事用行字
書ノ細巻如本挿短冊　此中有未給之　二分代申文者
様ゝ如本挿　文間不令切紙纔一寸許
袖上挿之　是袖書　文之
書袖書　同下勘ノ已上時
若有難　書者申其由テ随命テ
入束ノ一筥待竟夜

書ノ紙巻筆等加短冊 二分代申文者

若有難書者申其由テ随命テ

柏上折七 文七 巳上袖書

書袖書同下勘ノ巳上時
入第一莒待竟夜

筆巻之折下方 一寸余 直入第三莒ノ目結緒也

綿文云若年月并朝臣落不加別當右府御名

之筆是難書之折下方入第三莒 如此文多時一枚之内

巻籠事之時ハ有短冊文ハ如筆切之在前印

或云遅進者不載 上卿給申文但於三分者載之但不有之

院御書云 院宮之書給之竟未下勘為吉

綿文云在座大臣申文有難者不其由ノ任内府

解短冊緒書袖書之 畢文ハ如右方ニ為書文同處

置之頻ノ下置之為分別

[illegible]

解緒冊緒書袖書、畢文只右方ニ朱書奏聞處

置之頗引下書之為分別

兼暦已年去記云関白命云巡給袖書只一ヶ書、ヶ勘

巡給年之由所見也嘗御成文中之例書其趣

二合　可勘二合年　先ヶ勘合否　五節ヶ二合并同未給

未給　ヶ勘行否

名替　ヶ勘合否　或云勘任符出否

國替　ヶ勘合否

更任　可勘合否

書袖書ノ文置座右方　大永七　袖書ノ取前之問口注座

更任　可勘合否

書袖書ノ文置座左方　大耗七　皆書ノ取筥先例在座

参議召之　草藺有　大弁先召之　参議参大臣後大臣置筥ノ一度

取書頭首ニテ給之作云随勘出令取申且可獻欤

召在座参議事　同取遣院宮　御申文之例　参議給之着孔雀間

座下外記令勘外記給之取目録作闕官更

生令勘史生袖書注之若其院其宮御某々給未

補之由ヲ令付参議取之副筥自本路参大臣後

筥置左方文付大臣取筥左廻退下

綿文云御給云但給禁座前置及於当年給者並硯

綿文云凡給公卿給縑座前置墨及於當年給者並硯
右成ノ入筥而及三通以紙縒結々次並前文 横文
作付短冊取筆書袖書々ノ文者作付短冊置
座前自本文ハ指出置之為驗書ノ召參議給之
若可思定文者の並筥右ヘ執筆對先之筥ヲ次
第雙置筥右一々任之也其中若有無未文者指
文上之端而返可相感柄束
常用意召人時者取筥召之也而持文時以文用
筥召之用文之時權召之与開白答時兎持文答々
兼執定時置文取筥兼々云々

兼勅定時、墨文取分兼之云々

本書云、様示文杖作、令勘申下勘之由示下

給之、但當座大臣申文并任符返上文不下勘之

令案書袖書之間、若座前申文之是去袖書ノ

与未書ノ之而間、若進院宮御申文、若先元件袖

書文之可入一葛之、件間書ノ、而書（未）ノ乃文隣厩官

可置歟云々

若自本付葛中有文者（内給成柄多　任符返上之）墨厩官左手而分

書与不書テ、頭上下テ可置也、以厩官為隣（若大葛不見本之々多文者）

（或墨元事　為案之二葛之々）推先葛時、不元上大束与葛共推卷之

或異見事
或寛之二首之
推考首時不死上大夫召首芸推考之
綿文云返給後取袖書文等墨本而下給文皆之入
一首而袖書異下勘後更取院清ノ文而但之是
参同用意
本書云
秋之巡給別巡給中文　可勘當否
二合中文　可勘二合年
諸未給　可勘給否
名替國替更任　可勘合否
本書云在座大臣中文

右先日記之依

本書云在座大臣申文

式部当年二合書袖出一通之中巻籠下勘云々

江記云男女親王并女御尚侍未在位年師安云大宰

監典如師五年作之秋除解任之者也

又云申状者外國巡給事如男親王一分守巡可被任代

随上申文被任欤

綿文云関白の袖書ト文未給之者取退座前結

本ヲ元上拔左手取一束巻ソヽ援取破積之以紙

攙リ一寸許引了上是揩時有便宜用見紙書文端

内裏同年上下書之、如恭条　但本文ヨリハ一寸許下

内裏同申上下書〻奏[illegible]但本文ヨリハ一寸許

揖也是与書之験也　書ノテハ墨本未書〻文

（本云　小也）小也座左方ん一束ニ文ノ数少ハ持左手接元事

不置移文但数者墨書随便也抽書ノ文北抽置

書畢後取笏（本）〇〇〇ニ元其中除名奏紙給〻

縿文云任公卿　当年給ノ次未給ニ各中文書抽書

而令奏紙下勘其預云旦ニ勘奉此間正笏復次随

上旦任〻弁案此ヲ任公卿当年給書抽出事也

弁習一紙也

此間奏議抄奏院宮御申文（当年給　御名紙月〻晴補）大臣取之置

一

此間参議執筆院宣清書文（當下給／清書付弁下給許ニ）大臣取之置

座前（右手取或時不披献之中文而／袖中ニ云々同前）取筥目関白有許着先於左膝

撤筥取當時所任之文（若袖書間指参ハ書ス／文入一筥奏之）整入本一筥

（関官左）推硯筥テ中文ヲ推毛ヲ（継紙ニ書／不中文数）取文ホ（送取之見／叙位ニ付）

参進奏之（不開封不入筥傳奏之／是次第云關白在座之時）授筥復座（條座前式上間随作法事／兼勝ケ云依関白命且任ニ前）

（若於右府口傳人々此大治之／前内執筆之時有此儀）

件清書文平脱不定ニ若遅進及可任國卿給之是可

依勅定ニ

綿書云清給ト書被申ト書通（進）稲給ト書ヤト書

同通憲卿ハ不知

仮奏
綿書云清給ト書被申ト書通之給ト書ヤト書
同通俊卿ハ不知
本書云所司被催之時外記筆傳奏被許之也奏
内府傳所司
或抄云随奉紙持参之無指錯外記筆取之
不用封押莒指笏奏挿笏ニ
綿文云奉紙持参清書給ハ御申文左大臣復文下ヲ右方ニ入
大臣還笏左方取之以左右手取之此刻筆不被獻上取之事
文ハ奉紙中云其字清申文身付ニの獻之大臣元
文在筆ニ文笏ハ指筆之右笏並莒又於左右手取之

大間置筥方取之　取之　此莫筥方令廣三ヽ
文ハ参議ヤ云其筥硯ヤ文等ヲ此の献之大臣取
文左手ニ文多ハ両手之指筥推苔文以左右手取之
奏　文上ヲ為吉方　奏後取筥復返給時人指筥相以平指筥
習之　主上其筥中文無如何ト為仰ハ自可献之由
申ト申無為之時不必奏
或人云執筆毎奏硯筥中文之時文数少之時ハ取副筥
参進奏之　文数多之時指筥以左右手取之　参進
奏之但文進取持参之　進参御前下取廻文之時文
数多有事煩之故人云　此事ハ勘他説之如此之間深恐
後人申事之参文之時取副筥参進箇老ル

奏之作[illegible]
数多有事煩之旁人云々此事可勘他説令如此[illegible]
多人取筆之奏文之時取副笏奏進撤老[illegible]云々
雖文数少時猶撤笏奏進尤人此事見前書
返給撤笏給之復座以笏文置座前
主上ハ表衣不ハ裹紙給之一通
中巻覧給之右放置之
兼居写書之云
置右方
授笏置硯以下筥等ノ
但取筥未必ノ寄
退下時置之
以笏
文并置並硯筥右
以右為上此中有二予代中文着取之入并一筥依云見夜ノ任
右也此様置時ハ只見所付録也不見奥ハ
随被取見之不置ノ間若取笏ハ下置之
笏云々但此中一為之任次第之被見尤甚候　八
今等之
但有ハ下向式置ノ後雖上文之下テ皆今等

今笏也

但插了下如此置ノ後推上文之下テ皆今笏

唯后執之在笏中指執之唯后
文在笏中了

保延六年内府返給清書文於大間上先了取裏紙并テ

取刀一両通ハ且取裏紙一々入三筥後々中文先一度

了取裏紙一度ニ入三筥ヲ件裏紙ハ不細巻只随有々了

取裏紙之後並居硯筥後也々

本書云並置事依深宗 或巻重

本云諸二名随勘上任之深宗置並一々任之

綿文云口一院清書文雖有難申無白可任也無所見

綿文云、口一院清書文雖有難中両白可任之、無所見
者尤任為吉
皆筆畢〈用見之〉院清書　一々任之作法、先成文入弟一莒　古弟云、中若有下成文
者〈雖書之〉、更巻折中、文下方一寸余入弟三莒　件文注任國　或云取放裏紙置座前巻之
下外記後云難書如此、今案不用裏紙
成文ヲ細巻入二莒、次取裏紙細巻〈子千テ〉入三莒ノ次
寮點於莒為之
或云、勾中文ノ放々様、先用巻寄文テ、又裏紙ヲ
巻寄テ中文ヲ取右手、以左手取裏紙首尤入三
莒、次向巻成文入弟一莒之云々　是大相國説也、當時前関白作法云々、或巻寄裏紙テ千テ入三莒、此間猶中文牧在左手
本書云、一々任之先取中文、次上小状風幷書付大間

[illegible]〻

本書云一〻任之先取申文撰上小状執筆書付大間

又撰上然勾於申文第兩所若殊成不若申一之旨若

何待権字代取若又何其下次殊第於若本官顧

若可何虎取於大間撰上申文銘共之評任之欲

院宮御給中二分代内舎人文銘書丈院宮

当年中可被未給〻況未給二分代者又同在未給停

内申内舎人也　二分代任名未取之進一首及意趣

兼暦〻事御被聴也　仍陽明院御申文未稀以帯進

太皇太后宮御申文不能献十一通所進也

本書云任是当年給　巡給　別給　別巡給

裏紙十三入三首書間備中文牧在大手

太皇太后宮御申文不能献之由十一通所進也

本書云任洪當年給　巡給　別給　別巡給　秩也年給等也

云始従内給及院宮親王云々給並置人々以下並置筥若々

可成文或依人々以下或巻重可置筥若々

師安云三位女院庁付可被書御名雖從一位尚被書御

名也准后人同書名之也

本書云裏書勝申御申文奏聞之後可懸紙下知作

重裏紙以下並座右讀申隨作之任以下取裏紙並座

前成文懸勾指成未巻裏紙入三筥每一人但裏

紙入之

同云成文懸勾後更改任他官之時懸勾中文之更書

同云成文懸勾後更改任他官之時懸勾中文ニ更書

出字是改勾之意也

本書裏書云御給并院宮御分文等改任事ヲ御申

文等可修也不候右状甚以給人由申上也或称名的

雑人給之由至院宮御申文書ハ本解ニ注其人

職事之由仍續之至云〃給申文書者八續望人姓

名望国之名後申甚以給人由注大略任本申

文書如此可尋之也

成束両三也之時以紙撚成束事

臨除目期無於里亭可撚識

於當座文廣相遣也

自本有内給成文令諸宮給之通任人可成束之

成束時三七返　只以紙捻結之　於當座書文後結之
自本有申給成文今諸司給之通任ノ可成束也
任院宮未給申文ノ名申文放取裏紙置座前巻
成文入一筥テ取上裏紙開展テ覽皆薄方テ當左
縢テ横刀中折テ又自其中折之合二折ノ廣七一寸
許以手破之　紙薄方ハ易擦也　破ノ以是為廣之テ又當紙上又一切
破之ノ一切置座左方於今一切者摘捻之テ如筋落
之又破之ノ置座前　置座先ノ切也　又破之如先都合四切
破之二切ツヽ置座也次展開残紙テ以破方為奥細
巻テ如子チテ挿入三筥ノ次取上破紙テ先作二切自
中破之ノ次蔵之　以季交右指擦吉凡左下之左手尤被擦　蔵上賣テ

巻テ於子チテ段入三莒ノ次取上破紙テ先作二切自
中要之ノ次攙之 以李交右指攙吉人右下之右ク尤破攙 隨筆御説以破目方为内攙之大指取之捺し 攙續テ
其上ヨリ一結ス畢自中ノ折 院作云如懸 カイ子チテ 如縄ニ一
莒下方 師云硯莒中ニ入大刀之由存置之 柱 入二莒云々今案同可案是硯莒之次莒ウ人 可見午云々 莒右方 綿 文云攙紙推折
又如此攙ノ如初以此餘行縊一結 一返子ツ
入一莒取上成文捺け中 以右手取結目可捺可不合解 左之或人成文 多積ハ片縊解去強不結直云々 又く出来発如く
成文ハ細巻如折中程捺入束云々 け事 吉人同可案
口成文漸及三通并ハ以紙捻纏結其中又く出来巻如之
但件紙捻以刀不可被紙元可流裏紙柙要以孔破之論
口捺成文事ハ紙攙纏縒ハ自表可捺え緒廻時ハ自中央

口擬成文事ハ紙捻緩結ハ自表可擬緒廻時ハ自中央
可擬之但於巻見者ハ見も能々細ニ巻也但此事尤ハ
然然而未忠不如法封如何有ん
件紙捻或雖有持懐中頭至于初夜猶自可捻ん云々
但件紙捻之紙ハ去年来云在宮中文奥云々
後関件事在所説宮之説大夫中文奥云々　在三宮云々　是後定
衛中文書任之先成文之一通於東可為用ト文奥書ん
本書云用ニ尤裏紙似柳要以爪破之端為紙捻ノ両乳中文ノ奥ヲ破之ノ紙
今案何作墨裏紙破他文哉
自有持懐中之説々
保延内府被用中文裏云々如傳関白与余習同人文書

保延内府被用中文裏云々如傳聞者与而習同人文字
件紙捻如機實ニハ自懐中取出被用之云々是又一説也
但故白河院御作云京作云京極摂政殿御座自神妙
捻紙勝也
或人云保延六年内府以院宣令給裏紙為紙捻先人
横二折之破取ノ但實ニハ不機自懐中取出紙捻以
中文三通片鎰ニ責結之次々中文自中指通入云々但
今案除目自執筆御々而天色硯明仰成橋只同五
通許任ノ事終云々片鎰ニ迫結テハ成文多和于封之解
結目人件作法不審而不知此頭

結目人件作法不審而不知此説
同人云右府入道奉仕之時令使来結テ指廻来云々是
普通説也
去保安元院宣旨文中望様目若而任一人之時若文必
付驗為後撰也
後闕件事指図テ望時無其闕人闕国改先用之時
若尽抄任一人不任一人件文且任之人或任様不任目
或九不任目之時有之今夜不任目テ次抄而任目之時件
文上ノ結ノ端ニ付墨テ覧入一筥テ事ノ結成插ノ後
様結紙ノ結目條　易後抄撰也
錦云頭墨挿之
撰上所也

揀結様ノ結目條　易後抄撰也（錦云頭書挿之　楷上如也）
同云色一面國之時毛紙國傳付墨云任諸國之時任毛任
國大少權官書付之　天長三年任剝國者付剝字之
今案非色國任他時實任國人紙字給以據用哉
紙中之者任一人分之人任一人分之據式一度擬掾
同之件變點事寄物云權正大小有之書國名
下位何件字擬事大名有兩國者甚下位二ノ字也
但變點之時任兆權正大少之時變國名也　任已權之時
變甚字上又有兩國之時任一國者二字ノ中間六變點之
凡一國中六變點也　凡件作法ハ錦文作端裏書ノ川國事

変其字上又有両国之時任一国者二字ノ中間云変趣云々
凡一国中云変救趣也凡作作法以錦文作端裏書ノ見字形勢也剰関事
後関件事在座大臣関白未申文指国令時其中
変関者付剰関欤云々
本書裏云任不令国者不可任此不令国人令法
国之時以之充裁救国之時越任国
本書云若隠密申文或不之連奏中或任之人
新不任時毛申文ノ表ニ云変趣可験也是秘説也
件申文者兼作申文之上也
凡成文不可成文之一定文能々分別不可令混雑也

凡成文不可成文之一定之文體々令呈不可令混雜也

第二　初夜中

初夜上
次取公卿當年給束　不下勘仮當年也

置座前　左抱　解結緒自中折推加短冊　カイネヂテ　可

内府被入硯莒下方同可知夜下秘説也
硯莒下方　次元文用見之　寸時ヲ見雖有召也　見ノ可置　次第並硯莒北

以此為上如此外之
雖中同巻三莒
次第任之作法如此外之任成文隨任様成束因給

成束之時取之直置座前　左抱具一紙書文字給之　着暫ヲ置座右方　大間南邊　古也今棄　豈ヲ置硯

莒ゟ一莒
同上
非准后秋除在寸中　男女并三通

大相國命云及封成文猶モ可令知然解者大臣筆　不用也　依

後々除寸事後度封成文頗有事加文猶然ハ不可

後藏事後封成文頗有事煩文猶供不可
令解へ可傅習事也

若吞不爲勤東之皆混合當年給東者付封撰和
在座吞二吞之か皆書祇事 指乃ア文様成父と可不之こ
                    返開文其假ちん 勤人
一吞下方 横付奈飯便下勘俱大飞 元本給吞八在座
大吞當吞者讀申其由候命佁之ん
綿文云若虎付雨子有失摺面而磨直之但多字
及昏有失令摺之可直也
葉膚之云下勘祇書文之同給云卿當年給究
（略）

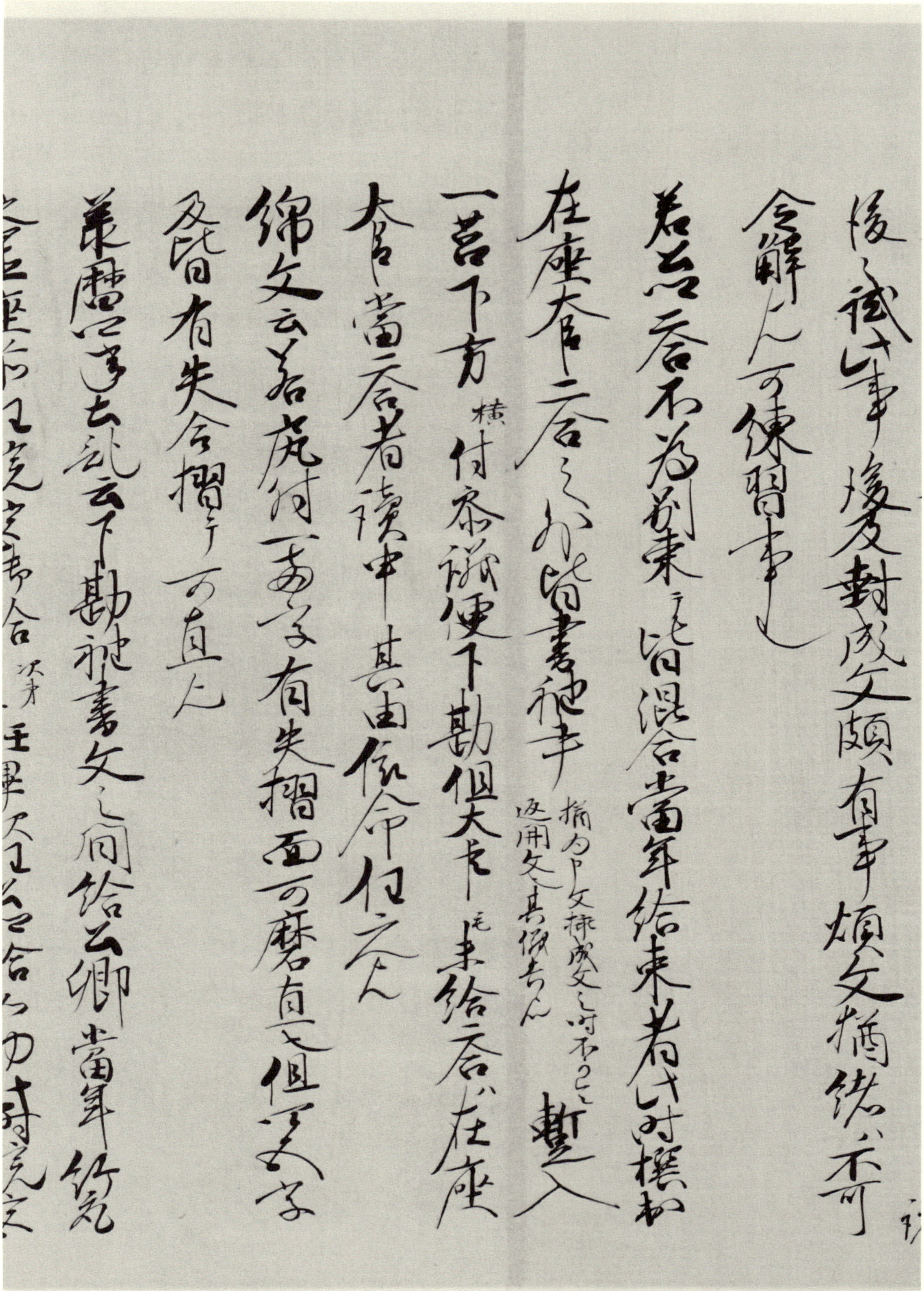

兼隆卿記云、下勘祐書文、同給公卿當年給名
之筥置座前、仍院宮御給（居並）（次第）任畢、次任公卿給、如初時院宮
御給在座前、次勘進祐書、書給、未仍任ノ随作巻、大
間常用也、大臣執筆時、左大臣給ト書、尻付但初
參後可為度、ハ先左大臣源朝臣某給ト可付也、納言
執筆時、毎度若ク付故者ノ給、但時ハ、權大納言藤原
朝臣家俊某年給ト可付也、但於現任人三位以上
者參議源朝臣ト、何ト可付也
兌除目之傳聞云、純中丞氏闕者尤可為佳云々、為
新　薄之

新薄之

二合事 以一分二合合是謂二合也、宿官於今者秋除目巡給ハ只付秋除目宣旨有之人別給別巡給依宣旨之人

親王毎年 是非也但或説別巡給人有、或抄二年也 外記申三合、外国合叙並任例有之

大臣隔年

納言四年

参議者五節明年辞中

大臣納言入同仍納言大臣兼例巡五節者二合

有当一年之時 任五節云々或任本巡不定云々或五節時当年二合不下勘云々 下﨟是参議可通後記云検役定不下勘

秋除目一人 二分同之 三分掾之 大臣以下参議已上同之秋除目巡給

并大臣以下二合当年者任掾也 執奏二合下勘云々

弁大臣以下二合、未年者任掾也、執柄家二合下勘之々、
或人云、五節巡本巡相並時、五節巡者依世事超給、為
未給、但之無難云々、
院御書云、凡雖五節以年者、或不下勘云々、
江云、件二合或有別未、若無別未者一両撰也、有両巡給未、
院宮　為二合　或人未給未云々
院宮二合件未無代也云々
北院付云、故泰秋高人能長男
是紀伊掾大江春澤也付之
業以子息補所國二合人
秋給巡給
為後二合許任様其所凡不任掾
江云、巡給年親王不任国之間、云秋給之巡之年、凡不任但
古云、無巡但之但、古云、無巡但之也、或有違可為所記

古云無書作之但古云無書作之者執遣可為別紙
錦文云一度給庭付之今上表於此給下付之
錦文云大臣二合文一年納之作絶後承謝初任事人
五節舞姫献後年也けりゝる
錦文云口云ニ二合ハ當年為其宗年五節舞姫献
年給ヲハうわし先錯中捨舞姫献年作也ハ二合年
給失二合年作ノハ五節姫献年ニ給ハ不失ニ
或説熊墨座右納奉謝云ニ　奉之
但
件文本多無ハ龍巻一通中人別ニ巻之也集下給之為
四条大納言書云大臣二合必不勘ニ之是別座之時職

罷大臣書云大臣云否必不勘之是別座之時歟

不別座之時必可下勘也

次任之符返上文〔是上給文紀当作副進任符不下勘也名国共替者可続名替之奇 續任半中之但使満有例之倫文云従後度不可被用〕

為当年給任之後有事依時任之件文者積年有

任符之件文或為別束之件時如小筥子為後文束身

為束各別之人〔内給 任符 返上随到来早 可任人必任之 但別也〕

件文見取短冊テ之入硯蓋其後並硯人名任之名特

国替　更任等有之

雖書折下方如常但不下知諸仰入筥底左方

可返事示之也

叵續　更任者ゝゝ

雖書折下方如常但不下知記何人〻若底直方也

可返給所由也

件雖書損年月落使滿據任符不返　今案是更任人　可尋

但使滿ノ任符返上有先例、可申所由也懸勾事

任符返上請之者懸勾也不見故作新一度勾返ゝゝ但

但如常

外記云無舊國替ハ使滿任符返上ハ更任之旨尋棄

本書云任符返上文不任ハ非可返上任符事　終巻

大間時返上ゝゝ

大間成返上之
綿文云任符返上之中ニ文有雜若折文下宣旨
終返上不失任符之由成時乃加任符者成文
本書裏書云任符返上未経除目下給之未給下勘
他中文成不下勘任符返上者入一筥不交他申
文未随一之任之任符未下文未同其懸勾若不
任者恒例在御所從御所後日行事返下
後除目之時有難者又難申筥返事之時有
難之任符於返上之行之可為御傳之由
之難中文一之難申筥也

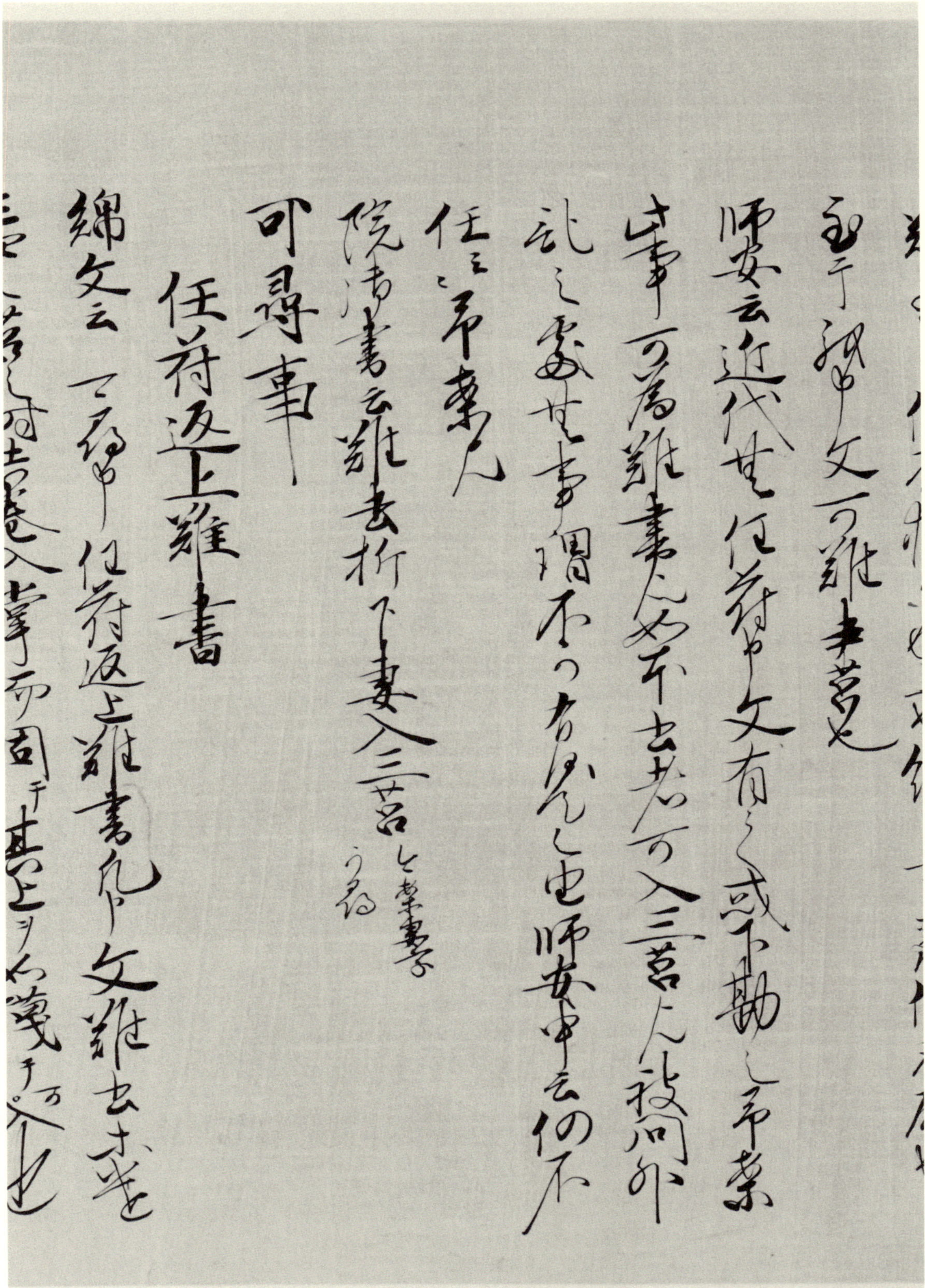

至于雜事文可雜書之

師安云近代任符之文有之或下勘之輩

之事可為雜書也如本書者可入三筥之故問外

記之處無其事増不可有然之由師安申云何不

任之輩之

院清書云雜表折下裹入三筥　之掌書　之給

可尋事

任符返上雜書

綸文云　下給　任符返上雜書九文雜書之也

綿文云　下絹ノ任符返上雖書ル文雖出來也

三通之莒之時吉書一巻入掌而固テ其上ヨリ如機子ケ之入也

不然者也返　莒文多成見苦事也大路古信良

不細巻ノ文而莒多成上

保延六年二月十三日　師安来云　任符返上文不知歟

任符者他ノ下勘外記之文　師遠不知之而某之

件文不知任符者而為難事也人也任符無可書人

師安云外記勘上任符於居事　是外記自書得

任符自外記許元上テ内文ニ行　請文外記史生元

任符目録之　返送言之　其後自官　行之　人領之

任符ハ殊ニ為[illegible]之

任符目録〻返送言之甚後付言所謂人頭之

外題勘上事　不難　文書字失亦以不審

年為難

後日師元云如此難之仰件中文不動上
大臣名相當尤可難〻文令〻

或云任符返上〻代必〻為別未件時未行ハ入他集

所當年〻任他所當年〻云〻

長保二年二月廿八日內符出來〻云〻　梅宮使被儲

中〻不任枝落也先為難書〻寂任〻有毛理

上可為

永治二年春除目參議頭藥執筆而任遠郷任符

返上〻文云〻任符云〻　〻集任符返上未尤別一〻有く

永治二年春除目参議頭葉執筆而伊通卿依符
返上申文云依符ニ々葉依符返上束尤別一有之
今名随擬皆依之其後内侍依符返上勘来者
中國寒如何
此間参議執参勘上申文尓、外記勘注當史於被書下之尓當者其
文為外之符不返上雖本同之返之八
不當也返上若執蓋免各之八三番之件勘上文尓各束巻之
別之文具上付本組人之返勘上且獻之々取必不勘ノ
執筆取之及度々者一ノ為新有之也
置座前右方件文不奏
殘之西宮記云奏聞後ニ之補
者ナリ葉下識
右執筆之勘上早晩不定ノ
本書云此間参議為参
下勘ノ文書指納
置之座前有所為文書並外筥
不之座右置之終而為事　大治五年師時執筆時ノ

不立座右置之終所為事 大給紙師時紙擬付了

関白云 勅上文六巻童人披答云右相国替紙所寵人

常用意事

院御書云 只今可任者置硯北後可任者置硯東

若不可任者硯与書二筥之間雖書折下妻入筥

次取未任筥置座右方 右抄 次短冊入硯筥了

次取放文于次書巻之 為一枚之 依年次重置硯筥右 紙背本 置之但紙擬

入之云人 次任之 先給院宣 次置並後可任人 作法如先

紙執勅上文巻色時任之間先別巻書了 云不書不

定大可為今案也不可任了 後元枚懸句人大弁假

定上ハ可為今案也亦但ノ後見校懸句也大弁假
云々成業掖文時然近時掖入中心也秘書也
或人云四位参議成付書掖云参議某朝臣 不書 並官
或人云同官同位同姓有兩人時ハ名一字書下﨟
名云々此事可尋人
續文云ハ舊例不可從之末行ト文并並之給奏院宣當
年給返給ハ次給云ハ是也但可深ノ後返下
給者任一ノ人請之是口訣
同文云並座大臣ト文有難時ハ下文ニ有難也と
四大臣ハ可被難ト答施紙ニ靈雜仍之為習可用也

罷申可被難卜若陳状宗難何之由習可申云々也

有更任文者 本書裏書云 更任様上 未終中間状任之益不可塞

歟存之 但本所存也

師時云 更任者秩満後同 同國之任或改補

後中間年他 雖任其後経同 但同國者雖任

年序後経可更任之

次有二合任之 之時諸擬上文不度吾者雖有例可為難 先例向有命何文治定平不任

次元國替束如初 儀任之 而去國次の元歟 依人不定也 其儀如何上

並還任之如先 先院次云 若國替之様上 本書云名國共替國者 依國替也

國替尻付書國不書名

國替尻付書國不幸名
秩滿ト文ニハ秩滿也不非書ニ
錦文云尻付國替　替國ニ限ヲ可付之依名國共
付後之　口通用之在名ニ名替者名許ヲ付右大臣
忠通公御成文所見也一昔還欠官右兼成
錦文云口御執筆大臣有要用云名國替可尸但新
闕常例也但闕ト執柄可任之但不闕ト綴
人常ノヽ之見サ事也
錦文云名替ハ依給人不可卷合　國替ハ依國可有
巻之ヽ

巻文々

次元召替束仍之其儀如初大間書顧出人召任官

國未狭箋大間無元闕依召次申任之並墨仍之如先人先説字次之

件召替者不讀上申文大間同不讀ん一々ろ後藥申文不讀上況大間

本書裏書云召替任ノ不讀上之国替毎度讀上之

元闕之更仍讀上同前

綿文云江云束紙ノ文墨硯其召替国替墨硯束

束紙仍ノ召成柄束後件木国替召替ホノ文ヲハ

墨其跡巻重ヲ元ヲ元分小中讀奉依拝仍也

狭箋召替離事主

秩満蔵人雑事 未刻付之人

凡毎任ノ皆上様成来之常 師抄云不過四任称 又但不参候上之之

件文ハ同例ニ被下勘之任當ヽ給符後勘上ニ被

必不任ニ為入道左府命云中疎事也仍不奏

大間ニ先ハ随勘上皆任之ス吉

兼暦已季上訖

任ニ卿當ヽ給之同勘ニ云ニ未給仍任ノ任ノ依事

氣文巻大間如表紙以紙機結中ノ墨字同成文

ホ引墨云一箇文ハ移他箇入大間成文揖筋進御前

中元筋小揖退也

中丸節小揖退出
今案勘上文雖不皆但或有勅定終日祭事之時
所懸之一束中老追不似皆巻籠ト文一通中不
付短冊 本書云成残文 付本短冊 与其残共入大間莒 大間右 巻大間ノ
未奏御所ニ先勘上文ハ入大間莒 大間左 奏大間ノ先
傳所白之 是大案付一紙葉之 仍成推量之
本書云若ニ在不成ノ者加入大間莒ニ追帰
所ん 付り同恩案 為後
通紙云不成文ハ依所申令加入大間莒返在上紙同
本書依ニ有感くく又右府命云不似文字ニ中夜

本書依有感ゝゝ人左府命云、任大臣中夜
年関白人云、任東府宰相十有恪勤者任法
回様件文府巻ハ寛治六年宰相除目左大臣東府
生引任陰奥様是依不知之由左府恪勤者不
任者迴可有沼と示竹時紙ハ取時任ん
次依作巻大間事入筥一奥文書依作今求不可任ノ若出ヘ見じ　笄一筥或云巻以執一通中ゝゝ
置筥大間ヲ正南北妻ニ引置後任引筥座盃以右　主秘説
手見左見目テ引返テ以左手見出軸代テ更用之
竪巻ノ　綿文云口見上　巻之ゝ　微ゝ巻く　或ハ次見　庭付ホ　置硯筥右　与筥際
見出表紙奥方ニ巻尽た巻持表紙大間端ニ如

竪巻　巻之、　結巻　硯
庭付ホ
元於表紙奥方ニ巻寄テ巻持表紙大間端ニ於
交テ巻付之、或云表紙一寸許交大間端巻之、取上巻之、左封命用展表紙並大間右以大刀並其上巻付
又迫硯蓋並之、次元於下諸之、紙機展並之、
左肴命件ノ紙機入硯蓋内府入蓋右之之案之又硯蓋ん取大間置其上中程ヲ直結
之之ノ結目ヲ当表紙妻也取刀切其緒切一方入硯蓋又切又入其後並刀蓋作ル乱之令摩之、
入硯蓋次並刀元筆濯染之、在置大間結目ヲ引
墨檣大間並硯蓋北次結成束也縦筆引之沈墨作云結目中ニ落入墨云摩極大間結
院御書云結目ヲ紙重円端ニ当テ結也其上ノ墨云ハ当其ヲ濃染テ結目ニ朱入テ頗横ニ小也又頗横筋替ハ之、結目上下墨云五分許分リ各有之、
今案唐同不便之、町子数其座肴件時ハ凡硯蓋推
方筋之肯件寸付大間ノ成之同付ハ全題六言

今案風情不優之時、予教其座者件時ハ硯蓋推
右方之者件時對大間ノ成文同封不推硯蓋之
先之又蓋之
次ニ九也成文束置座前大令云當左膝下置之析右膝封謂之左机置之
令調等文前方也或云先ハ結迴結次ニ以片鎰結迴調文也此皇作云能々細卷之更用卷之要也用時如卷二切至奧ハ見者之卷ノ様ハ奧結封之也漸ゝ随卷細ク又ノ迴結目以一寸通封後中央様之也毎中ノ機迴文端於中方也
以本紙機奧結之其中切其餘如大間封之ハ置之或云成文
束少者其結以一所中結之秋古之於春者多之
納言之後様文者有定文云々
師時云成文束少者機紙結目不當中央一所中ニ

紙書之後持文者右定々、
師時云成文束少者擬紙結目不當中央一兩中ニ
結之可切捨之云々、
好々今案在中書次第柳不背之身如今案之条
雖不穏便於事有練習儀之条是又定事也
仍記之耳
次取挂一莒闕官二巻移二莒ノ以右手取之一莒ニ推
寄硯莒左墨其跡先取大間入之開向座不敢昔
取大間入一莒ヲ硯ヲ可推右次取欲々、
成束如入大間左
任符返上又今夜若不任者墨成束依下成残文
如入寸莒之時入大間右云々、綿文云筆付短冊可返上
云々是進大間後傍人示謂帥氣勒上云々給之欲卷大間之時示短持來者取

取大間ノ一筥　硯之　指右ノ取給ヽ

成束如ノ大間ニ　任符返上又今夜ハ若不任者置成束座下成残文
如ノ小筥ニ時ノ大間右云々綿文云筆付繪冊可返上
云々是進大間後假令雖不留弥乱勘上云々給之欲巻大間之時於〓椅於若取
之ノ成文下不指結供紙巻大間之間取之ノ置硯筥與一筥之間也今不可
任者作置
可置ノ

或次第ハ移一筥文書ノ入大間成束之推筥ノ

今案本書意ハ不推硯筥次第次大間成文ノ筥ノ小筥不有心

保延内府先ノ大間成束ノ後取上小推硯筥置其跡ヽ云

或人語云保延第七内府初成文未給置一筥之時

取欄官帳ノ三筥ニ云々

中宮大夫語云推硯筥次下取大間筥進清筥之後

如本可置次第上返入次第云

羽林下﨟一人
中宮大夫取笏挿硯筥之下取大間筥進清書之後
笏乍引寄筥於第二筥頗遠以笏探寄第三筥更
如此渡入等也
次插笏取筥 先取硯筥凡作法如奏覧官帳 綿文云日関白後有必執盡奏之 日関白奏之復座
貫笏 関白不催于給大末之時 笏綱返上之 直置硯於下筥先奏覧官
亮抱入之今取両用盡撥下官付置 乍置以紙盡 付之
開置次筥文書等ノ取笏折左膝催于気色天
許後揩左廻退下 退出座直出之 綿文云退下時必責子為通
綿文云成残書返上之而故二條関白不能也被
示合也而今ゝ返上

[illegible]

綿文云成残書返上之、而故二條関白不能申被

綿文云退下時以書貢子返遣

示付残尚ゝ返上

本書云復座残中文本如元付短冊奉関白、若不

被奉時ハ如大間莒返上之ゝ、凡ゝ本皆任諸国掾

同本也、次ゝ返残ヲ不繁多尤有便歟、若返大府忩

或云奏大間成来ホノ後若勘上文有之、先可奉

関白若退下ノ者尚可奉清書中欲功過定

文奉上時関白在座奉之ゝ　不便ハ如大間莒奏之ゝ

本書同之ゝ　代初ゝ行除目度無功過定之人服者申

文示王毛頭者ハ王　大治五年

文者ノ同居人ノ前官参之 不作ハ如大臣莫参

本書同之 代初之行除目度無功過定文勘申

文不任死闕者任之式 大治五年

大治六年叙位時大納言献功過定文許予取之

奉関白関見即返給依関白命不参之件功過

文書一通返由 関白被示中宮大夫也

本書云三ケ日間若有功過定者参始之後居大将

衛督未ノ後頗経程過依一の召受領文書之出

傳言上﨟大納言則召殿上弁令進文書以参議三人

定其勘否ノ定文一之是上奉披覧也執定文奏覧

定其勤否ノ定文一ゝ是ハ奉執筆也執定文暫覧
至筥ヲ奏大間ゝ次進読柳代始隆目ゝ時世功
過定云ゝ是禁忌ゝ詞在勤文中也起座歩退下
大納言執筆ゝ時丸筥文可退下歟
近代参議役云々也
関白不被参之時清中文蔵
硯筥綺中給執筆人余事ノ返上之時進大間其
後件中文未進上之以第三筥可入雑書
去長暦三年十二月十五日参議正二人仍不召功過文ヲ
綿文云主上仰云功過文召大臣筆仰納言上臈其ハ
詞功過文書召若主上不被仰之時ハ執筆大臣驚
中依勅許仰召納言仰参議ゝ功過文書召参議

其此文書所見不知作

中一依勅許作名簿作奏聞切過文書名奏聞

名簿ハ蔵人ハ奏作云弁名殊奏居事中行事障子北

文書弁退持參文奏聞名蔵人々々奏進名切燈

臺蔵人持參廻納言座上ニ立奏聞座前有打敷

油盃各五位持之此打敷次燈臺次盃付儀半晩ホ

之人納之獻切過之文之時執奏不用見之人

成打切捨見人ノ　奉行ゝ即返給之出見之次之

常用意江家次第云凡奉仕除目之人先可調

練人姓名并補任歴名公卿殿上人名依不我

常又表一冊

諫人姓名并補任歴名〻名殿上人名依不探
中文能〻可習學文章等略譯〻可覧也是至要
之事也抑義人常有假不可忘諸事思事
不知案設失錯也

次第段失錯也

右春玉抄〔初夜部〕也 有子細所望

買得之 筆者家親長卿也

右春玉抄〈初秋部〉也有子細不出
閣之筆者故親長卿
自筆影倣作之陣迹也
可據之欤中秋以下部
々書續之此抄全部〈草子一帖〉
之為同閣文書之内也

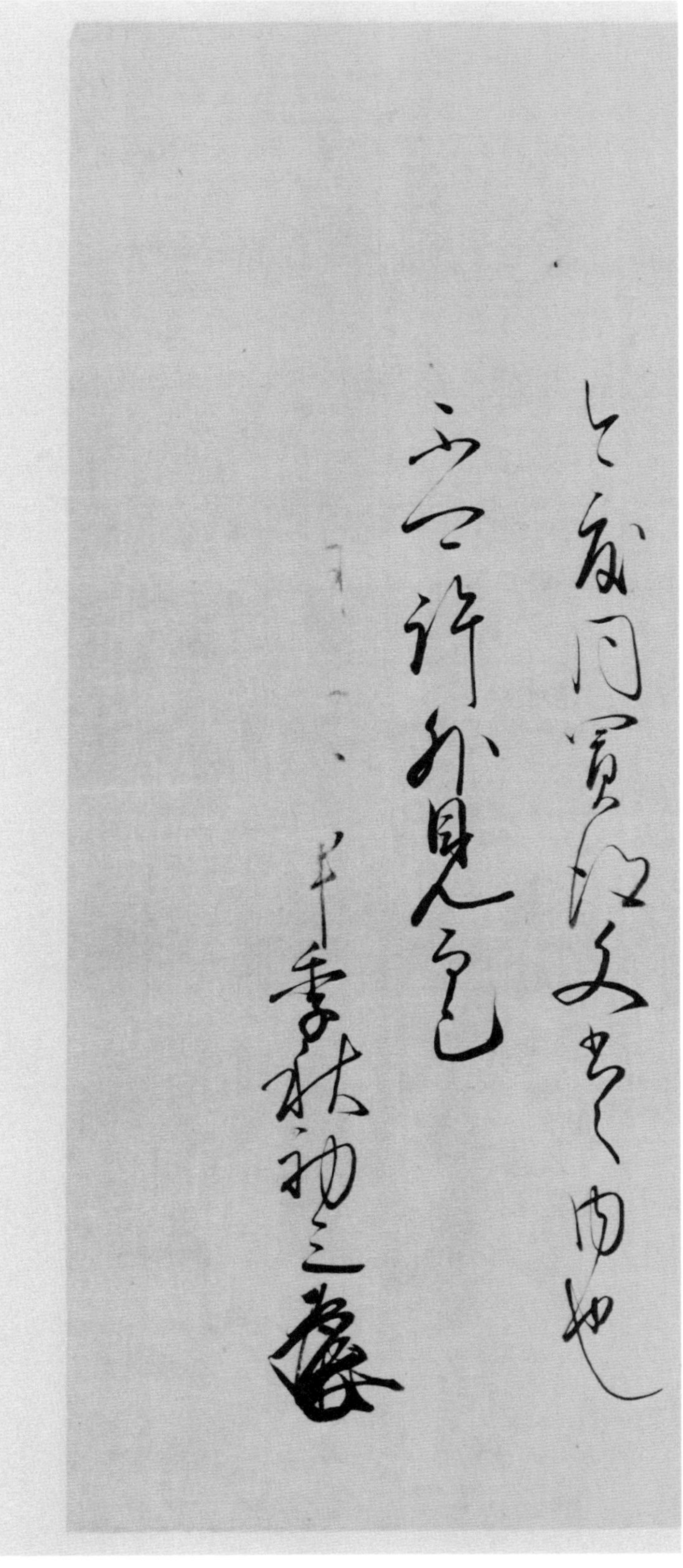

参考図版

『無題号記録』収納桐箱の蓋

『春玉秘抄』包紙の上書

『春玉秘抄』外題紙

『春玉秘抄』第四紙の添付紙片（九八頁）

（表）

（裏）

尊経閣文庫所蔵

『無題号記録』解説

田島　公

はじめに

本書『無題号記録』一巻（請求番号　六―三〇―書）は、『尊経閣文庫国書分類目録』（侯爵前田家尊経閣　一九三九年）の「第七門　儀式典礼・公家（叙位・除目）」（六八一頁）に「無題號記録（叙位除目関係記録）鎌倉中期写」とあるように、鎌倉中期の叙位除目関係記録の写本であるとされている。また、石川県立図書館所蔵『尊経閣文庫貴重書籍目録』一（東京大学史料編纂所架蔵謄写本［一九五二年］請求番号　RS二〇〇五―一八による）には、以下のように見える。

未知題號記録　　一巻　第卅號
書首二世王孫従四位下云々、凡七百年前鈔本、淡墨ノ絲欄有リ、用紙ノ背ニ治暦、延久等ノ年號有リ、残缺本ナリ、

「記録」とあるが、いわゆる日次記（ひなみき）ではなく、後で詳しく述べるように本文中に「女叙位事」「除目事」「臨時小除目」「京官除目」等と記されているので、叙位・除目の儀式次第・作法を書いた儀式書である。本書は、外題が無く、前欠であり、本文を見ても具体的な書名を窺わせる記述がないため、現在の書名の通り、長らく書名不詳の書とされてきたが、京都御所東山御文庫収蔵の『叙位記　中外記』（勅封四四―三七）等に多数引用される「院御書」の逸文との比較検討の結果、本書と『叙位記　中外記』等所引の「院御書」とが同文であることが判明した。「院御書」は後三条天皇撰の叙位・除目の儀式書とする説が有力であることから、逸文でしか知られていなかった後三条天皇撰の儀式書（『院御書』）のまとまった部分が尊経閣文庫に収蔵されることが確認された（田島ｆ二〇〇三）。

以下、本書が無銘の史料であることから、従来の解説と比べ異例な書き方かもしれないが、先ず本書の概要を示した後、本書が「院御書」である論拠を示すことにする。

一　尊経閣文庫所蔵『無題号記録』の概要

1　箱と様態

本書『無題号記録』は桐箱（縦三〇・九cm、横六・九cm、高七・四cm）に納められる。箱の身部分の高六・六cm、箱の蓋部分の内法は縦二九・三cm・横五・四cm・高一・五cm（箱の身の部分に入り込む部分〇・七cm）である。箱の身の部分には紐が通されている。箱の蓋の表面には、上部に「記録」と墨書され、その右下に貼紙①（縦四・四cm・横一・七cm）があり、「何人之記録也可考」と朱書されている。また箱の蓋の表面の下部には「壹巻」と墨書されている（参考図版二二九頁参照）。更に箱の地部側面には貼紙②（縦四・一cm・横四・五cm）があり、「巻／二百五十二番／記録／書出　二世孫王」（／は改行を示す）と墨書されている。

2　本文の書誌

本書は前欠で、加賀金沢藩前田家の家紋（剣梅鉢紋）や水紋等をアレンジし、「古」「蓼」「閣」の文字を組み込んだ深緑色の後補の表紙（縦二七・六㎝、横二五・八㎝）を除くと、現存一六紙（料紙は楮紙）である。縦二七・七㎝、横約五七・〇㎝の料紙を糊代幅約〇・五㎝で貼り継いでおり、糊代を除いた各紙の長さは以下の通りである。

第1紙　五六・〇㎝　第2紙　五六・一㎝　第3紙　五六・三㎝
第4紙　五六・五㎝　第5紙　五六・三㎝　第6紙　五六・六㎝
第7紙　五六・五㎝　第8紙　五六・六㎝　第9紙　五六・六㎝
第10紙　五六・七㎝　第11紙　五六・五㎝　第12紙　五六・五㎝
第13紙　五六・五㎝　第14紙　五六・六㎝　第15紙　五六・六㎝
第16紙　四三・九㎝（軸付き部分約五・六㎝を加えると約四九・一㎝）

一紙には約二一〜二二行にわたり、端正な楷書で儀式次第が書かれており、一行は一七字〜一九字程度である（割書双行部分は除く）。天からは約二・七㎝〜三・一㎝、地からは約三・〇㎝の部分に薄く墨の界線が各一本引かれている。紙背には、本文と関係のある裏書・勘物が第1紙・第2紙を除く全ての料紙に合計三一箇所も記されている。なお、第1紙は、天から一八・三㎝のところで破損し、第1行の約五字分と、第2行の約二〜三字分が読めなくなっている。第1紙はいきなり「二世孫王」で始まっているので、その前に一紙以上が欠落していると思われる。また第16紙は軸付き部分も含めると、他の料紙に比べて約七㎝短い上に、軸付き部分まで約一八・五㎝（約七行分）の余白があるが、ここで本文が終わっているのか、更に書写する可能性があったのか、この余白の意味を考える必要がある。なお、後補の木製の軸は、高さ二八・六㎝、直径一・九㎝である。

本書には書写奥書など識語が全く無く、料紙や書風・筆跡などによって、冒頭で述べたように鎌倉中期の写本とされている。その推定は、ほぼ正しいと思われるが、確たる根拠はないので、更に遡る可能性も含め、今後の検討が必要と思われる。

3　構成と内容

本書の構成と内容について言及するが、以下で述べる『無題号記録』の本文及び裏書に関しては後掲の翻刻を参照していただきたい。

先ず、本書の構成は、儀式の内容や記述と記述との間に存在する数行の間隔（空白）などから、直径〇・四㎝の朱点（●）が付けられた以下のⅠ〜Ⅳの四つの儀式に分けられ（前欠部分は除く）、更に各儀式も、その内容や先の朱点よりやや小さい直径〇・三㎝の朱点（•）や改行箇所によって、以下のように区分される（空白も行数に数えた）。

Ⅰ　叙位事（第1紙第1行〜第4紙第6行）

ⅰ　叙位事（前欠）の最後の部分（第1紙第1行〜第4行）

ⅱ ● 「次御装束」（第1紙第5行～第16行）
ⅲ ● 「蔵人奉仰、召上卿」以下（第1紙第17行～第2紙第11行）
ⅳ ● 「次大臣以下着座」以下（第2紙第12行～第4紙第6行）
（1行空白）
Ⅱ ● 「女叙位事」（第4紙第8行～第6紙第2行）
ⅰ 「時剋、出御晝御座」以下（第4紙第8行～第5紙第10行）
ⅱ ● 「後日」（第5紙第11行～第12行）
ⅲ ● 「奏申文事」（第5紙第13行～第6紙第2行）
（3行空白）
Ⅲ ● 「除目事」（春［外官・県召］除目）（第6紙第6行～第14紙第23行）
ⅰ ● 「前一兩日」（第6紙第7行～第8行）
ⅱ ● 「當日」（初日）（第6紙第9行～第11紙第21行）
a ● 「當日、早旦奏申文」（第6紙第9行～第13行）
b ● 「短尺書様」（第6紙第14行～第7紙第19行）
c ● 「次御装束」（第7紙第20行～第8紙第8行）
d ● 「蔵人奉仰、召上卿」以下（第8紙第9行～第11紙第21行）
ⅲ ● 「次日」（第11紙第22行～第13紙第6行）
ⅳ ● 「竟日」（第13紙第7行～第14紙第3行）
ⅴ ● 「臨時小除目」（第14紙第4行～第13行）
ⅵ ● 「若被行叙位者」（第14紙第14行～第19行）
ⅶ ● 「若關白候里第之時者」（第14紙第20行～第23行）
（4行空白）
Ⅳ ● 「京官除目」（秋［司召］除目）（第15紙第5行～第16紙第10行）
ⅰ 当日（初日）（第15紙第6行～第23行）
（1行空白）
ⅱ ● 「次日」（第16紙第2行～第10行）
（7行空白）

朱点について確認すると、本文のうち、直径〇・四cmの朱点●が三箇所、直径〇・三cmの朱点•が一八箇所（右に示したように一六箇所の朱点•［ⅢⅰとⅢⅱaの•は同一の朱点］の他、Ⅲ除目事の第9紙第2行途中の「大臣以下座定」の冒頭とⅣ京官除目の第15紙第10行途中の「主上召大臣」の冒頭に、それぞれ朱点•あり）の合計二一箇所見える。なお、●・•はそれぞれの朱点が付された部分を示す（朱点は、形状から、朱の〇を毎回画いたのではなく、〇の形を持つ二種類の物［竹の細筆の穂先と反対側など］に朱を着け後から捺したものと思われる）。

本書の構成をもう少し詳しく述べると以下の通りである。

先ず、前欠の冒頭から第4紙第6行までがⅠ**「叙位事」**（本文中には「叙位事」とは見えず、「叙位議」［第5紙第13行］とか「春（除目）」［第15紙第5行］とか「春儀」［第15紙13行］と見えるが、ここでは、「女叙位事」［第4紙第8行］・「除目事」［第6紙第6行］と表記を合わせて「叙位事」と表記した）に関する儀式次第である。ついで第4紙第8行から第6紙2行までがⅡ**「女叙位事」**の儀式次第である。更に第6紙第6行から第14紙23行までがⅢ**「除目事」**（春除目［春外官除目・春県召除目］）の儀式次第であり、「當日」（初日・初夜）・「次日」（次夜・中夜)・「竟日」(終夜)が記される。そして最後に第15紙第5行から第15紙第10行までがⅣ「京官除目」(秋除目〔秋京官除目・秋司召除目〕)の儀式次第である。

ところで、本書の性格を考えるため、本文中や裏書に引用される年紀や人名が判る勘物を列記すると以下の通りである(以下、双行割書は右側をa、左側をbとした)。

先ず本文には、「或説」「近代」(第2紙第8行傍書)、「近代」(第4紙第15行割書b)、「實資(藤原)大臣」「近代」「隆俊(源)卿云」(第6紙第18行傍書)、「近代」(第7紙第3行傍書)、「近代」「隆俊(源)」「二条殿(藤原教通カ)」(第7紙第15行傍書)、「右府(源師房)命」(第7紙第16行割書a)、「延喜(醍醐天皇)・天暦(村上天皇)」(第9紙第18行傍書)、「先例」(第9紙第23行割書a)、「或説」(第10紙第19行割書a・b)、「道方(源)卿云」(第10紙第22行割書b)、「故入道殿(藤原道長カ)仰」(第11紙第1行割書a・b)、「或説」(第11紙第4行割書a)=「二条關白(藤原教通)説」(第11紙第4行割書傍書)、「故實」(第11紙第5行割書b)、「故小野宮右大臣實資(藤原)卿」(第11紙第10行〜第11行)、「或説」(第11紙第19行割書a)=「土御門(源師房)右府説」(第11紙第20行割書b)、「近代」(第12紙第14行傍書)、「近代」(第12紙第21行傍書)、「或説」(第13紙第5行割書a)=「大宮右大臣(藤原俊家)説」(第13紙第5行割書b)、「或説」(第13紙第18行割書a)、「近例」(第14紙第6行)、「往古」(第15紙第17行目割書a)、「近代」(第15紙第17行目割書b)、「近代」(第16紙第7行目割書a)、「近代」(第16紙第8行目割書b)。

一方、裏書には、「長元九年(一〇三六)正月」「左近将監高定」「右大臣(藤原実資)」(第3紙紙背、裏書1)、「往古」「近代」(第5紙紙背、裏書[illegible])、「右府(源師房カ)命云」(第7紙紙背、裏書11)、「重復日、被行春除目例」(長和元(一〇一二)・正・廿六丁亥、長元七(一〇三四)・正・廿六丁亥、・康平五(一〇六二)・正・廿七己亥、延久五(一〇七三)・正・廿八甲子、同(延久)六・正・廿六甲子)(第7紙紙背、裏書13)、「除目數日延引例」(永承五(一〇五〇)・正・廿九、二月二日・三日・四日・五日・六日。天喜五(一〇五七)・二・廿二、廿三・四・五・六日、廿七日、廿八・九日、卅日。長暦三(一〇三九)・正・廿一、廿二・廿三日、廿四日、廿五日、右大臣(藤原実資)、廿六日)(第8紙紙背、裏書15)、「近代」(第8紙紙背、裏書17)、「九條殿(藤原師輔)年中行事口傳云」「近代」(第9紙紙背、裏書20)、「近例説」「或説云」(第10紙紙背、裏書22)、「治暦五年(延久元年)(一〇六九)(マヽ)十二月廿九日」「関白(藤原教通)被示云」「宇治(藤原頼通)」(第11紙紙背、裏書24)、「拾遺雑抄(北山抄巻三 拾遺雑抄上 除目事)云」「近代」(第12紙紙背、裏書25)、「治暦三(一〇六七)年二月一日」(第13紙紙背、裏書26)、「天徳三(九五九)年初(正)・廿八九日」「蔵人永保(藤原)」(第13紙紙背、裏書27)、「天暦年(九四七〜九六一)」「左大臣(藤原実頼)」「右大臣(藤原師輔)」(第13紙紙背、裏書29)、「近例」(第14紙・紙背、裏書30)である。

先ず、本文や裏書に引用される人名を年代順に並べると(人物比定に関する考証は田島f二〇〇三参照)、①「延喜」(醍醐天皇〔八八五〜九三〇〕)、②「天暦」(村上天皇〔九二六〜九六七〕)、③「左大臣」(藤原実頼〔九〇〇〜九七〇〕)、④「右大臣」「九條殿」(藤原師輔〔九〇八〜九六〇〕)、⑤「蔵人永保(天徳三年正月二十八日・二十九日)」(藤原永保〔〜九五九〜〕)、⑥「右大臣(長暦三年)」「實資大臣」「故小野宮右大臣實資卿」(藤原実資〔九五七〜一〇四六〕)⑦「故入道殿」(藤原道長〔九六六〜一〇二七〕カ)、⑧「左近将監(長元九年正月)高定」(某高定〔〜一〇三六〜〕)、⑨「道方卿」(源道方〔九六九〜一

〇四四］）、⑩「宇治」（藤原頼通［九九二～一〇七四］）、⑪「關白」「二条殿」「二条關白」（藤原教通［九九六～一〇七五］）、⑫「隆俊卿」「隆俊」（源隆俊［一〇二五～一〇七五］）、⑬「土御門右府」「右府」（源師房［一〇〇八～一〇七七］）、⑭「大宮右大臣」（藤原俊家［一〇一九～一〇八二］）、となる。一方、本書の本文と裏書に引用される年紀の判るものを年代順にまとめると、天暦年間（九四七～九五七）・天徳三年（九五九）・長和元年（一〇一二）・長元七年（一〇三四）・長元九年（一〇三六）・長暦三年（一〇三九）・永承五年（一〇五〇）・天喜五年（一〇五七）・康平五年（一〇六二）・治暦三年（一〇六七）・治暦五年（一〇六九）・延久五年（一〇七三）・延久六年（一〇七四）となり、二例の一〇世紀の年号の他は、一〇三〇年代から七〇年代の年号となり、最も時代が下がる年紀は延久六年正月二十六日であって、これが本書成立の下限である。また、本書に見える人物のうち歿年が新しい人物は、藤原俊家の永保二年（一〇八二）年を筆頭に、一〇七〇年代から八〇年代であることから、本書所収勘物のうち最も時代が下る年紀の一〇七四年に非常に近いことが判る。

4　伝来

本書は「無題号」で書名が不明なため、殆ど伝来を考える手懸かりがない。前田綱紀の『書札類稿』や『桑華書誌』にも関連すると思われる記載を見出していないため、現時点では、どのような経緯で前田家に入ったのかは今後の課題としたい。但し、同じ叙位・除目の儀式書である『春玉秘抄』を三条西家から借用して書写していることから、「無題号記録」が三条西家にあった可能性も考えながら、調査を進める必要があると思われる。

二　東山御文庫本『叙位記 中外記』所引「院御書」との比較
—『無題号記録』は「院御書」である—

『尊経閣文庫国書分類目録』に「無題号」の「記録」として登載されて以来、長らく書名が不明なこともあって殆ど注目されなかった本書ではあったが、花園左大臣源有仁（康和五年［一一〇三］～久安三年［一一四七］）撰の儀式書研究の進展によって、具体的には宮内庁侍従職が管理する京都御所東山御文庫収蔵の『叙位記 中外記』一冊（勅封　四四—三七。なお、宮内庁侍従職で登録される正式な書名は「叙位記」であるが、「叙位記」なる書は他にも存在するため、他と区別するため、外題のサブタイトルを入れ、本稿では便宜的に『叙位記 中外記』を用いる）に引用される勘物である「院御書」なる書との比較によって、本書がいかなる儀式書か解明された（田島f二〇〇三）。

行論の都合で、具体的な比較を行う前に、先ず東山御文庫本『叙位記 中外記』について略述しておく。『叙位記 中外記』は、後三条天皇の皇孫で、後に花園左大臣・花園左府と呼ばれた源有仁が撰んだ叙位儀の儀式書「叙位抄」の写本の一つであり、有仁が作成したものを、藤原（徳大寺）実定が治承年間に改編した『叙玉秘抄』の原撰本ともいうべき儀式書の写本の一つである（田島a一九九〇・田島c一九九三）。なお、源有仁及び有仁撰の儀式書に関しては、本冊併載の『春玉秘抄』の解説に詳しいので参照されたい。

禁裏本である『叙位記 中外記』一冊は、後西天皇（在位 承応三年［一六五四］～寛文三年［一六六三］）の宸筆の外題があるように近世前期の写本であり、万治四年（一六六一）正月十五日の内裏災上以前に後西天皇が書写させたものである。縦二七・七㎝、横二一・七㎝の冊子本で、墨付六五丁のうち、前半の第31丁表までが、巻子本であった祖本の表（おもて）部分を写しており、同丁の最後に「貞和四年（一三四八）九月十一日夜亥刻、於二燈下一加二一見一了、／權中納言公忠（三条）」（／は改行を示す）との識語がある。そして第32丁表の冒頭行には「是ヨリウラノ（裏）フンノ（分）写」との傍書があるように、後半部分は巻子本の裏書部分を書写しているものである（田島a一九九〇）。

さて、本書『無題号記録』の本文及び裏書の全文は後掲の翻刻に示した通りである。一方、東山御文庫本『叙位記 中外記』の第2丁表から第3丁裏にかけての部分（「叙位議事」）を示すと以下の通りである（田島f二〇〇三。数字は行数を示す。なお「院御書」に振られた○付きの番号は東山御文庫本『叙位記 中外記』に見える「院御書」逸文の通し番号である。また翻刻の際の異体字の扱いについては、『無題号記録』の翻刻と同様に行い、異本表記［ ム］は『無題号記録』を示す）。

（第2丁表）
1 短冊書様
2 弁・少納言申加階、中文入外記硯莒、従五位上 勞三年以上、正下（正五位下）五年以上、従四位三年以上廿〔并カ〕六年以上、従四位上、
3 近衛中・少将申加階、叙例同前、諸道博士申加階、諸司長
4 官申加階、已上、依外記勘文叙之、一加階、依勘文叙之、五勞以上・恪勤者云々、給園〔國カ〕用位記、不叙云々、
5 治國、別功、入内、依勘文叙之、□〔恪勤カ〕□者云々、三（或三）勞以上、八省輔申加階、
6 諸衛佐申加階、諸司勞、第一二者、勞十四年以上云々、外衛勞、以上、依勘文叙之、
7 勞十二年以上云々、外記・史 以自解入硯莒云々、又有奏料云〔々脱カ〕、或無奏料、・或〔式〕部・民部
8 省奏入莒、無奏料、・近衛将監 本府令奏自解、近代進府奏、・内記・大蔵 勞八年以上云々、・
9 一位大臣家令補為五位者云々、検非違使 依勘文叙之、非成業六年以上、文章生五年以上、轉任七年以上、・大臣家令 主人

（第2丁裏）
1 任大臣之後、二三年以上、叙之、一世源氏 従四位上當若三位、・二世孫王 従四位下、以自解申、依
2 巡叙之、（清和天皇）貞觀孫王、従五位下、昇殿超越、・王氏 一親王擧之、四世以上、依巡擧之、・源氏 長者擧之、（嵯峨天皇）弘仁御後、隔三
3 年、・藤氏 長者擧之、依巡擧之、日〔四カ〕門・橘氏 是定擧之、已上擧、名〔各ム〕巻封入外記硯莒、但橘氏不封、或
4 件擧状等、付奏者云々、諸道博士 紀傳・明〔経ム〕給、雖凡姓、叙内階、餘道依姓叙内外階之、凡姓者、内外不定之
5 時、先叙外、依愁入内云々、
6 〔次脱カ〕御装束
7 先垂東庇〔廂ム〕御簾、孫庇額間、以南反燈籠〔樓ム〕綱、當
8 晝御座、御茵・御劒等如本、供御半疊、為御座、々々前、
9 副御簾、立三尺御几帳、北端褰之、御座西邊、立廻四尺

（第3丁表）
1 御屏風一帖、便用日〔四ム〕季、御座東邊、置御硯莒、中文盛莒蓋上闕官
2 帳莒、其傍、〔在ム有リ〕掃部寮、孫廂南第三間、鋪兩面端疊、為
3 大臣座、与納言座、頗以絶席、自第二間南行、主〔至ム〕第一間、更
4 西折、鋪緑端帖、為納言・参議座、當御座間、迫
5 北柱下、敷菅圓座、為執〔政ム〕殿座、或御簾内、敷其座、可依時儀〔議ム〕、其南
6 去長押三許尺、或書云、五許尺、敷同〔ムナシ〕圓座、為大臣應召座、二人候時、随

7 鋪二枚、小書也、**若臨昏時、召所燈臺二基、立御前、**[立ム有リ]**一基、執筆大臣前、**用短、
8 **一基、納言前、**[各ム]**名有打敷、**
9 已上院御書々加之、更不取捨也、① 召問蔵人候法[作カ]并莒文取人作法等、見院②
1 (第3丁裏) 御書、不記之、後書入了、

（以下、空白）

以上、引用した部分は、第3丁表第9行に「已上院御書々二加之一」とあるように、「院御書」からの引用であることが知られるが、このうち、**ゴチック体**部分（第2丁裏第1行「二世孫王」以下、第3丁表第8行「名有(マヽ)二打敷一」まで）は、前欠である『無題号記録』の第1紙冒頭第1行から第16行までとほぼ同文である（後掲『無題号記録』の翻刻参照）。『無題号記録』では欠損している冒頭部分も、『叙位記 中外記』の傍線部「王氏 一親王擧之、四世以上、**依巡擧之、**」によって復原され、更に『無題号記録』の第1紙第16行の「立御前、一基、立執筆大臣前、用短、一基、納言前、各有打敷、」が、『叙位記 中外記』第3丁表第7～8行では、「**立御前、**[立ム]**一基、執筆大臣前、**用短、／**一基、**小書也、**納言前、**[各ム]**名有打敷**」（／は改行を示す）とあるように、割書双行部分であることを示す「小書」の記述があるなど、同文のみならず、細部まで同じ形態であったことが知られる。

同様に東山御文庫本『叙位記 中外記』の「叙位議事」の裏書部分と思われる第63丁裏第2行から第64丁表第七行にかけては以下のように見える。

1 (第63丁裏) （空白）
2 院御書53云、
3 蔵人奉仰、召上卿、先到陣後、召陣官、問膝突有無由、[着ム] 若無
4 時、令置之、入自宣仁門、経参議座後、進自小橋南、不踏件橋、経
5 廊壇上・垂幕外、着膝突、先自大臣、[日ム] 次見渡以下公卿、又見
6 留大臣所稱召由、詞云、召須、諸卿微音稱唯、蔵人右廻、経本路、
7 退出、大臣召外記、仰云、莒文候、外記取莒文、列立南庭、
8 外記數少、史生加立、[立加ム] 大臣以下起座、到射場殿、経階下、雨儀、公卿経南殿、外記階下、 大臣
9 立軒廊、入自三間、立二間、南面西上、 納言立射場殿、東砌、西面北上、雨儀、射場内、 参議
1 (第64丁表) 立南砌、北面東上、雨儀、射場内、[砌ム] 外記立東庭、西面北上、雨儀、立射場殿東砌、 列畢、[了ム]
2 大臣揖之参上、着御前座、次大臣参候之時、於殿上相待、着御前座、 一納言入自
3 三間、立同間、外記進跪、納言揷笏、[揺ム] 取莒文、入自右青
4 瑣門、経殿上戸前・宰相座末、 自又庇南妻・宰相座西妻昇、或、於青瑣門下、[或説ム]
5 [覆ム]移弃硯水、昇、（注一）進御簾下、（注二）置同座西邊、[圓ム] 参時、先右足、歸時、先左足、 左廻、自
（注一）（コレニ続キ、「近代、摺墨入硯、不入水於硯」ム有リ、）（注二）（コノ下「二箇度許膝行、置莒、更二箇度許膝行、還本所、顔向戌亥立也」ム双行割書ニテ有リ、）
6 本路、[道ム] 着座、次々如此、大納言奉仕執筆之時、執件莒、参
7 上、

以上の東山御文庫本『叙位記 中外記』は第63丁裏第2行に「院御書53云」とあるので、第63丁裏第3行から第64丁表第7行までは、「院御書」よりの引用文であることは明白であり、先に引用した部分に続く『無題号記録』第1紙第17行から第2紙第11行まで（後掲の『無題号記録』の翻刻参照）とほぼ同文である（異なる部分は、［ ム］などの傍書や「ム有リ」と注記した）。また、東山御文庫本『叙位記 中外記』

第60丁表第5行から第8行には以下の通り「院御書」[52]からの引用が見える。

6 (第60丁表) 院御書云、[52] 關白為上臈大臣者、可暑[着ム]御座間北柱下圓座、経簀子

7 敷、入自五間着、次々大臣入自四間、　承[奉ム]仰召次大臣、其詞云[曰ム]、

[ム無シ]右の大臣美、

8 大臣稱唯、着圓座、又召次大臣、着座畢、主上[被ム有リ]仰云、早、[久ム有リ]

この部分を、『無題号記録』第2紙第13行の行末の割書双行から第16行の半ばの割書双行までと比較すると、ほぼ同文であることがわかる。更に東山御文庫本『叙位記 中外記』第4丁裏第2行の頭書には、

2a (第4丁裏) 院御書々[云カ]、[7] 主上[被ム有リ]仰云、早、

2b 執筆大臣、

2c 小揖置笏、左、[方ム有リ]

とあるが、『無題号記録』第2紙第16行の「主上被レ仰云、早久、執筆大臣、小揖置笏、左方、」とほぼ同文である。また東山御文庫本『叙位記 中外記』第4丁裏第7〜9行頭書には、

7a (第4丁裏) 院御書々[云カ]、[8] 關白

7b 候[在外ム]□座[ム無シ]之時、

7c 遣[推ム有リ]於[ム無シ]左方、(コノ下、ム「為避彼座也」ノ五字アリ)又雖

8a 不候座、敷其

8b 座時、猶推

9a 於左方云々、不

9b 敷座、不候、

とあるが、この頭書は『無題号記録』第2紙第18〜19行の割書双行に「關白在外座時、推遣於左方、為避彼座也、又雖不候座、敷其座時、猶推於左方云々、」とある部分と比べると、傍線部を除きほぼ同文である。

以上、『無題号記録』の冒頭部分（叙位儀部分）である第1〜2紙部分を東山御文庫本『叙位記 中外記』（源有仁撰『叙位抄』＝同書を藤原実定が改編した『叙玉秘抄』の原撰本）と比較しただけでも、『無題号記録』が「院御書」であることが窺える（田島f二〇〇三）。

更に本書『無題号記録』の裏書部分でも同様な比較を行うと、例えば、東山御文庫本『叙位記 中外記』第34丁裏第1行から第35丁裏第3行までには、

1 (第34丁裏) 院御書云、[39]

2 尻付例、[ム無シ] 就年々叙位并口傳等、所注出也、

3 蔵人、御匣殿蔵人　内教坊　釆女　院宮御給、已上年爵、

4 女史、御手水　水取　掌縫　國司[闈ム]

5 東孺子[儒]、已上依巡叙之、勘役遠近[巡ム]、令外記　親王　女御　更衣

6 典侍　掌侍、乳母[无ム]　大臣妻、已上新叙位・加階並依年限欤、　一加階、注命婦、殿上命婦欤、

7 入内、已上有無随時、　褰帳　執翳、已上御即位時、

8 大輪轉、

9 女史、謂之博士命[ム無シ]、　闈司、謂之御門司、　水取　東竪子[豎]

1 (第35丁表) 掌縫、謂之叉刀自、　御手洗　女孺、主殿女孺、

已上七人、輪轉叙之、謂之大輪轉、

2
3 小輪轉
4 闈〔闈ム〕司　水取　東竪〔豎〕子歟、
5 已上三人輪轉叙之、謂之小輪轉、若大輪轉ハ輪轉同年當巡、依一方、
6 叙之、二人不並叙、
7 切杭、樹杭如生若立、
8 假令、可預叙位女官、生年廿歳者、身稱有卌年
9 勞、進申文、問其故、申云、母某奉仕卅年不預叙
1 （第35丁裏）位、死去、以件母卅年加子勞十年、稱之此輪轉、女官、
2 往古、内侍司進奏、典侍四人・掌侍六人加暑〔署カ〕、而近代、
3 以自解、申職事、不知案内之由、所〔ム無シ〕傳承也、

と見えるが、『無題号記録』第5紙紙背の裏書6・5・4（後掲の翻刻部分参照）にほぼ同文が見える。更に東山御文庫本『叙位記 中外記』第46丁裏第1行から第8行には、

1 （第46丁裏）㊹院御書裏書云、
2 尻付
3 行幸石清水行事　造豊受宮功　造飛香舎功、或造宮、
4 治國　策、或策勞、醫道　陰陽道　内匠預　直講
5 殿上簡一、或簡一、從下一（從五位下）　左大臣譲額賞　蔵人　式部
6 民部　氏　諸司　外記　史　検非違使
7 外衛　左右近　入内　陽明門院（禎子内親王）御給、或加當年字、諸宮同之、
8 春宮御給　斎院給　女御某朝臣給、准后也、

とあり、以上は「院御書」の「裏書」であることが知られるが、この部分は『無題号記録』第3紙背の裏書2（後掲翻刻参照）と同文である。まさに「裏書」であり、以上のように『無題号記録』の裏書部分も「院御書」の「裏書」であることが裏付けられる。

同様な方法で東山御文庫本『叙位記 中外記』（源有仁撰「叙位抄」＝同書を藤原実定が改編した『叙玉秘抄』の原撰本）に引用される五二箇所の「院御書」と尊経閣文庫所蔵『無題号記録』とを比較した結果を全て示す。

先ず、東山御文庫本『叙位記 中外記』の表部分に引用される「院御書」と『無題号記録』を比較すると、以下の通りである（＝は対応し、ほぼ同文を示す。…は特定できない場合か不明及び存在しない場合を示す）。

①「院御書云」（第3丁表第9行）＝『無題号記録』第1紙第1～16行

②「院御書云」（第3丁表第9行～第3丁裏第1行）…『無題号記録』特定できず。

召ニ問蔵人一候法并莒文取人作〔作カ〕法等見ニ院御書一、不レ記レ之、後書入了、

③「院御書云」（第4丁表第1～2行頭書）＝『無題号記録』第2紙第6行割書双行

④「院御書云」（第4丁表第4行右傍書）＝『無題号記録』第2紙第11行か

⑤「院御書云」（第4丁表第4行右傍書）…『無題号記録』なし。

院御書云、

主上召云、此方（コナタニ）へ、（後略）

⑥「院御書云」（第4丁表第5～6行頭書）＝『無題号記録』第2紙第12行割書双行

⑦「院御書云」（第4丁裏第2～4行頭書）＝『無題号記録』第2紙第16行

⑧「院御書云」（第4丁裏第7～9行頭書）＝『無題号記録』第2紙第18～19行割書双行

⑨「院御書」（第4丁裏第7行左・「開見」傍書）＝『無題号記録』第2紙第17～18行か（「開二見第二莒文一、除二十年労帳一外、移二入他莒一、取二寄於前一、更開見了」）。

院御書同レ之、

⑩「院御書」（第5丁裏第2行左傍書・「五位蔵人参進候」の傍書）＝『無題号記録』第3紙第1行（「五位蔵人参進」）

院御書同レ之、

⑪「院御書云」（第5丁裏第3行右割書）＝『無題号記録』第3紙第2～4行

⑫「院御書云」（第5丁裏第5行右傍書）＝『無題号記録』第3紙第4行右傍書

⑬「院御書」（第5丁裏第6行右・「以レ勝暫置」の傍書、「大治五年（一一三〇）、予（源有仁）置レ紙不レ取レ笏直撰レ紙、是尤忘失也、為レ誡同後記レ之」の下）…『無題号記録』不明。

院御書同レ之、

⑭「院御書」（第5丁裏第7行右・「入一莒左方」の傍書）…『無題号記録』不明。

院御書同レ之、

⑮「院御書云」（第6丁表第9行頭書）＝『無題号記録』第3紙第7行割書双行

⑯「院御書云」（第6丁裏第6行右傍書）＝『無題号記録』第3紙第7行

⑰「院御書云」（第7丁表第1行割書）＝『無題号記録』第3紙第8行

⑱「院御書云」（第7丁表第3行右傍書）＝『無題号記録』第3紙第9行右傍書

⑲「院御書云」（第7丁表第4行右傍書）＝『無題号記録』第3紙第9～10行割書双行

⑳「院御書云」（第7丁表第5行頭書）＝『無題号記録』第3紙第10～11行

㉑「院御書」（第7丁裏第1行頭書・「式部之上叙レ之、尻付云、蔵人、置レ筆讀申、置二座前一如レ常」の頭書）…『無題号記録』不明。

院御書同レ之、

㉒「院御書云」（第7丁裏第3～4行頭書）＝『無題号記録』第3紙第11～13行

㉓「院御書云」（第8丁表第9行頭書）＝『無題号記録』第3紙第13～14行割書双行

㉔「院御書云」（第9丁表第1～3行頭書）＝『無題号記録』第3紙第14～16行

㉕「院御書云」（第10丁裏第6行頭書）＝『無題号記録』第3紙第18行

㉖「院御書云」（第10丁裏第9行）＝『無題号記録』第3紙第19行割書双行

㉗「院御書」（第12丁表第5行頭書・「次取㆓一加階文㆒開讀、（開時、取㆓表紙㆒入㆓一莒㆒）置㆓硯右㆒叙㆑之」の頭書）＝『無題号記録』第3紙第22行割書双行か。院御書同㆑之、（「同之」の「之」は、頭書の右の傍書「土云、（土次第）毎階常置所、依㆑有㆓追叙者㆒、設㆓其所㆒欤」を指し、『無題号記録』第3紙第21行～第22行にかけての「次書㆓加階㆒送上、至㆓上階㆒（従五位上所、先書㆓一加階㆒、毎階常闕所書、依㆘可㆓追加㆒者㆖、設㆓其所㆒欤㆒）」のうち、傍線部を示すか）。

㉘「院御書云」（第13丁表第1～4行頭書）＝『無題号記録』第3紙第22行～第4紙第2行

㉙「院御書云」（第13丁表第8～9行頭書）＝『無題号記録』第4紙第3～6行

㉚「院御書云」（第13丁裏第8行右）＝『無題号記録』第4紙第6行割書双行

㉛「院御書」（第14丁裏第9行）…『無題号記録』なし。下名事等見㆓院御書㆒（㊺「院御書云」〔第47丁裏第2行～第49丁表第2行〕を指すか）

㉜「院御書云」（第23丁裏第7行割書）＝『無題号記録』第4紙第8行割書双行

㉝「院御書云」（第23丁裏第8行右傍書）＝『無題号記録』第4紙第9行

㉞「院御書云」（第24丁表第8行右傍書）＝『無題号記録』第3紙第2～3行割書双行

㉟「院御書云」（第25丁表第1行）＝『無題号記録』第4紙第15行割書双行

㊱「院御書云」（第25丁裏第2行右傍書）＝『無題号記録』第4紙第18～19行

㊲「院御書云」（第25丁裏第9行右傍書）＝『無題号記録』第4紙第20～21行

㊳「院御書云」（第26丁表第2行右傍書）＝『無題号記録』第4紙第21～22行

以上は東山御文庫本『叙位記 中外記』の表（本文）部分に見える「院御書」と『無題号記録』との比較である。

次に、東山御文庫本『叙位記 中外記』の裏書部分と『無題号記録』との比較を行う。

㊴「院御書云」（第33丁裏第1行～第34丁表第3行）＝『無題号記録』第5紙13行～第6紙第2行

㊵「院御書云」（第34丁裏第1行～第35丁裏第3行）＝『無題号記録』（裏書6・5・4）〔第6～5紙裏〕

㊶「院御書云」（第35丁裏第7行～第36丁表第2行）＝『無題号記録』第5紙第7～12行

㊷「院御書云」（第38丁裏第1〜6行）＝『無題号記録』第4紙第22行〜第5紙第7行

㊸「院御書云」（第39丁裏8行）＝『無題号記録』第4紙第17〜18行

㊹「院御書裏書云」（第46丁裏第1〜8行）＝『無題号記録』（裏書2）〔第3紙裏〕

㊺「院御書云」（第47丁裏第2行〜第49丁表第2行）…『無題号記録』なし。

院御書云、

上卿令レ持二下名於外記一、入レ莒、或説、取二副於笏一、率二参議一就二議所一、着二陣座一、近例、多如レ此、所（以下、四の2で全文翻刻）

㊻「院御書云」（第50丁表第8行〜第50丁裏第2行）＝『無題号記録』（裏書3）〔第4紙裏〕

㊼「御院書云」（第51丁表第7〜8行）＝『無題号記録』第4紙1行割書双行

㊽「院御書云」（第53丁表第4行）＝『無題号記録』第3紙第20〜21行

㊾「院御書云」（第53丁表第6〜7行）＝「無題号記録」（裏書1）〔第3紙紙背〕

㊿「院御書云」（第53丁裏第3行）＝『無題号記録』第3紙第19〜20行割書双行

51「院御書云」（第57丁裏第9行）＝『無題号記録』第3紙第7〜8行

52「院御書云」（第60丁表第6〜8行）＝『無題号記録』第9紙第4〜6行

53「院御書云」（第63丁裏第2行〜第64丁表第7行）＝『無題号記録』第1紙第17行〜第2紙第11行

以上の比較により、「院御書同レ之」（⑨・⑩・⑬・⑭・㉑）や「見二院御書一」（②・㉛）などを除き、具体的に「院御書云」として引用されている部分は、ルビを振った⑤と長文の引用がある㊺以外は、全て『無題号記録』にほぼ同文が確認出来る。以上から、永らく「無題号」の「記録」とされてきた本書の書名が、「院御書」である事が判明した。

三　「院御書」の撰者

1　「院御書」の撰者をめぐる研究史―後三条院か白河院か―

「院御書」に関して、先ずその読みは、そのまま音読みして「いんごしょ」と読むか（例えば、所c二〇〇一の英文表記では「いんごしょ」とする）、同時期の叙位・除目の儀式書で、源師時が源俊房に授けた説をまとめた「綿文（わたぶみ／めんぶん）」（田島c一九九三）が「綿書（わたぶみ／めんしょ）」とも書かれ、「文」＝「書」であることから、「いんのおふみ」「いんのみふみ」などの読みが考えられるが、いずれが正しいか現時点では断案はない。なお、事典では「いんのおふみ」で項目を立てているものもある（阿部猛他編『平安時代　儀式年中行事事典』　東京堂出版　二〇〇三年）。次に「院御書」の撰者に関しての研究史をまとめておく。まず和田英松氏が遺稿『国書逸文』（森克己　一九四〇年）の「御撰」（天皇の編著）において取り上げ、洞院公賢（正応四年［一二九一］～延文五年［一三六〇］）撰の『魚魯愚鈔』『魚魯愚別録』から逸文一九条を示すものの、撰者や構成に関しては特に言及していない（和田ａ一九四〇）。竹内理三氏は、一九四〇年に発表した論文「口伝と教命―公卿学系譜（秘事口伝成立以前）―」の中で、平安時代の公卿による朝儀作法や政務を行う上での秘事口伝・故実の成立や形成について述べる際に、藤原師輔の「九条流」と藤原実頼の「小野宮流」の成立と源高明の「西宮流」の成立までを論じているが、それ以後の三流の行方については後日の追究を期し、そのためには『北山抄』『江次第』『撰集秘記』などの有職書や今日逸書となっている「院御書」「九抄」など『魚魯愚鈔』等に所引の有職書の系統を明らかにする必要があることを指摘されたものの（竹内ａ一九四〇）、具体的な検討結果はその後、発表されなかった。

「院御書」の撰者に関して初めて言及されたのは所功氏である。同氏は、一九七八年に『国書逸文研究』創刊号で「院御書」を取り上げ、和田氏の逸文研究の再検討と増補を行うと共に、その撰者を後三条天皇（後三条院）と推定された（所ａ一九七八）。主な根拠は、『魚魯愚別録』が引く「院御書」の逸文中に「近代、上東門院（後略）」、「近代、隆俊、（中略）二条殿（後略）」とあるが、上東門院藤原彰子（承保元年［一〇七四］没）も源隆俊・大二条藤原教通（共に承保二年没）も故人ではなく現存の人と記すことから、その成立を承保元年以前と考え、その前年の延久五年（一〇七三）に譲位した後三条天皇を撰者と考えた（所ａ一九七八・所ｂ一九九五）。一方、竹内理三氏は、一九八〇年、「院御書」の編者を白河院ではないかという見解を示された（竹内ｂ一九八〇）。これに対して私は、一九九〇年、源有仁編の儀式書（『叙位記　中外記』『叙玉秘抄』『春玉秘抄』『秋玉秘抄』等）に引用される勘物の検討に関連して、所氏の説を支持し、「院御書」を後三条天皇撰の儀式書と考え、後三条天皇孫の源有仁撰の儀式書に「院御書」が大量に引用される理由を、のち非摂家に伝えられた口伝・故実である「花園説」の形成という視点から理解しようとした（田島ａ一九九〇）。更に、一九九三年、国立歴民俗博物館所蔵田中穣氏旧蔵本『春玉秘抄』本文とその成立の由来を記す長文の「奥書等」（本冊併載「尊経閣文庫所蔵『春玉秘抄』解説」参照）の検討の結果、源有仁撰の「春次第」などに引用される「本書」が「白河法皇御抄」であることが判明したことから（田島ｃ一九九三）、「院御書」が後三条院の撰である可能性が高まったことを指摘した（田島ｄ一九九五）。その後、この指摘を受け、二〇〇一年、所氏は、「院御書」の撰者が後三条院であることを再説している（所ｃ二〇〇一）。

はじめに述べたように、二〇〇三年、本書『無題号記録』が「院御書」の一部であることが判明し、従来、逸文でしか知られていなかった「院御書」のまとまった本文の検討が出来ることになった。その結果、現存部分で最も時代が下がる年紀は延久六年（一〇七四）正月二十六日であることが確認された（田島ｆ二〇〇三）。このことに関連し、後三条院が亡くなったのは、その前年延久五年五月七日であることから。これは、『無題号記録』＝後三条院撰「院御書」説に不都合な記述となる。しかし、この部分は裏書部分（裏書13）であり、「重復日被レ行ニ春除目一例」で「延久五・正・廿八（マヽ）甲子」に続き、「同六・正・廿六甲子」と記されている部分なので、後三条院が亡くなった後、他の人が追記として、延久六年正月二十六日以降に裏書を書き込んだと考えると、『無題号記録』＝後三条院撰「院御書」説に対する決定的な否定材料ではない。また、『無題号記録』の本文や裏書に引用される人名のうち、没年が最も時代的に下がる人物として、⑭「大宮右大臣」（藤原俊家［一〇一九～一〇八二］）が見えるが、彼は承暦四年（一〇八〇）八月一四日に権大納言から右大臣になっており、亡くなったのは永保二年（一〇八二）十二月二日であるため、「或説、以レ上為レ下、是大宮右大臣説也」は、後三条院の存命中の表記ではないことが知られ、これも『無題号記録』＝後三条院撰「院御書」説成立に不都合な記述である。しかし、この部分は割書双行部分の「或説」であるので、後世の人物の補入書入の可能性も考えられ、「権大納言藤原俊家説」とあったものを、後世、書写の際に、極官の通称「大宮右大臣」に書き換えたとみても不自然なことではない。例えば源顕兼（一一六〇～一二一五）編の『古事談』巻一―六三には「大宮右府（藤原俊家）、於ニ後三條院御前一、初被レ奉ニ仕除目執筆一之時、忘却シテ被レ存ニ前帝（後冷泉天皇）御前之由一、御氣色似テ御（おはし）ケル、然間、被レ仰ニ出任人事一之時、初思ニ出新主（後三条天皇）之由一、深被ニ恐懼一云々、後日、『希有事也』ト被レ語云々」と、後三条天皇が除目に関しては通常の天皇の様子と異なり積極的だった様子を物語るエピソードが見える。説話ではあるが、後三条朝の時、権大納言正二位民部卿であった藤原俊家が、後世、「大宮右府」と表記された例があるので、これまた、決定的に『無題号記録』＝後三条院撰「院御書」説を否定するものではない。それよりも、本書により、逸文以外に大量に「院御書」の本文・裏書が確認された訳であるので、現状では右記の二例の記述が若干問題となるだけである。その他は本文・裏書ともに「院御書」後三条院御撰説を否定するものではない。従って、引用される勘物の年紀の下限や「院」の「御書」という表記から考えても、尊経閣文庫所蔵『無題号記録』＝後三条院撰「院御書」説が現段階では最も説得力のある見解であると思われる。

2　後三条天皇の事績

それでは、以上の見解に従って、本書『無題号記録』の撰者と推定される後三条天皇（後三条院）の事績について述べておく（宮内省圖書寮編修課編・刊『後三条天皇実録』一九四四年［のち、ゆまに書房二〇〇七年］も参照）。

後三条天皇は、後朱雀天皇の第二皇子で、長元七年（一〇三四）七月十八日に禎子（よしこ）内親王（三条天皇第三皇女、陽明門院。長和二年［一〇一三］七月七日～嘉保元年［一〇九四］正月十六日）を母として、春宮亮源行任の第で誕生した（『日本紀略』『左経記』『御産部類記』他）。長元九年十二月二十二日に親王宣下があり、名を尊仁（たかひと）と賜った（『範国記』）。寛徳二年（一〇四五）正月十六日、後朱雀天皇が譲位し、兄で皇太子の親仁親王が践祚して後冷泉天皇となるのに際して、十二歳で皇太子となった。永承元年（一〇四六）十二月十九日、十三歳で元服し（『東宮冠礼部類記』『扶桑略記』他）、同月二十一日に権大納言春宮大夫藤原能信の猶子（養女）で、故権中納言藤原公成の女である茂子が東宮に入侍した（『東宮冠礼部類記』）。茂子との間に聡子内親王・第一皇子貞仁親王（白河天皇、天喜元年［一〇五三］六月十九日～大治四年［一一二九］七月六日）・俊子内親王・佳子内親王・篤子内親王を儲けたが、茂子は東宮妃のまま康平五年（一〇六二）六月二十二日に薨じた（延久五年［一〇七三］に贈皇太后）。その他、后妃には、皇后馨子内親王（後一条天皇第二皇女、長元二年［一〇二九］二月二日～寛治七年［一〇九三］九月四日）・女御藤原昭子（故右大臣藤原頼宗の女、生没年未詳）・女御源基子（源基平の女、永承四年［一〇四九］～長承三年［一一三四］七月二日）がおり、基子との間に、第二皇子実仁親王（延久三年［一〇七一］二月十日～応徳二年［一〇八五］十一月八日）と第三皇子輔仁親王（延久五年正月十九日～元永二年［一一一九］十一月二十八日）を儲けた。

東宮に二十三年もあったが、治暦四年（一〇六八）四月十九日、後冷泉天皇の崩御により、三十五歳で、閑院第において践祚し（『本朝世紀』『扶桑略記』他）、康平元年（一〇五八）二月に焼亡した平安宮（内裏・中和院・大極殿・朝集堂等が焼亡）の大極殿が未完成のため、治暦四年七月二十一日に高御座を太政官庁に安置して即位儀を行った（『御即位記』『本朝世紀』他。なお、太政官庁に移設した高御座は延久四年［一〇七二］三月二十三日に大極殿に移された［『百練抄』、『吉黄記』正嘉元年［一二五七］七月二十七日条］）。同年十月十日には大極殿の棟上が行われ、十一月二十三日に太政官庁で大嘗会が行われた（『本朝世紀』『師記』）。翌治暦五年（一〇六九）四月十七日、延久元年に改元（代始改元）した（『改元部類』『二東記』『水左記』『扶桑略記』『元秘別録』他）。延久元年四月二十八日、皇子貞仁親王を皇太子に立て（『扶桑略記』『十三代要略』）、七月十八日には、内膳司の饌・諸国の御厨子所の贄や後院の御贄を停止し（『扶桑略記』）、二十二日には、御厨子所に菜蔬を進上させた（『扶桑略記』『百練抄』他）。人事では、同年八月十三日、関白左大臣藤原教通が左大臣を辞した（関白は旧（もと）の如し）のを契機に、右大臣藤原師実を左大臣に、内大臣源師房を右大臣に、大納言藤原信長を内大臣に任じた（『扶桑略記』『公卿補任』）。後三条天皇在位期間中の廟堂の中枢である関白・大臣はこの四人で占められ、譲位するまでこの体制に変化はない。後三条天皇の即位の意義は大きく、宇多天皇（貞観九年［八六七］五月五日～承平元年［九三一］七月十九日、在位　仁和三年［八八七］八月二十六日～寛平九年［八九七］七月三日。生母班子女王）以来一八〇余年ぶりに藤原摂関家を外戚としない成年の天皇が誕生した。時の関白藤原教通や実力者である前関白藤原頼通と外戚関係がなかったことから、摂関家を抑え、天皇親政を行い、在位四年八ヶ月であったが、思い切った人事・政策を行った。こうしたことは、『続古事談』巻一―三三に「主上（後三条天皇）、逆鱗にをよび（お）ておほせ（仰）られていはく（云）、『關白・攝政のおもく（重）おそろしき（恐）事は、帝の外祖などなるこそあれ、我はなに（何）とおもはんぞ』と、御ひげ（鬚）をいから（怒）かし」たという説話からも窺えよう（『愚管抄』四にも類話あり）。

人事面では、摂関家以外の藤原氏や源氏などの登用が目立つ。藤原氏では、永らく春宮大夫であった藤原能信（即位前の康平八年［一〇六五年］没）の他、頼宗流（藤原基長・能季）・小野宮流（藤原資房・資仲・経季）・道隆流（藤原良基）・公季流（藤原実季・茂子）・日野流（藤原実政）が、源氏では、三条源氏（源基平・季宗・基子）・村上源氏（源師房・顕房）・醍醐源氏（源資綱）・宇多源氏（源経信）が、その他の氏では、東宮学士であった大江匡房などの人材が登用され活躍した（河野房男「後三条天皇」『平安時代史事典』　角川書店　一九九四年）。

後三条天皇の親政としては、以下の**五点の新政策**が挙げられる。治暦五年二月二十二日と三月二十三日にいわゆる①**「延久荘園整理令」**（延久元年二月令・三月令）が発令され、寛徳二年（一〇四五）以後に新たに立荘された荘園及び寛徳二年以前に立荘された荘園であっても、券契（証拠文書）が不明であったり、国務に妨げになったりするような荘園は停止した（『扶桑略記』『百練抄』、「延久元年八月二十九日付筑前国嘉麻郡司解」所引、治暦五年二月二十二日付太政官符［「東大寺文書」］・「延久元年閏十月十一日付伊賀国司庁宣」所引治暦五年三月二十三日付太政官符［「東南院文書」］他）。更に荘園の券契や公験を厳正に調査し、荘園整理を推進するため、治暦五年（延久元年）閏二（十カ）月十一日、太政官の朝所に②**「記録荘園券契所」（記録所）**を初めて置き、寄人を定めた（『百練抄』）。その結果、例えば、延久四年（一〇七二）九月五日には、記録荘園券契所の勘奏により、太政官符を石清水八幡宮護国寺に下して、同寺の荘園のうち、一三箇所は旧のように領掌させ、二一箇所は停止させる（「石清水文書」）など、短期間ではあるが成果はかなり上がったと考えられており、寺社領はもとより摂関家領も例外的な扱いはしなかったらしい。こうした政策の結果、公領（国衙領）と荘園との区別が明確となり、新立の国免荘を停廃し、公領を確保・増加させることになった。また、荘園整理令では、中央政府は荘園の認否を国衙に委任することを停めて、諸荘園の所在・領主・田畠面積などを中央に注進することが命じられたため、諸荘園の基礎データが、その審査機関としての記録所に集積されることになり、記録所の寄人には左大史・大外記・文章博士・明法博士などが選ばれた。この中に主計頭を兼任する人物もおり、記録所が主計寮の財政的機能も背景としていたため、後世、中世の朝廷の財政機構として記録所がその財政的機能を拡充する下地をつくった（橋本義彦「院政の成立と展開」『古文書の語る日本史』２　平安　筑摩書房　一九九一年、詫間直樹「「荘園整理令」とは何か」「中央・地方の財政のしくみはどう変わったか」吉村武彦・吉岡眞之編『新視点　日本の歴史』３　古代編Ⅱ　新人物往来社　一九九三年）。なお、記録所の設置時期は延久元年閏十月十一日であるので、それより以前の延久元年二月・三月に発令された「延久の荘園整理令」そのものの発令意図は、記録所の券契審査作業とは別個に、国司（受領）の在地における徴税活動（官物・臨時雑役の徴収）、とりわけ後述する当時最大の財政課題となっていた造内裏役を円滑に行わせるために、法源として荘園整理令を発令して国司（受領）の立場を中央政府が擁護する目的があったとされている（詫間直樹「延久度造営事業と後三条親政」『書陵部紀要』四〇　一九八九年）。

一方、延久四年八月十日には③**「沽價法」**を定め（『百練抄』）、物価調整策を図った。同年九月二十九日には④**「斗升法」**を定め、「長保之例」に拠るべしとして（『扶桑略記』）、量衡の制を定めた。これらの政策は、物量の正確性を保証し、市での取引や国衙から中央への代物貢納の際の交換比率を正確にし、①②で出された国家財政（国衙財政）を確保・安定させるための政策に連動していた。④「斗升法」の「斗升」とは、『古事談』巻一　六二に「延久善政ニハ、先器物ヲ作ケリ、資仲卿（藤原）、蔵人頭ニテ奉レ行之云々、舛ヲ召寄テ、取廻云々御覧シテ、簾ヲ折テ、寸法ナトサヽセ給ケリ」と、『愚管抄』四には「コノ後三條位ノ御時、延久ノ宣旨升ト云物沙汰アリテ、今マデソレヲ本ニシテ用ヒラルヽ升ニテ、御沙汰アリテ、升サシテマイリタレバ」と見える、いわゆる**「延久宣旨枡（斗）」**のことであり、学習院大学所蔵三条西家旧蔵十巻本『伊呂波字類抄』土（と）篇雑物部の「斗」に「延久　宣旨云、方一尺六分、高三寸六分」との注記が見える（土井洋一解題・索引『伊呂波字類抄』古辞書音義集成第十四巻　古典研究会〔汲古書院〕一九八六年、三八五頁）。官司や地域によって不統一であった枡の容量を一定にするためのものであって、この時に定められた国家的公定枡は、その後、南北朝期頃まで京都を中心に広く用いられた。この他、天皇を支える私経済の確立と充実を図るため、山城・摂津・河内の三国内に一・二反ほどの単位で「御稲田」を設定し、供御人を定めて貢納者とし、大炊寮に直接管掌させるという供御米徴収の新方式である⑤**「御稲田」**の制を創設した（文保元年〔一三一七〕六月日付「大炊寮領河内国河内郡御稲田雑掌左衛門尉国友申状」〔『師守記』紙背文書〕）。

右記の荘園整理事業はそれまで摂関家以下の上流貴族等に取り込まれていた受領の財力を天皇のもとに引き寄せ、内廷経済の重要な支えになった。それには受領の内蔵頭兼任が役割を果たしたが、そうした人事も後三条朝から始まった。延久の①②荘園整理事業や④宣旨升の制定に象徴される国家的経済の再編成への積極的姿勢と皇室（天皇家）の私的経済の充実・強化は、その後の白河親政・院政以降に引き継がれたと理解されている（前掲橋本義彦「院政の成立と展開」）。

造営事業では、康平元年二月二十六日に焼亡した内裏の造営が、康平六年ころから本格的に始まり、治暦年間にも続けられていた。古代天皇制・律令制を象徴するモニュメントである大極殿の再建が図られ、延久四年（一〇七二）四月三日には、再建中の大極殿が落成し（『扶桑略記』）、十五日には新成の大極殿で群臣に宴会が行われた（『扶桑略記』『百練抄』）。また延久二年十二月二十六日には後三条天皇の御願寺である円明寺（同三年六月三日に円宗寺と改号）の落慶供養が行われた（『百練抄』『扶桑略記』『朝野群載』二　式　「円明寺供養式」）。更に内裏の再建は延久二年三月十一日に造内裏事始がなされ（『園太暦』貞和二年七月二十一日条）、翌延久三年三月五日には新造の内裏の立柱・上棟が行われた（『扶桑略記』、『山槐記』治承四年二月十五日条）。そして七月十九日には新造内裏の仁寿殿で安鎮法が修され（『扶桑略記』『安鎮法日記』）、八月二十八日に後三条天皇は四条宮より新造内裏に遷幸した（『扶桑略記』『百練抄』）。一方、三月二十七日には「修理左右宮城使」が初めて置かれた（『百練抄』）。この他、同じく延久三年三月九日には石清水八幡宮本殿の修造が始まった（「八幡宮造営日時勘文」［『石清水文書』］、『百練抄』三月八日条・四月九日条）。このような延久年間を中心とした後三条天皇主導の造営事業を通じて弁官局の機能の増大と財源の有効利用などが再編・強化され、白河院政以降の造営事業との関連性が指摘されている（詫間前掲「延久度造営事業と後三条親政」）。

さて、後三条天皇の経歴・事績に戻ると、延久四年（一〇七二）十二月八日に、後三条天皇は皇太子貞仁親王に譲位し、わずか二歳の実仁親王を皇太子となし、自らは飛香舎に遷御して（『扶桑略記』『百練抄』）、太上天皇となった。まだ三九歳であった。譲位の理由に関しては、天皇の病気が直接の原因といわれるが、藤原摂関家と血縁関係のない直系の子孫に皇位を継がせたいとの意志がはたらいたと理解されている。十二月二十一日には院庁始があり、同二十五日には院庁官人の補任が行われ（『為房卿記』）、太上天皇としての「後見」の準備が為された。しかし、母陽明門院と娘一品内親王（聡子内親王）も同行した翌延久五年（一〇七三）二月二十日〜二十七日の住吉大社・四天王寺・石清水八幡宮への御幸の後（『扶桑略記』『百練抄』『栄花物語』三十八　松のしづえ）、まもなく発病したらしく、四月七日には、病により白河天皇の見舞いをうけ、二十一日には「病急」「御悩重」により出家し（法名は金剛行）、五月七日、大炊御門亭において四十歳で崩御した（『扶桑略記』『百練抄』他）。同月十七日、神楽岡南原で火葬され、遺骨は禅林寺に安置された（『師茂記』貞治三年七月九日条・二十六日条、『扶桑略記』『百練抄』『古事談』一　七十、『神事雑記』「加茂臨時祭事」所引「匡房卿記」他）。追号は後三条院で、現在の御陵は後朱雀天皇円乗寺陵・後冷泉天皇円教寺陵と同兆域の円宗寺（えんそうじの）陵（みささぎ）（京都市右京区龍安寺朱山　龍安寺内）である（宮内庁書陵部編・刊『陵墓要覧』一九九三年）。

天皇の人となりは、『古事談』巻一　七十一に、「宇治殿」（藤原頼通）が後三条院の崩御を聞き、嘆息して「是末代之賢王也、依㆓本朝運拙㆒、早以崩御云々」と語った事が伝えられている。更に側近の大江匡房は編著の『続本朝往生伝』後三条天皇で、天皇の親政を「爰天皇（後三条）、五箇年（延久）之間、初視㆓萬機㆒、俗反㆓淳素㆒、人知㆓禮儀㆒、日域不㆑及㆓塗炭㆒、民于㆑今受㆓其賜物㆒之故耳。和漢才智、誠絶㆓古今㆒、雖㆓耆儒・

元老一、敢不二抗論一、雖レ不二雷霆之威一、必有二雨露之澤一、文武共行、寛猛相濟、太平之世、近見二於斯一」と評している。また、『続古事談』一―三三には「後三條院は、春宮にて廿五年までおはしまして、心静に御學問ありて、和漢の才智をきはめ（究）させ給ふのみにあらず、天下のまつりごと（政事）をよくよくきゝをかせ〔お〕給て、御即位の後、さまぐの善政ををこな〔お〕はれける」とあり、後鳥羽天皇撰の『禁秘抄』上「一、諸芸能事」には「第一御学問」に関して、後三条天皇は「大才」「有識」と評されている。後三条天皇は皇太子時代が長かった事もあり、自ら漢籍や六国史・律令格式・儀式書・日記など本朝の書を学んでいたことが推察され（即位後だが、『土右記』延久元年六月五日条によれば、大江匡房が『律集解』一巻を後三条天皇に献上していることが知られる）、自らも儀式書を作成したことは十分にあり得ることである。後三条天皇の親政が始まり、白河天皇の親政によって定着した政務の運営は、摂関政治型の政務の復活を許さず、諸事、天皇の指示と裁断を仰ぐことになり、後三条天皇やそれに続く白河天皇の二代の親政の時代には、宮廷社会が天皇中心に回り、宮廷行事における天皇の主導権が確立したことが指摘されている（橋本義彦『平安貴族社会の研究』吉川弘文館　一九七六年・「貴族政権の政治構造」『平安貴族』平凡社　一九八六年〔初出一九七六年〕・「後三条天皇」『平安時代史事典』角川書店　一九九四年）。天皇自らが政務運営に深く関わるには、政務内容を詳しく知っている必要があり、当然、朝儀関係の儀式書を熟知し、場合によっては、村上天皇撰の『清涼記』『新儀式』のように自ら儀式書を作成する必要があった。それに関連して、天皇の作法の形成に白河院がかかわったことに注目する見解があるが（井原今朝男「中世の天皇・摂関・院」『史学雑誌』一〇〇―八　一九九一年）、叙位・除目の儀式作法に関して、後三条院と白河院の説が重要であり、後三条院の説は「院御書」に、白河院の説は「本書」にまとめられていたことから（田島公「摂関政治・院政をめぐって」吉村武彦・吉岡眞之編『新視点　日本の歴史』3　古代編Ⅱ　新人物往来社　一九九三年）、後三条天皇が作成した「院御書」は後三条天皇の親政期のみならず、その後の白河天皇の親政や院政における人事の掌握・宮廷儀式における天皇の作法の形成を考える上で大変重要な史料と言える。「院御書」がのち摂関家に対抗し、非摂家の公卿の家に伝えられた「花園説」を創始した源有仁の儀式書に大きな影響を与えた点でも重要であり、今後、精緻な研究が俟たれるところである。なお、叙位・除目の儀式書である「院御書」との関係を理解する上で参考になると思われるので、後三条天皇の事績の最後に、後三条天皇在位期間中の叙位・除目の記事及び執筆を列記しておく（出典の略称は以下の通り。『世紀』＝『本朝世紀』、『略記』＝『扶桑略記』、『即位』＝『御即位記』、『補任』＝『公卿補任』、『執筆』＝三条西家本『叙位除目執筆抄』）。

治暦四年（四月十九日践祚、七月二十一日即位）

七月十三日、内侍除目・男官除目（『世紀』）

七月十九日、（御即位）叙位　執筆右大臣藤原師実（『世紀』『即

位』他）
七月二十日、小除目・叙位（『本朝』『即位』）
七月二十五日、女叙位（『世紀』『即位』）
十月十九日、内侍除目（『世紀』）
十月二十五日、（大嘗会）御禊所司除目（小除目）（『師記』）
十一月九日、大嘗会国司除目（『世紀』『補任』）
十一月二十一日、大嘗会叙位　執筆右大臣藤原師実（『世紀』『師記』）
十一月二十八日、女叙位　執筆内大臣源師房（『世紀』）
十二月二十六日（除目始）・二十九日（除目入眼）、京官除目　執筆内大臣源師房（『世紀』『師記』『略記』『執筆』）

治暦五年（延久元年）

正月五日、（参議）叙位（『補任』）
正月二十五日（除目始）・二十九日（除目入眼）、県召除目　執筆右大臣藤原師実（『執筆』）
十一月二十四日、朔旦冬至叙位？
十二月十六日（除目始）・十七日（入眼）、京官除目　執筆右大臣源師房（『執筆』）

延久二年

正月五日、叙位　執筆権大納言藤原俊家（『中右記』長承二年正月五日条）
正月二十六日（除目始）・二十九日（入眼）、県召除目　執筆（二十六日・二十七日）左大臣藤原師実、執筆（二十九日入眼）権大納言藤原俊家（『執筆』）
十二月二十八日　京官除目始　執筆右大臣源師房（『執筆抄』）

延久三年

正月二十六日（除目始）・二十八日（除目入眼）、県召除目　執筆左大臣藤原師実（『執筆』）
十一月十七日（除目始）・十八日（入眼）、京官除目　執筆左大臣藤原師実（『執筆』）

延久四年（京官除目は行われず、十二月八日に譲位）

正月五日　叙位　執筆左大臣藤原師実（『執筆』）
正月二十九日（除目始）・二月一日（入眼）　県召除目　執筆権大納言藤原俊家（『執筆』）

3　後三条天皇の編著書―「禁秘記抄」「後三条院御記」との関係―

後三条天皇の編著書としては、和田英松氏が『皇室御撰之研究』（一九三三年　明治書院）の「後三條天皇」の項で指摘された「御三条院御記」と「禁秘記抄」とがあるので、和田氏や米田雄介氏（「後三条天皇」『歴代天皇の記録』　続群書類従完成会　一九九二年）に導かれながら概説する。

先ず「後三条院御記」は後三条天皇の日記で、後世、「延久御記」とも呼ばれ、藤原宗忠の日記『中右記』康和四年（一一〇二）十月二十三日条によれば、「早旦参二入院（白河院）一、頃而召二御前一、（中略）又院令レ申給事、（中略）後三條院御記可二持參一、年來早雖レ可二進覽一、依レ爲二我身秘書一不レ放レ手也、但後朱雀院御記、故院（後三条院）不レ給レ我、是定吉例也、依二被例（披カ）一思出于レ今遅々之由、可レ申者、此記ハ類聚也、合廿巻也、入二塗手莒一合一付二御封一、廿巻外目録一巻、（年中行事四巻・臨時九巻・神事二巻・佛事五巻、至二本書一者猶留レ院欤）」とあり、また中原師元が知足院殿藤原忠実（一〇七八〜一一六二）の談話を筆記した『中外抄』下　四〇に「仁平元年（一一五一）七月六日、祗二候御前一、（高陽院土御門御所、）左大臣殿（藤原頼長）令レ参給、御物語之次仰云、白河院先年ニ後三條院の御記ヲ我ニ下給、仰云、可二部類一也、一本可二書進一、仍メノマヘ（目）（前）ニシテ如レ仰書進了、帝王事ハ件御記委見タリ、中ニモ解齋粥事委見タリ、除目・叙位事ハ少々僻事アリ、其由故院（白河院）ニ申了、一本書取□思シカトモ、無レ便カリシカハ不二書寫一、是依レ有レ恐也、」と見え、後三条天皇の「御記」は、崩御後に白河天皇に伝えられ、白河天皇譲位後、藤原忠実命じて「類聚」させて、康和四年頃には、①「年中行事」四巻・②「臨時」九巻・③「神事」二巻・④「佛事」五巻に「類聚」された「後三条院御記」二〇巻と「目録」一巻を堀河天皇に進めたことが知られる。その後、鳥羽天皇は勝光明院の宝蔵に「後朱雀院御記」と共に「後三条院御記」を納め、「後代御記」と称して重宝とした。藤原（九条）兼実の日記『玉葉』文治三年（一一八七）九月十五日条によれば「定長（藤原）告送云、後三條院御記、明日可レ持二參内裏（後鳥羽天皇）一云々」と見え、十六日条には「定長來云、御記（後三条院）所二持參一也云々、只今可二參内一、（中略）定長持二参蒔繪小手莒一合一、余（藤原兼実）於二鬼間一披レ之、合二目録一、持二參御前一、引二見群行之間事一、當時事許書取了、如レ本調入、召二定長一返給、定長云、去夜、院（後白河院）御所竊盗罷入、此御記雖レ開レ蓋、不レ取二納物一、不レ可レ説事也云々、仍更又披令レ見、定長返入之後、余付レ封、定長歸參了、件御記（後三条院）草子廿帖書寫本也、目録一巻被二相副一、範兼（藤原）筆也」とあるように、藤原範兼（一一〇七〜一一六五）書写の写本も伝えられていた。また、『花園天皇宸記』正中元年（一三二四）十二月晦日条には「凡所レ讀經書目録、（中略）本朝書并記録、（中略）後三條院御記」とあり、その後、崇光上皇から皇子栄仁親王に伝えられ、伏見宮家に伝来された書籍の目録の一つである応永二十七年（一四二〇）二月二十七日付、「法安寺預置文書目録」（『看聞日記』巻七　紙背文書一四八）［図書寮叢刊本］に「一々（合）　延久（後三条院）御記、（平手箱）」と見え、伏見宮貞成親王（後崇光院）の『看聞日記』応永三十二年（一四二五）九月二十日条［図書寮叢刊本］に「兩社（八幡・賀茂）行幸記録、八幡・賀茂部類記二巻、延久御記（後三条院）（平手莒一合、）仙洞（後小松院）ヘ進レ之、付二永基（冷泉）朝臣一、則有二勅報一、御記殊御悦喜」とあることから、一部は伏見宮家に伝えられ、更に勝光明院の宝蔵から取り出されたと思われる「後朱雀院御記」と併せて「後二代御記」に称された「後三条院御記」は、『看聞日記』永享七年（一四三五）八月二十五日条には「抑今日御雑談之次、自二南朝小倉殿（小倉宮聖承）（後亀山天皇孫）、後朱雀院・後三條院兩代之宸筆御記二合、室町殿（源［足利］義教）ヘ被レ進、則内裏（後花園天皇）ヘ被レ進云々」と見えるように、南朝の小倉宮聖承から将軍足利義教に進められ、義教は更に後花園天皇に献じ、暫くは宮中に置かれたらしいことが窺える。このように南北朝・室町前期には天皇家ゆかりの文庫に伝えられていたことが知られるが、その後、室町中期以降の史料に見えないことから、応仁の乱で亡佚したらしい。

一方、「禁秘記抄」は『本朝書籍目録』公事に「禁秘記抄　一巻 後三條院御抄、諸公事、」とあり、洞院公賢の日記『園太暦』観応二年（一三五一）十二月二十六日条には「四方拜條々／一御装束事／行事藏人任例可申沙汰歟、説々雖有不同事、延久御抄可為正説」（／は改行を示す）と見え、更に一条兼良（一四〇二～八一）撰の『江次第鈔』正月供御薬の条に見える「延久御抄」や『為房卿記』寛治元年（一〇八七）四月二十三日条に「今日萬機□（旬カ）事、雖未被下日時、依攝政殿（藤原師実）仰、右中辨（源基綱）□□率僚下、奉仕御装束、其儀（中略）次還御本殿、權獨留磬折澤警（マヽ）、璽劔供奉如初、于時及晡時、今日、予行事也、次第於殿下（藤原師実）書之、為御使、昨日持參于院（白河院）之、以後三條院御筆次第、所讀合御也、」とある「後三條院御筆次第」、更に九条道家の日記『玉蘂』承久二年（一二二〇）十二月十日条に「今日當年荒奏也、（中略）次主上（順徳天皇）御覧奏文、其議（儀）、先解結緒引延、披禮紙押文於右、解内緒先御覧當勘文、（中略）或必大臣不解結緒、抜取當勘文覧々、而依後三條院御次第、結一々（之カ）覧之、道理可然、」と見える「後三條院御次第」は、「禁秘記抄」であると指摘されている（和田a一九三三）。そして保元元年八月に藏人頭になった藤原俊憲（一一二二～一一六七）が藏人頭の公事備忘録として編んだ『貫首秘抄』の「藏人頭事時輩談話」（『群書類従』巻一〇四）には「後三條院年中行事一巻在院（後白河院）、又自院被獻内（二条天皇）ノ御作法、大都年中行事不過此記也、若有被尋仰事、有不審者、見件御書歟之由、可奏務也、予（藤原俊憲）度々給件御書、註出折帋奏覧」とみえ、『玉蘂』承久二年（一二二〇）四月二十四日条には「昨日自内裏（順徳天皇）下給之、延久聖主（後三条天皇）御製作年中行事銘、依仰書之、能々校合返上之、御使信定朝臣（源）・資頼朝臣示送之」と見える「後三條院年中行事」も「禁秘記抄」と同じものであろうとされている。柳原紀光（延享三年［一七四六］～寛政十二年［一八〇〇］）の随筆『閑窓自語』に「禁秘記御抄は後三條院勅撰なり、兼宣公（広橋）記をよび（及）ふるき（古）書目六（俗に仁和寺の書目といふ、）などにもたしか（慥）に見ゆ、應永の比までは御府にありし（在）よし（由）、兼宣公、記せり、今はつたはら（伝）ざるにや、たえて聞も及ばず」とあり、応永年間（一三九四～一四二八年）まで「御府」すなわち禁裏文庫に収蔵されたいたことが知られ、紀光が見た広橋兼宣の日記『兼宣公記』の記述は現存の『兼宣公記』では確認出来ないが、「後三条院御記」の伝来を伝える右記の『看聞日記』の記述とも合う。なお、和田氏は「禁秘記抄」を「禁中に於ける諸公事」を記した「御抄」であるとされる。

「禁秘記抄」や先に述べた「類聚」された「後三条院御記」の「年中行事」中には、毎年の恒例行事である叙位・除目に関する部分もあったと想定されることから、「院御書」と、「禁秘記抄」や「後三條院御記」（年中行事）・「後三條院年中行事」との関係を更に明らかにする必要がある。

この他、後三条天皇が作成した儀式書には、宮内庁書陵部所蔵九条家本『大嘗会叙位除目等雑注文 諸公事口伝故実相承事』（函号　九―二三六）に見える「後三條院御次第」があった。この次第は、後三条・白河・

堀河・鳥羽・崇徳・近衛・後白河の七代の天皇の大嘗会で用いられた儀式次第であり、特に大嘗会の卯日に天皇が大嘗宮の悠紀殿・主基殿の内陣で神饌を供進するという大嘗祭で最も重要な秘儀で用いられた儀式次第を記した重要な秘書であった（田島公「「公卿学系譜」の研究―平安・鎌倉期の公家社会における朝儀作法・秘事口伝・故実の成立と相承―」『禁裏・公家文庫研究』四　思文閣出版　二〇〇九年）。院政期の大嘗会における天皇の作法を確定し、秘儀の作法の手本となって代々伝えられた大変重要な儀式次第書であった。こうした重要な儀式次第も後三条天皇自らが作成したのであった。

なお、「院御書」は洞院公賢編の『魚魯愚鈔』『魚魯愚別録』には、『春玉秘抄』に引用されるものではなく、「院御書」から直接引用したものもあると推定する見解もあるので（所c二〇〇一）、この指摘が正しければ、南北朝期まで「院御書」が伝えられていたことになる。「院御書」は源有仁の儀式書に頻繁に引用されるので、源有仁の儀式書と共に伝来した可能性がある。源有仁撰の儀式書の伝来に関しては、本冊併載の『春玉秘抄』の解題を参照されたいが、『春玉秘抄』は室町後期には三条西家・広橋家などに伝存していた可能性を残しているので、本書の伝来を考える上で何らかの参考になるかもしれない。

四　「院御書」の構成と逸文

1　「院御書」の構成と「北山抄」からの引用

最後に以上の検討を踏まえ、「院御書」の構成を再確認する。

本解説の一の3で検討したことから考えて、『無題号記録』＝「院御書」であるとすれば、「院御書」は、大きく（A）叙位儀と（B）除目儀に関する部分とに分かれ、更に（A）は、（Ⅰ）叙位事と（Ⅱ）女叙位事に分かれ、一方、（B）は（Ⅲ）除目事（春［外官・県召］除目）と（Ⅳ）京官除目（秋［司召］除目）からなっていた。（B）の（Ⅲ）は、（ⅰ）一両日・（ⅱ）当日（初日）・（ⅲ）次日・（ⅳ）竟日・（ⅴ）臨時除目・（ⅵ）叙位が行われる場合・（ⅶ）関白が里第に候している場合などの七つに、（B）の（Ⅳ）は、（ⅰ）当日（初日）・（ⅱ）次日の二つに、それぞれ分かれていたことになる。

「院御書」の逸文のうち、和田・所両氏が蒐集した『魚魯愚鈔』『魚魯愚鈔別録』及び同書が引用する『春玉秘抄』が引用する「院御書」一九条（和田b一九四〇・所c二〇〇一）やそれ以外の田中教忠旧蔵本『春玉秘抄』・東山御文庫本『叙位記 中外記』・『叙玉秘抄』・『秋玉秘抄』などに引用される「院御書」逸文を見ても、叙位・除目以外の儀式が引用されていないことから、「院御書」は叙位・除目のみの儀式書であることは確実と思われる。しかし、『春玉秘抄』や

『魚魯愚鈔』等に引用される「院御書」逸文には、現存の『無題号記録』には見えない部分もあり、『無題号記録』の前欠部分の（A）叙位儀だけではなく、（B）除目儀に関係する逸文もあること、特に『春玉秘抄』と比べると、現存の『無題号記録』は儀式書として量的にもやや少ないように思われるので、（B）（Ⅱ）の（ⅱ）に続く部分が書写されていた可能性が強い。

ところで、『無題号記録』（「院御書」）がどのように作成されたかについて理解する手懸かりとして、部分的であるが、藤原公任撰の『北山抄』との比較が有効である。先ず、『無題号記録』裏書25に「拾遺雑抄云」として、「所々勞帳、雖㆑懸㆑句〔勾〕、納㆓本莒㆒下給、至㆓于諸道舉㆒、留而加㆓成文㆒、藏人所瀧口勞帳、又副㆓成文㆒返上」とあるように、『北山抄』巻三・巻四を構成する「拾遺雑抄」からの勘物としての引用が見える事から、その出典を確認すると、尊経閣文庫本『北山抄』巻三　拾遺雑抄上　除目（尊経閣善本影印集成7『北山抄』一　二五二頁）に「四所任了、内舎人、（註略）文章生、（註略）院宮御給并内給、親王・公卿・尚侍・女御等當年給（註略）任㆑之、一日議訖、封㆓大間㆒、納㆓雜書㆒、（註略）大間入㆑莒、加㆓入成文㆒、（註略）進㆑之、成文懸句〔勾〕、申㆓兩所㆒者、點㆓其成所㆒、若申㆑正任㆑權者、注㆓權字㆒、任所他者、又注㆓其所㆒、又寄物勾其所〔懸脱カ〕、國替并遷官者、其尻所注㆓大間㆒、又注㆓寄物㆒、所々勞帳、雖㆑懸㆑句〔勾〕、納㆓本莒㆒下給、至㆓于諸道舉㆒、留而加㆓成文㆒、藏人所瀧口勞帳、又副㆓成文㆒返上、議間成文・不成文・可㆑成文・可㆑定文等、能分置不㆑令㆓混雜㆒、院宮當年御給、掾・目一人任了、一人未任之間、請文之外、付㆑點為㆑驗云々、次日（以下略）」と見える部分の傍線部に該当する事が知られ、『北山抄』の除目の記載を裏書に引用していることが確認される。

この裏書は後三条院が撰した当時からの書き入れでない可能性もあるが、更に『北山抄』巻三　拾遺雑抄　除目事と『無題号記録』（「院御書」）を比較すると、注目すべきは『無題号記録』第14紙第3～12行の途中までの「臨時小除目」部分（後掲の翻刻参照）が、『北山抄』巻三　拾遺雑抄上　除目の「臨時小除目」とほぼ同文であり、同書からの引用であることが知られる。尊経閣文庫本（尊経閣善本影印集成7『北山抄』一　二五三～二五四頁）から該当部分を引用すると以下の通りである（傍線部は『無題号記録』になし）。

臨時小除目、於㆓御前㆒書者、不㆑書㆓太政官謹奏文㆒、歸㆑陣清書時、令㆑書㆑之、（直物儀、在㆓年中巻㆒、）直物之次、於㆓陣頭㆒行時、先奏㆑草如㆑常、（在㆓尻付㆒、）近例、即清書奏㆑之、不㆑成㆑草、外記以㆓成文㆒備㆓後鑒㆒云々、（案㆑之、召㆓上卿於御前㆒、任㆓要官㆒後、公卿給請文等、被㆑下㆑陣時、加㆓載清書㆒、可㆑奏、更又不㆑可㆑奏㆑草也、但至㆓参議㆒、猶載㆑草、加㆓尻付㆒、先可㆑覽㆓上卿㆒歟、）按察使、書㆓於陸奥國㆒、不㆑載㆓出羽國㆒、（給㆓任符兩國㆒、）四位、任㆓中納言㆒、即書㆓従三位㆒、（後成㆓位記㆒、）六位任㆓齋宮寮頭㆒又如㆑之、（『無題号記録』此ノ下ニ「以六位被任之時、書従五位下」ノ十二字アリ）三分・二分有㆑疑者、先任㆓二分㆒、後愁申時、若有㆓其理㆒、改任・重任人、可㆑載㆓除目㆒、延任者、不㆑可㆑載之、（『無題号記録』此ノ下ニ「或載之、尻付注延任二年」ノ十字アリ）

このように、出典を明記しないが、「院御書」の構成のうち（B）の（Ⅰ）の（ⅳ）「臨時除目」部分が『北山抄』を参照し、そのまま引用したことは確かである。また、東山御文庫本『叙位記 中外記』に引く27「院御書」（第12丁第4行頭書・「院御書同レ之」）はその右に書かれた「土云」（土御門右大臣源師房の儀式書「土次第」〔「土御門〈右府〉次第」〕か師房の日記「土記」〔「土右記」〕）とほぼ同内容であることが判る。

このように「院御書」は部分的であるが、藤原公任や源師房の儀式書など先行する儀式書を参照して作成したことが知られる。全体的にどのように構成され作成されたかは、今後、先行の儀式書との地道な比較研究によって解明する必要がある。

2　東山御文庫本『叙位記 中外記』所引「院御書」逸文の紹介

本解説の二で指摘したように、東山御文庫本『叙位記 中外記』第47丁裏第2行～第49丁表第2行には一丁半二七行にわたり、『無題号記録』に見えない㊺「院御書」に長文の引用が見えるので、以下に紹介する。

（第47丁裏）
2 ㊺院御書云、
3 上卿令レ持二下名於外記一、入レ莒、或説、取二副於笏一、率二参議一就二議所一、着二陣座一、近例、多如レ此、所
4 司供レ燈、（掃部寮）寮官人不レ候時、史役レ之、仰二弁若史一、令レ敷二座於砌一、掃部寮敷レ之、上卿
5 令レ召二内記一、々々参入、上卿仰云、位記、内記退出持二位記一、并硯莒参入着レ座、西上北面、五位内記
6 率二六位内記等一参入、莒等置二座前一、所司供二燈於内記座一、上卿給二叙位簿一、内記一兩、一々入眼、
7 入レ莒進レ之、入眼之後、合二點於叙位簿二遍〔通〕一、九條（藤原師輔）年中行事云、参議已上一莒、四位・五位一莒、兵部一莒、惣有二三莒一、而清慎公（藤原実頼）入二
8 一莒奏レ之、宸後分二入三莒一、見二天暦元・朔旦、應和元・造宮叙位一、上卿加二検察一、位記状、式部・兵部・諸道博士・治
9 國等各異、或説云、王卿・醫師等各ノ右各異、令レ持二内記一、参二射場一、令レ奏二聞一、西宮抄云、宸初弁請印度入二二莒一、有二何難一、異記云、令レ持二二人一、令レ持二内記二人一、上卿

（第48丁表）
1 度二小庭一、自二軒廊東二間一出入、或立二射場殿内一、近例、多立二軒廊西二間一、蔵人二人奏、返給仰、令二
2 請印一与、還二着本座一、内記置二位記莒一、九条（藤原師輔）、此時、令レ盛二一莒一、上卿召二
3 近衛府一、大将召二政人一、将監稱唯、跪二候庭中一、上卿曰、印、将監
4 稱唯、還出、更入レ自二日華門一、少納言・主鈴等、同入問二掃部ヒヒ
5 掃部寮一、立二位記案於内記後南方一、少納言進就二案
6 南一、主鈴置レ印、退立二日華門外南腋一、将監立二同所一、上
7 卿召二中務省輔一、稱唯参進、輔不レ参者、以二近衛少将一、為レ代、殿上少将者、令レ奏二事由一、雖
8 レ有下中将為二大輔代一之例上、無二外衛佐奉仕之例一云々、進二給位記莒一、就二案東一、少納言踏レ印、
9 輔採二其一端一、令レ踏レ之、接二縫目一由、見二舊記一、内記立加、随二踏了一、且授二

（第48丁裏）
1 内記一、奏二結了一、輔取レ莒置二上卿前一退出、九条記（九条師輔）、此間、召二内記一、々々參入、
2 上卿又加二検察一参上、奏聞如レ先、四条抄（北山抄）云、令レ持二内記二人一、返給仰云、令二次第一ヨ、
3 復レ座給二内記一付二次第一入レ之、位記并叙位簿付レ之、式一・式二・兵一・兵二等也、分二入莒一之、
4 各勲入了、以レ板隔レ之、若有二親王一、有二日莒〔四〕一也、公卿者、雖二武官一、入二式部莒一、兵庫官人、多入二兵部一、或入二式部一、若有二武官一、新叙二三位一者、可レ入二式部一、莭會二
5 不レ帯二弓箭一、可レ立二式部列一欤云々、可レ尋、案レ之、帯二衛府・儒者等一加階、雖レ作二式部位記一、入二兵部莒一、上卿仰二外記一、令レ
6 進レ硯、續紙等、此間令二参議書一、可レ給二二省下名一、近例、請印了、上卿参
7 上間、書レ之、内記覆レ蓋結二莒々一畢、莒上押レ銘、件銘、内記所レ書也云々、書様、式一・式二・式三・兵一云々、
8 上卿給二下名一、令レ挿二式部一莒之緘一、即令レ持二内記等一、参
9 進付二蔵人一、皈〔歸〕レ座、内記撤レ莒、掃部撤レ座、上卿退出、此次

（第49丁表）
1 請印、臨時位記者、同莒横二置之一奏聞、請印了、不二次第一、猶留、三位以上同位人、前叙者、為レ非二参議一、或下職後叙者、為二参議以上一、為二職者一、同日

2 加階之時次第、可レ尋レ之、依レ為二常職次第一、後日任二同職一之時、可レ依二本次第一云々、

以上の「院御書」の記述は、第47丁裏第3行に上卿が「下名」を外記に持たしめたとあり、第6行などには「叙位簿」を内記に給うなどと見えるように、この部分は叙位儀において、叙位の結果、位記入眼の後に作成され、叙された官人のうち四位以下の者についてその名を式部・兵部二省に伝える文書である下名（おりな）の手続きについて述べた部分であり、東山御文庫本『叙位記 中外記』所引の㉛「院御書」（第14丁裏第9行）の「下名事等見二院御書一」との記述に関係あるものかと思われ、『無題号記録』の前欠部分の逸文と思われる。また、このことから、除目儀部分にも「下名」の規定はあるので、先に述べたように現存の『無題号記録』の除目部分の後にも欠落部分があることが想定され、それらを視野に入れた研究が必要である。

むすび

以上、不十分ながら『無題号記録』の解説を行った。先ず『無題号記録』について書誌を述べたあと、その書名が「院御書」であることを論証し、更に撰者とされる後三条天皇の事績や編著書との関係を述べ、最後に現存の「無題号記録」は前欠だけでなく後欠の可能性もあるので、今後の研究の進展のため「院御書」の主な逸文も掲げた。後掲の「無題号記録」の翻刻とともにご活用いただきたい。

原本調査に当たっては、財団法人前田育徳会尊経閣文庫及び同文庫理事の菊池紳一先生のご配慮とご便宜を頂戴した。また、調査に際しては、吉岡眞之東京大学史料編纂所特任教授のご協力を得た。併せて深謝申し上げる。

[追記]

なお、本稿脱稿後、本書『無題号記録』のⅢ除目事・Ⅳ京官除目の部分と同文で、それに続くかなりの分量を含む除目の儀式書が三条西家旧蔵本の中に存在していたことを確認することが出来た。これにより、前欠の尊経閣文庫本『無題号記録』は想定通り後欠であることが判明した。しかし、その成果をとり入れて解説に加えるには、更なる時間を要することから、今回は断念した。詳細は『「東京大学史料編纂所研究成果報告書二〇一一―一」目録学の構築と古典学の再生―天皇家・公家文庫の実態復原と伝統的知識体系の解明―』（二〇一一［平成二三］年度科学研究費［学術創成研究費］研究成果報告書　二〇一二年）所収予定の論考を参照されたい。

[「院御書」に関する参考文献]

竹内理三a「口伝と教命」(『歴史地理』七五巻三・四号　一九四〇年、『律令制と貴族政権』第Ⅱ部　御茶の水書房　一九五八年、のち橋本義彦編『竹内理三著作集』五　律令政権の展開　角川書店　二〇〇〇年再録)

竹内理三b「序文」(所功校注・解説『京都御所東山御文庫本撰集秘記』　国書刊行会　一九八〇年)

田島公a「『叙玉秘抄』について—写本とその編者を中心に—」(『書陵部紀要』四一号　一九九〇年)

田島公b「源有仁編の儀式書の伝来とその意義—「花園説」の系譜—」(『史林』七三巻三号　一九九〇年)

田島公c「田中教忠旧蔵本『春玉秘抄』について—「奥書」の紹介と検討を中心—」(『日本歴史』五四六号　一九九三年)

田島公d「「花園説」の源流と相承の系譜—『春玉秘抄』の成立と伝来の過程を手懸かりとして—」(井上満郎・杉橋隆夫編『古代・中世の政治と文化』　思文閣出版　一九九四年)

田島公e「『秋玉秘抄』と『除目秘抄』—源有仁原撰本『秋次第』と思われる写本の紹介と検討」(田島公編『禁裏・公家文庫研究』第一輯　思文閣出版　二〇〇三年)

田島公f「尊経閣文庫本『無題号記録』と東山御文庫本『叙位記　中外記』所引「院御書」—『院御書』の基礎的研究1—」(田島公編『禁裏・公家文庫研究』第一輯　思文閣出版　二〇〇三年)

所功a「院御書(校異・拾遺・覚書)」『国書逸文研究』創刊号　一九七八年)

所功b「院御書【原本注記】【新補】【参考】【覚書】【研究文献】」(国書逸文研究会編『新訂増補国書逸文』　国書刊行会　一九九五年)。

所功c「「院御書」逸文と編者」『宮廷儀式書成立史の再検討』　国書刊行会　二〇〇一年

和田英松a「後三条天皇　禁秘記抄」(『皇室御撰之研究』明治書院　一九三三年)

和田英松b「院御書」(和田英松編・森克己校訂『国書逸文』　森克己　一九四〇年)

〔『無題号記録』翻刻例言〕

一、対校本には、東山御文庫本『叙位記 中外記』（勅封四四—三三）所引の「院御書」を用い、校訂符号〔 ヒ〕を付し、虫損欠落部分も補った。

一、字体は写本に用いられている字体を出来るだけ尊重したが、左記の古体・俗体・異体字については、下の字体に改めた。

弘・弖—弘、盖—蓋、弟・苐—第、臺—臺、執—執、遅—庭、
扵—於、挿—挿、程—程、座—座、軄—職、綱—綱、俻—備、
料—料、亦—亦、局—局、刺—刺、献—獻、突—突、廻—廻、
揖—揖、邉—邊、冊—冊、橋—橋、経—経、叅—参、承—承、
盛—盛、衰—衰、勅—勅、関—關、本—本、置—置、湏—須、
丞—丞、場—場、觧・鮮—解、封—封、両—両、官—官、
所—所、昏—昏、留—留、召—召、奏—奏、凡—凡、簾—簾、
圓—圓、垂—垂

異体字を用いた字は以下の通り。

等（等）、莒（筥）、莭（節）、苻（符）、薄（簿）、栁（柳）、
筭（算）、揷（插）、蹔（暫）、弃（棄）、請（請）、京（京）、
欤（歟）、㝡（最）、鍳（鑑）、帋（紙）、裏（裹）、撿（檢）、
挍（校）、様（樣）、髙（高）

なお、略字体については、そのまま用いた。

一、本文の字配り、頭書・傍書も可能な限り原位置とし、小字割書双行などもそのまま翻刻した。

一、各行の冒頭に（ ）内に紙数を付し、一紙内の行数も付した。

一、影印本文の頁数を（ ）内にいれて行末に配し、利用の便を図った。

一、本文校訂注は〔 〕で、人物などに付す説明注は（ ）でそれぞれ括り、本文の傍らに付した。

一、裏書は、巻頭より巻末に向かって、各行に1から31まで番号を付し、翻刻に際しては、巻末の31から逆順位に翻刻した。

一、本文・裏書翻刻及び校正には、白根陽子氏（東京大学史料編纂所特任研究員）の助力を得た。

尊経閣文庫所蔵『無題号記録』（「院御書」）翻刻

（第1紙）
二世孫王 従四位下、以自解申、依巡叙□（之ヒ）、貞観孫王、従五位下、昇□□越（殿超）、（清和天皇）・□□（王氏ヒ）□□□□、□□□□、（一親王擧之ヒ）（親王以上ヒ） （六頁）
依巡擧之、・源氏 長者擧之、弘仁（嵯峨天皇）御後、隔三年、・藤氏 長者擧之、□（四ヒ）門依巡擧之、・
橘氏 是定擧之、已上擧、各巻封入外記硯莒、但橘氏・不封、或件擧状等、付奏者云々、
諸道博士、紀傳・明経、雖凡姓、叙内階、餘道依姓叙内○外階云々、凡姓者、内外不定之時、先叙外、依愁入内云々、
（朱点）●次御装束、
先垂東廂（庇ム）御簾、孫庇額間、以南反燈樓（籠ム）綎、 （七頁）
當晝御座、御茵・御釼寺如本、供御半疊、為御座、々々
前、副御簾、立三尺御几帳、北端褰之、御座西邊、立
廻四尺御屏風一帖、便用四季、御座東邊、置御硯
莒、中文盛莒蓋上、闕官帳莒、在其傍、掃部寮、孫廂南第三間、鋪
兩面端疊、為大臣座、与納言座、頗以絶席、自第二間南行、
至第一間、更西折、鋪緑端帖、為納言・参議座、 （八頁）
當御座間、迫北柱下、敷菅圓座、為執政座、或御簾内、
敷其座、可依時議（儀ム）、其南去長狎（押）三許尺、敷圓座、為大
臣應召座、二人候時、随鋪二枚、若臨昏時、召所燈臺二基、
立御前、一基、立執筆大臣前、用短、一基、納言前、各有打敷、
（朱点）●蔵人奉仰、召上卿、先到陣後、召陣官、問膝
着（突ム）有無由、若無時、令置之、入自宣仁門、経参議 （九頁）
座後、進自小橋南、不踏件橋、経廊壇上・垂幕外、
着膝突、先目大臣、次見渡以下公卿、又見留
大臣所稱召由、詞云、召須、諸卿微音稱唯、蔵人右

（第2紙）
廻、経本路退出、大臣召外記、仰云、莒文候、外
記取莒文、列立南庭、外記數少、史生加立、大臣以下起座、
到射場殿、経階下、雨儀、公卿経南殿・外記階下、大臣立軒廊、入自三間、立二間、
南面西上、納言立射場殿、東砌、西面北上、雨儀、射場内、参議立南砌、 （一〇頁）
北面東上、雨儀、砌内、外記立東庭、西面北上、雨儀、立射場殿東砌、列了、大臣
揖之参上、着御前座、次大臣参候之時、於殿上相待、着御前座、一納言
入自三間、立同間、外記進跪、納言搢笏、取莒文、
或説、於青瑣門下覆弃硯水昇、近代、搢墨入硯甁（瓶）、不入水於硯、
入自右青瑣門、経殿上戸前・宰相座末、自又庇南妻・宰相座
西妻昇、進御簾下、二箇度許膝行、置莒、更二箇度許膝行、還本所、□（頗カ）向戌亥立也、置圓
座西邊、参時、先右足、歸時、先左足、左廻、自本道、着座、次々如此、大
納言奉仕執筆之時、執件莒、参上、 （一一頁）
（朱点）●次大臣以下着座、参議一兩着座、為期、必不満参議數、次主上召大臣、
其詞曰、古奈太仁、上﨟大臣、微音稱唯、着御前圓座、闕白
為上﨟大臣者、可着御座間北柱下圓座、経簀子敷、入自五間着、次々大臣入自四間、奉仰、召次
大臣、其詞曰、右大臣美、大臣稱唯、着圓座、又召次大臣、着
座畢、主上被仰云、早久、執筆大臣、小揖置笏、左方、
開見第二莒文、除十年勞帳外、移入他莒、取寄 （一二頁）
於前、更開見了、推遣硯莒於右方、關白在外座時、推遣於左方、為避彼
座也、又雖不候座、敷其座時、猶推於左方云々、挿笏取莒、進簾下、褰御簾、

以左手、褰之、進之、御覧之間、抜笏候、御覧畢、返給
挿笏、忩揩之、給之復座、引寄硯匣於本所、以一
年勞莒、置於本所、不返入初取移之文等、把笏候、仰云、早久、
（第3紙）
承仰召人、男共、五位藏人参進、仰可進續紙之由、（一二頁）
藏人退還之間、自御前下給申文、加外記勘文、關白候時、乍入硯
莒蓋給之、關白不候時、取申文直給之、置笏給之、置硯匣左方、撰取
可叙申文、置前、此間、五位藏人盛續紙於柳莒、件紙二巻也、一巻ハ暫入第二莒歟、若紙不足之時、續用、
就大臣後進之、大臣取續紙置前、取笏候、藏人取柳
莒退歸、主上仰云、早久、置笏染筆、先書從五位下、
可叙從五位上以上之程、紙置端書之、闕二三行許、先叙藏人、自御前、以詞被仰之、（一四頁）
次式部丞、次民部丞、以上、依省奏叙之、入莒、取叙位、讀擧、懸句〔勾〕、暫置紙・
筆、取笏、申院宮御申文可取遣由、此間、叙位ハ置硯莒与圓座之間、其詞云、院宮乃御申文取尓遣
年、院不御時、唯可申宮々、勅許之後、召中納言若参議、近年、多召
参議、仰院宮御申文可取遣由、参議退下之後、
執筆、先叙王氏、書於藏人上、撿非違使・外記・史・諸
司・外衛等、一々叙之、随姓高下、進退耳、次叙氏爵、氏長者、候座之時、或（一五頁）
無名薄、被擧、参議進院宮御申文、若有不進名薄之
所者、可申其趣、大臣取之、進御簾下、置笏進
之、不入莒、不開封、取笏候、御覧畢、返給、引懸紙、留御所給之、不引裏紙、複〔復〕座、
随本所次第、雙置於硯莒、右方一々叙之、又執笏
奏可召入内并一加階勘文由、勅許了後、令殿上
弁仰外記、進之、弁傳進、不入莒、奏覧叙之、或不奏、唯讀上、
叙之、入目者、書於王下・藏人上、外記勘文并申文・名薄等、毎叙（一六頁）
懸句〔勾〕、入莒、但至申文・名薄者、乍裏紙奏之、或取裏紙、次書加階、逆〔送〕上、至上
階、從五位上所、先書一加階、毎階常闕所書、依可追加者、設其所歟、叙位畢、書年
（第4紙）
号等、奥有餘紙者、放弃之、取第二莒文書、移於第三莒入、叙位推硯莒如初、覆勘了、入
莒、揩笏進奏之、抜笏候返給、亦挿笏、忩挿、給
之、複〔復〕座抜笏、更置笏、返進所下給之申文・
外記勘文等畢、件文等不結、複〔復〕座、成文入莒、不巻重、不結中、（一七頁）
取副叙位於笏、退下、於殿上授入眼上卿、
退出、宿老執筆、召於御前給之、
（空白）
（朱点）●女叙位事、隔年行之、御装束如官奏儀、御座間又庇北柱下、敷關白座、圓座、
時剋、出御晝御座、中文并外記勘文、入御硯莒蓋、大臣一人、依召参
上、着孫廂圓座、出自殿上々戸、経簀子敷、依仰召人、其詞曰、男共、五位藏（一八頁）
人参進、仰可持参紙・筆由、即入柳莒硯・筆一雙・
墨・小刀・續紙二巻、墨・小刀本方、以紙褁之、紙屋紙各五枚許、経簀子敷、
自大臣後進之、大臣取之、先叙藏人、次奏可遣
取院宮御給名薄由、奉仰、召殿上次将〔近衛〕、仰其
由、或召藏人須〔頭〕、仰之、若此中有后宮御名者、可返給、但近代、避母后并當時后宮御名、此間、給申文
於關白、乍入御硯莒蓋、給之、外記勘文、在此中、關白、起座、進御座、揩笏給之、複〔復〕（一九頁）
座、毎叙一々撰出、給執筆、々々給之、叙畢懸句〔勾〕、

18 入柳莒、采女・御匣殿、毎度給之、圍〔闌〕司・東豎〔子脱カ〕・主水、輪轉給之、此間、持参院宮御
19 申文、加階者、以詞被奏、大臣取之挿笏、進御所奏之、抜笏
20 還復座、候之、一々覧畢、返給、但懸紙留御所、大臣起座、
21 進御所、挿笏給之、還本座、抜笏置傍、次第並
22 置叙之、但東宮、無女爵、若有可入内者、仰外記、令進勘
1 （第5紙）文叙之、叙従五位之上、或又叙下云々、〔従五位下〕次自従五位上至上次第叙 （一九頁）
2 之、叙畢、奥書年号、暫撤入柳莒之硯・筆等入、
3 件文、挿笏膝行長押上、就御座奏之、抜笏還
4 複〔復〕本座、御覧畢、如元巻之、入給柳筥、大臣起
5 座、進御所、挿笏給之、還着本座、抜笏置傍、如
6 元返入硯・筆・成文、但件文等不結等〔マヽ〕、取副下名
7 於笏、退下、給入眼上卿、々々給之着陣、令作位 （二一頁）
8 記、令持内記、参上令奏之、若男位記相加者、各入一莒、乳母位記状、異他云々、
9 仰令請印、々々畢、又奏之、即留御所、但男位記者、返給、所司不
10 具之時、封給内記、若無内記者、給外記云々、
11 （朱点）●後日、内侍、於書御座、分遣於本所、以髪上女史、為使、但内親王・女
12 御・大臣妻等類、以近衛次将為使、
13 （朱点）●奏申文事、同叙位議、但承仰之後、於鬼間擇之、 （二二頁）
14 付短尺、盛御硯莒蓋置事、又同、
15 蔵人、御匣殿蔵人、内教坊、采女、院宮御給、已上、年爵、
16 女史、御手水、水取、掌縫、圍〔闌〕司、

17 東孺、或作豎〔豎〕子、
18 已上、依巡叙之、令外記勘巡遠近、
19 親王、女御、更衣、尚侍、典侍、
20 掌侍、御乳母、臨時、大臣妻、 （二三頁）
21 已上、被叙加階、依年限、
22 一加階、命婦、殿上命婦、入内、已上有無、随時、
1 （第6紙）褰帳、執翳、已上、御即位、
2 陪〔膳〕ｏ采女、五節執翳、已上、大嘗會、 （二四頁）
3 （空白）
4 （空白）
5 （空白）
6 （朱点）●除目事、可避御衰日并執柄人衰日、
7 （朱点）●前一両日、召仰、以職事、可参大臣仁被仰其日
8 可候由、大臣奉 勅、仰外記并辨、一大臣、於里亭仰之、 （二五頁）
9 （朱点）●當日、早旦奏申文、件申文等、各引懸紙、以紙一枚、褁其上、以紙攙、結其上、或不褁、但各不引褁
10 紙、仰、撰礼、奉仰、到書御座、於御座南間、奉
11 仰之職事・自余上臈職事及六位一両、相共撰
12 之、多用文章生、畢盛於御硯莒蓋、付短冊、緩結其上、袖
13 書者、下方横置、次書目録、奏覧之、
14 （朱点）●短尺〔冊〕書様、
15 院宮内官未給、院宮未給、院宮名替、 （二六頁）
16 院宮國替、院宮更任、院宮當年給、件束不可有之、先不可付蔵人之故也、除目始後、執筆仰参議、令召也、

院宮二合、件東、近代无之、或入未給東云々、　一品東宮入此中、不可入院宮東、准后人、雖非一品、可入之、
公卿當年給、院宮任符返上、公卿任符返上、件東實資（藤原）大臣、執可有之由、近代无之、隆俊（源）卿云、件東為執筆尤要、　公卿未給、　公卿名替、
公卿國替、　公卿更任、　公卿二合、或入未給東云々、
男女親王入此中、
申大夫外記・史、　申外記、　申史、　申民部丞、
申式部丞、　申左右衛門尉、　申式部録、　（二七頁）
申民部録、　申八省輔、　申某官、
（第7紙）
舊史、　新叙、辞退受領者、四箇年不任受領、仍不入選、給官後辞退輩、入舊吏東、　別功
諸司、　申六位受領、　所司奏、　所々奏、
諸道擧、若明法擧數多、可別束、　連奏、近代、典藥寮亦連奏、但助不依連奏、神祇官、陰陽寮、二寮、
文章生一、大學寮進勘文、入莒、　文章生散位、外記勘申之、入莒、
諸道得業生、　問者生、已上、式部省進勘文、入莒、
已上、付短尺、　（二八頁）
瀧口、　蔵人所、已上勞、勘文之時、頭（蔵人頭）仰出納、令勘文奏之、　出納、
某院臨時被申、其官〔某宮〕親王臨時被申、　其〔某〕宮臨時被申、某大臣臨時被申、
其〔某〕納言藤原朝臣臨時申、　内給、　臨時内給、
某无品親王臨時申、
已上、袖書、入御硯莒蓋、置御座前、入闕官之莒、御硯莒等、同並置御座前、
院宮・公卿二分之代申内舍人、舊年給代、入舊年東云々、當年、入當年東云々、　（二九頁）
又申名國共可替之由、入國替東云々、若院宮并公卿前年臨時申任諸國掾・介、後年申改名、
若國之申文可入名替、若國替東云々、

以任少掾之人、件申文、近代國替、隆俊（源）入更任、二条殿（藤原教通カ）被難云々、　申改大掾之由、入更任東云々、
任符返上申文、別可付短冊云々、右府（源師房カ）命也、其文云、任符返上、
初日、撰外國、
次日、内官、一官闕、入七八人、不叶先例之人、不入、　（三〇頁）
自餘為大東、随召奉之、大略結、別有召之時、奉之、不然、早難求得云々、
（朱点）●次御裝束、
先垂東廂御簾、孫庇〔廂〕額間、以南反燈樓〔籠〕綱、當晝御
座、御茵・御釼寺如本、供御半疊、為御座、々々前副御簾、立
（第8紙）
三尺御几帳、北端褰之、御座西邊、立廻四尺御屏風一
帖、便用四季、御座東邊、置御硯莒、中文盛莒蓋上、闕官帳莒、在其傍、掃部　（三一頁）
寮、孫廂南第三間、鋪兩面端疊、為大臣座、与納言座、頗以絶席、
自第二間南行、至第一間、更西折、鋪緑端帖、為納
言・参議座、當御座間迫北柱下、敷菅圓座、為執政
座、或御簾内、敷其座、可依時議〔儀〕、　其南去長押三許尺、敷同圓座、
為大臣應召座、二人候時、随鋪二枚、若臨昏時、召所燈臺二基、
立御前、一基、立執筆大臣前、短用、一基、納言前、各有打敷、　（三二頁）
（朱点）●蔵人奉仰、召上卿、先到陣後、召陣官、問膝着〔突〕有
無由、若無時令置之、入自宣仁門、経参議座後、進
自小橋南、不踏件橋、経廊壇上・垂幕外、着膝突、先目
大臣、先例、大臣者着膝突召之、納言ハ乍立召云々、次見渡以下公卿、又見留大臣所稱召由、詞云、召須、
諸卿、微音稱唯、蔵人右廻、経本路退出、大臣召外
記、以陣官、令召、仰云、莒文候、外記取莒文、列立南庭、

外記數少、史生加立、大臣以下起座、到射場殿、経階下、雨儀、公卿経南殿・外記階下、（三三頁）
大臣立軒廊、入自三間、立二間、南面西上、納言立射場殿、東砌、西面北上、雨儀、射
場内、参議立南砌、北面東上、雨儀砌内、外記立東庭、西面北上、雨儀、立射場殿東砌、
列畢大臣揖之参上、用小板敷、先居殿上、自上戸出、経簀子敷、着御前座、關白兼候奥座、一納 大刀柄乃上ニ當程ニ持笏、
言入自三間、立同間、外記進跪、納言搢笏取莒
文、入自右青瑣門、経殿上戸前・宰相座末、自又庇南妻・宰相
座西妻昇、袖乃頗當御簾程也、進御簾下、参時ハ三度膝行、退時ハ二度膝行、頗向戌亥起、置圓座西邊、参時、先右膝、歸時、先左膝、（三四頁）
左廻、自本道経簀子敷着座、有揖、次々如此、大納言、
（第9紙）
奉仕執筆之時、執件莒参上、不取莒文之人、出
自殿上戸、着座、非殿上公卿、入自右青瑣門、（朱点）●大臣以下座定、参議一兩
着座為期、必不滿参議數、主上召大臣、其詞曰、古奈太仁、上臈大臣、微音稱
唯、廻右、進着御前圓座、關白為上臈大臣者、可着御座間北柱下圓座、経簀子敷、入自五間、
着、次々大臣、入自四間、奉仰、召次大臣、其詞曰、大臣美、右乃大臣稱唯、着圓（三五頁）
若右大臣・内大臣ナラハ先着所當圓座、依御気色着執筆圓座、若大納言奉仕之時ハ先居圓座東板敷、但中終夜直着執筆圓座、
座、又召次大臣、其詞曰、内乃大臣美、着座畢、主上被仰云、早
久、大臣小揖置笏、左方、奏闕官帳、第二筥、他文書を取渡、第三筥、闕官帳ニ
巻一巻正、一巻權、入莒奏、但取渡文者、懸籤於莒西頭入、是自本入文為不相交也、推遣硯莒於座右方、其
跡ニ置闕官帳莒、又各披見挿笏、關白候座之時、推左、取莒、取廻
莒文下、為御所之方也、膝行褰御簾、於御簾下、取廻也、以左手褰之、進之抜笏、復座、磬
折候、御覧訖返給、以闕官帳莒、動御簾給也、推挿笏、忩挿云々、膝行給（三六頁）
之復座、硯莒如本引寄座前、次々莒者、以笏掔〔攬〕寄、所取渡、第三莒之四所籍を取入
第二莒、可任次第ニ籤を懸莒西頭、並置也、正笏候焉、主上仰云、早久、大臣先取

大間、在硯莒、放表紙巻入硯莒下方、或入闕官莒、但入硯莒、為勝云々、次繆置
大間於座右方、東西妻、但頗向乹〔乾〕、長二尺五・六許寸、奥二・三枚許、不開、畢堅巻、差夾大間之左方、折目為軸代、有事
便云々、繆置大間者、奥為上云々、訖取笏、候氣色、主上仰云、早久、大臣
置笏於左、奏可任四所者之由、或又内・挍大進、内竪・大舎人・校書殿・進物所等也、依天（三七頁）
廻籍者、始奉仕除目人、始自延喜・天暦計、（醍醐天皇）（村上天皇）
許、始自内竪〔竪〕所任之、各有勞帳、立籤在二莒、而奏闕官帳時、取渡次莒也、依仰取擧大間書之、随先撰取第二莒勞帳、次第二件莒西頭ニ懸籤並置、任之了、返入本莒、
書載、毎人置筆々臺、取大間讀擧、不讀擧尻付、更取勞帳、名上懸句〔勾〕、名下注任國、或不注、任了返入本宮〔莒ヵ〕、任二三人
許、或任二所之後、奏之、大臣筆を置筆臺、取笏奏可遣取院
宮御申文由、勅許畢、召在座参議仰之、臨時之時、尋之、若四位参議ナラハ先尋在座参議召、其詞名并朝臣ヲ召、
曰、若者左近中将藤原朝臣、若者左大弁藤原朝臣等也、参議、微音稱唯、廻右、経簀子敷、居長押之上、大臣之後、承仰廻左、自本道出殿上、尋件御申（三八頁）
文等、先例、於孔雀間召将監仰之、参議参間、掩隠大間載人之所、勸盃、指油之時、亦同京官除目、先任三省中者一人後、奏可取遣院宮御申文由、此
（第10紙）
間、任三省畢、式部・民部・兵部寺也、或式・兵・民、此説為勝、参議退下之後、任四所殘、廻藉依次、
大臣中心所存也、件勞帳懸句〔勾〕、入第三莒下、外記凡他勞帳等如之、此間、自御所下給申文、
有短冊、或奏院宮御申文、返給之、次下給云々、盛御硯莒蓋、關白給之置座右、臨期撰出、授執筆、給之、置硯莒与第二筥間、關白在座之時、大臣
給之、以院宮御申文、未給・名替・國替等也、置座前、只今可任者、置硯北、後可任者、置硯東、久
不可任者、置硯与第二莒之間、難書折下妻、入三莒、任四所訖、先内給、件名薄、在自御前下給文
中、擇取、候気色、随勅許任之、若有付短冊文者、取合攙紙、攙左右端、入硯莒下方、此間、参議持参御（三九頁）
申文、推硯莒等事、同奏闕官帳儀、大臣取之挿笏、奏覧、不開封、不入莒、關白在座之時、執筆大臣、傳奉奏覧云々、抜
笏候、返給之時、挿笏、返給、中文一通内、巻合給之、但懸紙、留御所、裏紙不引、復座、一々任之、先取

中文天引裏紙、入第三莒、随本所次第、雙置於
硯莒右方、ム所當年乃給と奏天、依可許取上大
間之、其所把筆書載天、筆を如元置筆臺、位・
姓名を讀、不讀尻付云々、置大間、更取請文、懸句〔勾〕 (四〇頁)
入成文匣、此中、若有不成文者、更巻折下方、入第三莒下、外記後々亦同、次任公卿尻付、執筆大臣書名字、或又某大臣と書、是官位為上藹大臣事歟、
當年給、不下勘、但雖當年、於二合者、勘之、親王毎年、大臣隔年、納言四年云々、次擇出院宮・
公卿未給、名替・國替申文、有自御所給申文中、注袖書、令参
議下勘外記、院宮京官未給加之、或竟夜下勘、後説為吉云々、未給、可勘給不、
名替、可勘合不、國替、可勘合不、更任、可勘合不、院宮内
官未給、可勘給不、當年給、任苻返上、不下勘、親王 (四一頁)
當年給、可勘巡當不、或説、可勘巡年、公卿二合、可勘二合年、大臣二合不必勘、是乍候座、於有謬、有
或又執筆大臣ハ乃猶下勘、憚之故也、参議不二合、雖参議獻五節、次年ニ合、凡獻五年、次年者、或不下勘云々、若今夜勘進者、
少々任之、件文更不奏云々、名替及京官轉任者、不讀舉、自余皆讀之、國替依申人次第、名替依道次。若有二通申
文、進御所、又外記勘進公卿給申文、若不任了者、加成文、進御前云々、道方卿云、勘進之時、名替・國替各々相重、而執筆人、別々取放、(源)

(第11紙)
懸句〔勾〕、刺加成文、是常事也、而為大弁、奉仕除目之時、依故入道殿(藤原道長カ)仰、乍重懸句〔勾〕、刺加成文、雖非正説、是容易説也云々、
夜漸深間、大臣候氣色、大間巻加表紙、以紙攙 (四二頁)
結天、其結目引墨、件紙攙者取在莒申文奥方を廣破、自中折破目を為中攙、表紙重目ニ當天
結天、其上ニ引墨ハ筆を濃濕天、結目ニ深入弖末、頗横ニ引也、或説、
是二条關白説也、二筋を攙續、其上を一結比結之、又件紙攙、兼攙儲、入懐中、結之、破
中文奥攙由、示氣氣(マヽ)色、件申文、如本巻、入第三莒、成文結緒如此、故實、件紙攙、不用刀、以手破之云々、次成文以
紙攙結中、成文及三通之後、以紙攙緩結、其中指加次々成文也、其結目上引墨如初、件成文者、依申文被任者、載大間、了懸句〔勾〕、入莒之名也、
寂初夜事了、結中引墨、加大間獻御所、次夜
不解結諸、今夜成文入同莒、事了解昨日結緒、 (四三頁)
更結、令引墨如昨日、但昨今文頗付意驗者也、或
不解昨日結緒、又以別結緒惣結、令引墨云々、故
小野宮右大臣實資(藤原)卿、先解昨日結緒、續延新紙
攙結、指加次々夜成文云々、三中寂初為吉云々、為
合名替・國替也、今夜成文者、頗擎文首、不令混
雜、去夜成文、若有被改任者、為撰出也、又院宮
御申文中、載望掾・目者、而任一人之時、其文必 (四四頁)
付標、為易後撰出也、又望一兩國之時、其國傍
付墨、載注其任國・大少・權正、皆書付云々、寄物
如本入硯莒、巻大間入莒、闕官帳移入他莒、如初推遣硯莒、
挿笏進御所、取廻莒文下、為御所之方也、或説、以右手取上硯莒、其跡ニ以左手引寄大間莒、其跡
置硯莒、挿笏奏、是土御門右府説也、(源師房)次返進下給大束申文、把笏
復座、即起座、廻左、退下、
(朱点)
●次日、召公卿并莒文、作法如昨日、大臣以下着 (四五頁)

(第12紙)
座、次主上召大臣如昨日、大臣着座之後、下給
大間莒、加成文、并申文、以大間莒、押動御簾給之、大臣押下硯莒、
膝行搢笏給之、以左手、褰御簾給之、複〔復〕座、次置硯莒於
本所、正笏候、次主上被仰云、早、大臣置笏於

傍、參大間、（先切所給之紙撚、左右端を押合天ｏ入硯莒之下方、巻懸紙、入硯莒如昨日、）〔撚合天〕主上被仰云、（早、）参議取昨日所被下勘之文、進于大臣後、奉之、（不待催、直参進、件参議不奉文書以前、不着座、）大臣執之（四六頁）次第任之、（不奏、）（散位之者一人、任京官、）次文章生、（三人、）任北陸道掾、若無闕之時、任山陰道・西海道掾云々、件勞帳在第二筥、（任畢、入本莒、）次任内舎人、（三人、）任坂東掾、次任諸道舉、（北堂、掾、儒後・明経、掾、勧學院・奨學院等、掾、竿・明法、依姓隔年、紀傳・明経・明法・竿、勧學院・奨學院、）次任諸院舉、召使、（中文者、在硯莒、）次親王・参議以下兼國、令殿上弁仰外記、進勘文、（参議并三位及中将〔近衛〕、任權守、中将多任介、多任權守、自余不然、）随勘進任之、（少将〔近衛〕必任介、）付兼字、不奏聞、参議任權守、裝束司弁多任美作介、（近代不必然、）若權守少納言多、任紀伊權守、諸道得業生入件勘文、件勘文任畢之後、加大東中文返上之、（不差成文、）次又令殿上弁仰外記、進轉任・宿官勘文、勘進之後、不奏聞任之、（件勘文不懸鉤、差加成文、但蔵人不入勘文、）蔵人・式部・民部（已上、任諸國權守、）・外記・史・検非違使、（已上、任諸國介、）（外衛勞者不任、）・外記・史多任西海道、検非違使任坂東、近衛ｏ（将）監去年叙位之者、（或将曹・府生之中、撰恪勤者本府舉之、）出（四八頁）納兼國、多任近江掾、（近代多任目、）蔵人所・瀧口等勞帳、以蔵人頭召之、入柳莒、奉大臣之後、取莒歸、執筆傳奏、（不挿笏欤、）返給、随仰任之、ｏ（任）畢後、入大間莒、（或又加成文云々、）進御（第13紙）所、次令公卿舉顯官、外記、史、式部・民部丞、左

右衛門尉、（已上申文等、執筆見畢、如本結之、目第一大納言、大納言経簀子敷、着大臣之後、置笏給之、復本座、次第見下、至于参議座、撰□〔定カ〕、令寂末参議書夾名、相副申文返上、短冊如元、大納言執之、進于執筆大臣後、置笏付執筆、大臣取之、置笏奏聞、留于御所、攝政、除目時、自簾中、直給大納言欤、）次大臣、大間ニ加封如昨（四九頁）日、（懸紙、以奥為端、以面為裏也、或説、以上為下、是大宮右大臣〔藤原俊家〕説也、）入莒挿笏、就御所奏聞、（加成文、）復座抜笏退下、（朱点）●竟日、与初日不異、正官有闕之時、權任人轉正、新任人任權云々、兼數官者遷他官之時、依一官付兼字、其所去之官不任替者、大間取闕云々、漸（五〇頁）欲畢之間、令諸卿舉受領、諸卿着議所、書舉、各付大臣、大臣進奏留御所、（不開封、不入莒、）舉間、任受領、先書別紙、（用大間懸紙、先披見寄物、書闕國、依仰、人名を書付其下、）移入大間之後、差加成文、事畢年号下書入竟日云々、或思出之時、雖中間、所書入也、為恐失也、巻大間、（不加表紙、不結中、不入成文、暫入次莒、）第二莒文書取移第三莒、入大間硯莒、推座左、其跡置大間莒、挿笏奏覧、御覧（五一頁）畢返給、（返給大間之後、結成文、切左右端、結目ニ引墨、入加大間莒、）次返進自御所下給申文、（或説、申文入合、大間奏覧返給時、申文留御所云々、又一官之闕、有三通以上申文者、被任者申文、懸句〔勾〕、莒下、加成文、自餘入外記不返進、）以成文加入大間莒、取之退下、功過定文等入莒奏聞、但定久〔文カ〕留御所、於殿上於（マヽ）御倚子前、（南面、）授清書上卿退出、宿徳大臣、於御前授之欤、叙位・除目、若有誤之時、叙（五二頁）

(第14紙)位摩而改之、除目塗墨傍書、執筆之人、令持
硯・筆・墨、給外記令入莒、但硯必不令持、又用白
管筆二管云々、一管ハ寂初夜・次夜、用之、一管ハ終夜、用之、
(朱点)●臨時小除目、於御前書者、不書大政〔太〕官謹奏文、
歸陣清書時、令書之、直物之次、於陣頭行時、
先奏草如常、在尻付、近例、即清書奏之、不成草、
外記以成文備後鑒、案之、召上卿於御前、任要官後、公卿給請文等、被下陣時、加載清書、(五三頁)
可奏、更又不可奏草也、但至參議、猶載草、加尻付、先可覧上卿欤、
按察使、書於陸奥國、不載出羽國、給任苻兩國、四位任
中納言、即書從三位、後成位記、齋宮寮頭以六位被任
之時、書從五位下、三分・二分有疑者、先任二分、後
愁申時、若有其理、改任・重任人、可載除目、延任
者、不可載、或載之、尻付注延任二年、
(朱点)●若被行叙位者、卷大間、置硯莒北、把笏召男共、(五四頁)
五位藏人、參進〔候〕簀子敷、仰續紙可持參之由、
奉仰、退歸盛續紙於柳莒、就大臣後奉之、大
臣取之、置座前、五位藏人取柳莒退歸、執筆
取紙承仰、叙了奥書年号、若有餘紙者、放
入第三莒、卷入加大間莒、奏聞、
(朱点)●若關白候里第之時者、封大間内覧、但懸紙者、
以墨不付方為端、件懸紙仁不書受領、用所(五五頁)
衆・瀧口勞帳、懸紙欤、若被行叙位、褁加大間、
懸紙内、結其上也、
(第15紙)(空白)
(空白)
(空白)
(空白)
(朱点)●京官除目、儀式同春、但二日或一日、(五五頁)
諸卿參集陣、次着議所、次藏人来召、
次仰莒文事、次莒文列立、次執筆大臣
以下列立射場殿、次執筆之人着殿上座、
次着御前座、次納言置莒文、硯莒一合、文書二合、大臣
以下座定、(朱点)●主上召大臣、其詞云、古奈多仁、上臈大臣着
圓座、次承仰召次大臣、々々着圓座、主上被(五七頁)
仰云、早久、大臣小揖置笏、左方、奏闕官帳、一卷正、一卷權、
御覧了返給揷笏、忩揷云々、正笏候、已上同春儀、主上
被仰云、早久、大臣先取大間、繆置了取笏候
氣色、主上仰云、早久、大臣置笏、取三省
史生勞帳、在第一莒、各立籤書銘、随天許任之、以史生、任諸國目、多分任畿内・北陸・南海道目、往古、任京官二分云々、近代不見、
次遣取院宮御申文、召參議仰之、次(五八頁)
下給公卿給申文等、書袖書、令參議下外記
令勘、此間、持參院宮御申文、大臣取之揷笏
奏、抜笏候、返給復座、一々任之、京官、但不任勘解由判官・彈正忠云々、
或次日任之、次任内給未給、次任公卿未給、随勘上任之、次随

22 御氣色、卷大間加表紙結中、同春、　次結成文入（五九頁）
23 莒進、加成文、正笏退出、
（第16紙）
1 （空白）
2 （朱点）●次日
3 大臣着圓座、　次給大間、大臣給之正笏候、主上
4 被仰云、早久、　次繆大間正笏候、　被仰云、早久、
5 次任文章生、候御書所・藏人所者也、弾正忠・勘解由判官・省丞・寮允、但不任諸陵允、或依人被任諸司助、又下姓之輩、
6 任八省録、任諸道得業生・問者生、依課試次第、依姓被任京官二・三分、但明経得（六〇頁）
7 業生、雖凡姓、近代不被任二分、或年舉之外、有儒後舉云々、　次任所々奏、御書所、一本御書所、書所、作物所、贄殿、
8 酒殿、女官預、内教坊預、神泉預、後院預、穀倉院預、　次任遷官依姓任内官二・三分、或任外國掾・目、而近代、不見、
9 者、　次任五位以上官、　次大間入日、　次奏大間、其
10 儀同春、返給之後、出殿上給清書上卿退出、
（以下、空白）（六一頁）

裏　書

裏31（第16〜15紙・紙背）（六五〜六六頁）
御硯莒、硯、筆二管、在筆臺、墨、小刀、水瓶、攪板、續飯、
納大間、有礼帋、　闕官寄物、　上官并三局史
生舉中文寺、
第一莒、
納式部・兵部両省進補任帳六卷・歴名帳一卷、
諸道課試及第勘文、式部省進之、
文章生歴名、大學寮進之、
三省奏、式部、　民部、　兵部、
已上、外記各立籤書銘、
闕官帳二卷、正官一卷、權官一卷、
第二莒、
納諸司・諸衛・諸道所々舉状并諸大夫四位以下申文寺、
已上、外記撰定付短冊、

裏30（第14〜13紙・紙背）（六七頁）
大納言執筆者、即執硯莒、従簀子敷可退出歟、近例、参
議撤之、

裏29（第13紙・紙背）（六七頁）

天暦年、左大臣(藤原実頼)執筆、後日、有障不参、右大臣(藤原師輔)執筆、了大間
奉左大臣、

裏28（第13紙・紙背）（六八頁）

関白在里第之時、巻大間之後、如去夜加懸紙封其上、内覧、
但擧問、任受領之紙、在次々莒々申文乃如裏を用欤、内
覧作法、見叙位之儀、

裏27（第13紙・紙背）（六九頁）

受領擧、天徳三年除目初廿八・九日、御物忌外宿公卿、依仰進擧、公卿到射庭、蔵人永(藤原)保、傳取進、諸卿
着儀(議)所、経階下向議所、入夜者渡南庭、雖近衛大将、不進前、仰外記、令進料紙、豫注入闕國位所等、諸卿見
取解由文、随思注入、一國三人已上、四位加朝臣、五位名、六位加姓、書了名下加上字、持参御前、一々立座進大臣、大臣取集奏、大臣不進受領擧、但氏宗大臣進擧、

裏26（第13紙・紙背）（七〇頁）

治暦三年二月一日、除目中日也、依左衛門尉無闕、不被下申文、

裏25（第12紙・紙背）（七一頁）

件等勞帳、諸道課試勘文等、雖懸句(勾)、不注任國欤、拾遺雜(北山抄巻三)
抄云、所々勞帳、雖懸句(勾)、納本莒下給、至于諸道擧、留而
加成文、蔵人所・瀧口勞帳、又副成文、返上、或云、近衛将監、去年
○叙位者、任諸國介云々、而近代、不必任之、但経蔵人者、必任云々、
轉任・宿官勘文、不懸句(勾)欤、

裏24（第11紙・紙背）（七二頁）

治暦五年十二月廿九日、候除目、事了闕官寄物如元入硯莒、關白(藤原教通)
被示云、可加成文、依彼命加成文了、後日、参宇治(藤原頼通)之次、申
此事、仰不必加成文、如元入硯莒云々、

裏23（第10紙・紙背）（七三頁）

外記勘進公卿申文、初日○次日、若任了者、加入成文進御前云々、若終夜
不成了者、残文如何入莒下外記云々、誤文亦同之、

裏22（第10紙・紙背）（七三頁）

更任、
近例説、某年以某姓名申任甲國掾若目、而不賜任苻秩満、仍以
他姓名任乙國也、
或説云、某年以某姓名申任某國、不賜任苻任秩空暮、仍以同
姓名更任同國、是更任云々、

裏21（第10紙・紙背）（七四頁）

召在座参議事、同取遣院宮御申文之儀、参議給之、着孔雀間座、下外
記、令勘外記給之、取目録、仰闕官所史生、令勘史生、袖
書注ニ若某院宮・某卿某年給未補之由を書付、誤文者留外記、参

議取之取副笏、自本路着大臣後、笏置左方、文付大臣、
取笏左廻退下、

裏20（第9紙・紙背）（七五頁）

九條殿（藤原師輔）年中行事口傳云、廻籍次第、令外記勘申云〻（云）、近代、不令勘
外記、執筆人中心存之云々、

裏19（第9紙・紙背）（七五頁）

三省史生、
所任國々、播磨・備前・美作・讃岐䒭國目堪採用、可任、諸司者、
不任宜國、但窮者、任件國々、

裏18（第9紙・紙背）（七五頁）

内竪〔豎〕頭、任伊勢掾若美乃、頭、散位召奏時、枝籍、件枝籍、執筆内々所尋存也、
挍書殿頭、任河内掾、周防・伊与掾、散位、依姓任掾・目、自余如此、
進物所、執事、攝津國・安藝・甲斐䒭掾、

裏17（第9紙・紙背）（七六頁）

近代、第一大納言、不取莒文云々、

裏16（第8紙・紙背）（七七頁）

蔵人頭、奉仰之時、差遣六位蔵人、五〻（位）蔵人奉仰之時、亘向、但代

始除目、初夜、蔵人頭自仰之、中夜并入眼、差遣六位蔵人、

裏15（第8紙・紙背）（七八頁）

除目數日延引例、
永承五　（正月）正・廿九除目始也、二月二日除目延引、是依被立春日祭使也、三日依春日祭入眼延引、同四日依祈年祭延引、同五日依執筆大臣御障延引、同六日入眼也、
天喜五　（二月）二廿二除目始也、同廿三・四・五・六日延引、廿七日中夜也、同廿八・九日延引、同卅日入眼也、依御藥延引云々、
長暦三　（正月）正廿一除目始也、廿二中夜、廿三日延引、廿四日延引、依相當文武事物忌也、廿五日延引、右大臣（藤原実資）有五躰不具穢也、廿六日入眼也、

裏14（第7紙・紙背）（七八頁）

御衰日并申日、被始行除目之例、無所見云々、

裏13（第7紙・紙背）（七九頁）

重復日、被行春除目例、
長和元　（正月、以下同）正廿六丁亥初也、　長元七　正廿六丁亥始也、
康平五　正廿七己亥初也、　延久五　〔廿カ〕正廿八甲子、復日、初也、
同（延久六年）六　正廿六甲子、複〔復〕日、初也、

裏12（第7紙・紙背）（八〇頁）

擇申文之時、付帝王御名之人者、可返却之、

裏11（第7紙・紙背）（八〇頁）

院宮・公卿二合申文者、入未給束、（源師房カ）右府命云、別可付短冊、

裏10（第7紙・紙背）（八〇頁）
院宮・公卿二分代申内舍人者、申舊年給代者入舊年束、申
當年給代者入當年束、

裏9（第7紙・紙背）（八〇頁）
院宮・公卿申名國共可替之由者、可入國替束也、

裏8（第6紙・紙背）（八一頁）
春・秋除目及直物・臨時除目、於晝御座擇申文云々、

裏7（第6紙・紙背）（八一頁）
於陣頭有臨時除目之時、奏申文寺之後、擇結付短冊寺、備
叡覧、被下之時、取却短尺〔冊〕寺下之、申文多、可結、不然、不結、

裏6（第6〜5紙・紙背）（八二〜八三頁）
尻付、就年々叙位并口傳寺所注出也、
　蔵人　　御匣殿蔵人　　内教坊
　采女　　院宮御給、已上、年爵、
　女史　　御手水　　水取
　掌縫　　闈司　　東孺子、已上、依巡叙之、令外記勘巡遠近、〔役ヒ〕
　親三　　女御　　更衣
　典侍　　掌侍　　乳母
　大臣妻、已上、新叙位・加階並依年限欤、
　一加階、注命婦、殿上命婦欤、
　入内、已上、有无随時、
　褰帳　　執翳、已上、御即位時、

裏5（第5紙・紙背）（八三〜八四頁）
大輪轉
　女史、謂之博士、　闈司、謂之御門司、　水取
　東竪〔豎〕子　　掌縫、謂之氶刀自、　御手洗
　女孺、主殿女孺、
　　已上七人、輪轉叙之、謂之大輪轉、
小輪轉
　闈司　　水取　　東竪〔豎〕子
　已上三人、輪轉叙之、謂之小輪轉、若大輪轉・小輪轉
　同年當巡、依一方叙之、二人不並叙、

裏4（第5紙・紙背）（八四〜八五頁）
切杭、樹杭如生若立、
　假令、可預叙位女官、生年廿歳者、身稱有卌年勞、
進申文、問其故、申云、母某奉公卅年不預叙位、死去、

以件母卅年加子勞十年、稱之卌年勞之、此輪轉、女官、往古、内侍司進奏、典侍四人・掌侍六人加暑（署）、而近代、以自解、申職事、不知案内、

裏3（第4紙・紙背）　（八六頁）

關白在里第之時、叙位了卷之、其上尓殘紙一枚を放天卷天其上乎以帋捻之結天左右端を切テ利墨を引テ給入眼上卿、〈於御前給時、上卿差勞給之、於殿上給時、不差狄、〉上卿給之、令持外記、付陣内覽、持歸〈後、行〉入眼事、

裏2（第3紙・紙背）　（八七～八八頁）

尻付

行幸石清水行事　造豊受宮功
造飛香舎功、〈或造宮、〉　治國
策、〈或策勞、〉　醫道
陰陽道　内匠頭
直講　殿上簡一、〈或簡一、〉
（從五位下）從下一　左大臣讓額賞
藏人　式部　民部
氏　諸司　外記
史　檢非違使　外衛
左右近　入内　（禎子内親王）陽明門院御給、〈或加當年字、諸宮同之、〉

春宮御給、　斎院給、　女御某朝臣給、〈准后也、〉

裏1（第3紙・紙背）　（八八頁）

長元九年正月、左近将監高定叙從五位上、尻付注左近、（藤原実資）右大臣執筆、近衛大夫将監始預加階云々、

尊経閣文庫所蔵
『春玉秘抄』解説

田島　公

はじめに

本書『春玉秘抄』一巻（請求番号　七―八―八）は、『尊経閣文庫国書分類目録』（侯爵前田家尊経閣　一九三九年）の「第七門　儀式典礼・公家（叙位・除目）」（六八一頁）に、

春玉秘抄　（初夜上（マヽ））源有仁撰　摸写

と見え、源有仁（一一〇三〜四七）撰とされる儀式書『春玉秘抄』の初夜部分を、後述するように、近世中期に三条西家所蔵の写本を模写（透写）したものであるが、現在、三条西家本が所在不明なため、忠実な透写本である尊経閣文庫本は三条西家本の面影をよく遺しており、近世の写本ながら貴重な写本である。

以下、先ず『春玉秘抄』の諸写本のうち、三条西家本や近年その存在が確認され、『春玉秘抄』の成立過程を詳しく記す長文の「奥書等」を有し、全文が揃っている田中教忠旧蔵本を紹介し、撰者である源有仁の事績やその儀式書の伝来と『春玉秘抄』を中心とした源有仁の儀式体系である「花園説」の形成と継承の過程を示した後、尊経閣本の書誌と伝来について説明を加える。

一　『春玉秘抄』の諸写本と伝来

春の県召除目の儀式書である『春玉秘抄』は、鎌倉時代にできた『本朝書籍目録』公事部（『群書類従』巻四九五所収）に、「春玉秘抄八巻（花園左府抄、有奥書）」とみえることから、花園左大臣源有仁（ありひと）（一一〇三〜四七）が撰述したとされ、八巻であり、別名「花園左府抄」とも呼ばれており、「奥書」があったことが特に記されている。

これまでの研究によれば、『春玉秘抄』の写本は、和田英松氏によって紹介された甘露寺親長（一四二四〜一五〇〇）の書写で、三条西実隆（一四五五〜一五三七）が所持し、戦前までその存在が確認される三条西家旧蔵本（初夜［上・中・下］部分のみ）及び尊経閣文庫本をはじめとする三条西家本を祖本とする近世の新写本の他、一九九三年に紹介された田中教忠旧蔵で、現在、国立歴史民俗博物館所蔵の室町後期の写本が知られている。

1　三条西家本『春玉秘抄』

先ず、三条西家本には、和田氏の紹介によると、次のような三条西実隆の識語がある（和田一九三六）。

右春玉抄、（初夜部也、）有子細不慮買得之、筆者故（甘露寺）親長卿也、近日帰泉、俯仰之陳迹尤可憐、可秘々々、中夜以下静可書續之、此抄全部（草子一帖、）今度同買得文書之内也、不可許外見而已、

□季秋初之（マヽ）　　（實隆花押）

三条西実隆の識語によれば、もともとは甘露寺親長が書写したもので、実隆が「買得」した「文書」に含まれていたという。現在、伝えられた三条西家本の多くが三条西実隆やその子の公条・孫の実

枝などによって書写された写本であるのに対して、この『春玉秘抄』は、「筆者」が「故親長卿」とあるので、甘露寺親長の書写本であった。親長が亡くなった（「歸泉」＝黄泉に行く）のは明応九年（一五〇〇）八月十七日であり（親長の死歿日については、和田氏は同年七月十七日とし、辞典類の中には、同年八月七日とする記述もある。末柄豊氏の御教示によれば、近衛政家の『後法興院記』明応九年八月三十日条〔増補続史料大成本〕に「甘露寺（親長）入道去月十七日（マヽ）於二濃州一他界云々、七十七」という記事をもとに和田氏は七月十七日説をとったと推測されるが、山科言継の『言継卿記』文亀元年（一五〇一）八月十四日条〔史料纂集本〕に「來十七日、故入道（甘露寺親長）一廻云々」とあり、同十五日条に「故大納言（甘露寺親長）入道一廻十七日云々」などとあるように、八月十七日が親長の命日であり、七月十七日説の根拠となる『後法興院記』の記述は「去十七日」を「去月十七日」と政長が書き誤ったと思われるという。従って『史料綜覧』巻九が指摘するように親長の死歿日は明応九年八月十七日が正しい）、実隆が、故甘露寺親長の遺した「文書」を「買得」した時期は、和田氏によれば、親長没後、中陰（四十九日）も終えない頃とされているので、破損のため読めない識語の年紀「□季秋初三」（和田氏は「初之」と翻刻するが、「初三」が正しい）は、明応九年九月三日である（大阪府立図書館b一九四〇）。三条西家本『春玉秘抄』は、尊経閣文庫所蔵の本書など、現在、知られている江戸時代以降に書写された四部の新写本の祖本であり、一九四〇年一月に大阪府立図書館で行われた展覧会に出陳されている。しかし、その後、所在不明となり、戦後、大量に巷間に流出した三条西家旧蔵本の売り立て目録（例えば弘文荘の目録など）にも見えず、三条西家本を比較的まとまって蒐集している、学習院大学・宮内庁書陵部・早稲田大学等の蔵書にも見えない。参考までに、最後に確認される大阪府立図書館の展示目録や図録によって、在りし日の三条西家本を示すと、以下の通りである。

大阪府立図書館発行の『皇紀二千六百年記念國史善本展覧會目錄』（大阪府立図書館a一九四〇）の「三、法制」（六三頁）には、「東京　伯爵三条西実義氏蔵」として、

七一　春玉秘抄　　　　巻子本　一巻

甘露路（マヽ）親長自筆本

料紙ノ上下九寸七分　後稱名院（三条西公名）ノ首書アリ

外題「春玉秘抄初夜」ナリ

（奥書）

右春玉抄初夜之部（マヽ）也　〔有脱カ〕子細不慮買得之　筆者故親長卿也

近日歸泉　俯仰之陳迹尤可憐可秘々々　中夜以下靜

可書續之　此抄全部草子一帖今度〔同脱カ〕買得文書之内也不可〔許脱カ〕

外見而己〔巳〕

□□□季秋初三　（花押）

（實隆）

と、解説されている。一方、それを図録にして同年十二月に刊行された大阪府立図書館編『皇紀二千六百年記念　國史善本集影』（大阪府

三条西家本『春玉秘抄』巻首・奥書（『國史善本集影』より転載）

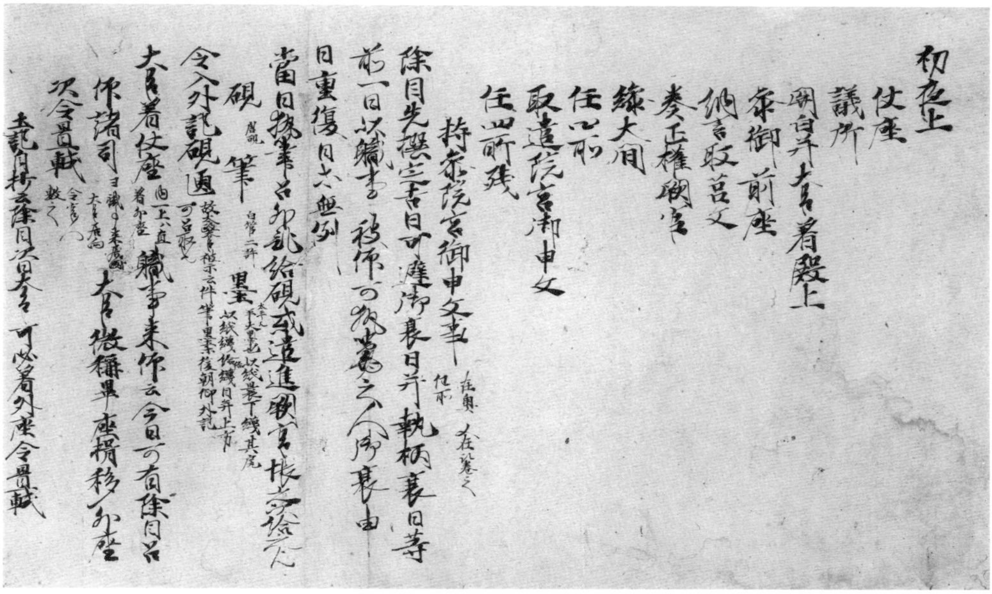

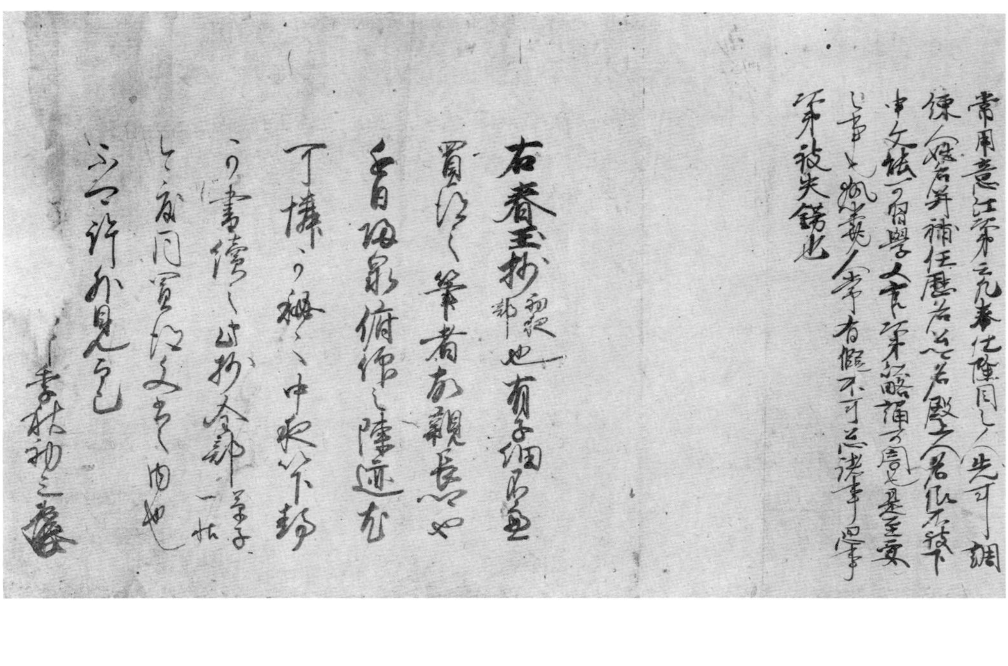

立図書館　一九四〇）には、同じく「東京　伯爵三条西実義氏蔵」として、一〇二丁表に、

七二　春玉秘抄　　巻子本　一巻

源有仁撰

明應九年以前鈔本　甘露寺親長書寫

王朝時代地方官ハ春ノ除目京官ハ秋ノ除目ノ制ナレバ、本書ハ地方官除目ニ關スル古典ナリ。外題ニ「春玉秘抄初夜」トアリ。後稱名院三條西公保ノ首書アリ。

圖版(二)　巻頭　縦九寸七分

と解説がある。更に同書一〇二丁裏に『春玉秘抄』の巻頭の写真が見える（前頁図版上）。一〇三丁表には、

筆者親長ハ明應九年七月（マヽ）薨年七十七。時ニ實隆年四十六也。本書ノ奥書ニ□季秋初三（花押）實隆トアリテ年紀不明ナルモ實隆ノ本書ヲ得タルハ親長薨去ノ直後ナレバ、識語の日附ハ同年九月三日ナルベシ。

圖版(二)　巻尾　実隆識語

と解説があり、同書一〇三丁裏には、儀式書本文の巻尾五行と実隆の識語部分の写真が掲載されている（前頁図版下）。

しかし、三条西家本を正徳六年（享保元年・一七一六）に正確に模写した前田育徳会尊経閣文庫本（後述）、一九三七年三月に大倉精神文化研究所附属日本古文書古記録副本作製部で臨写した模本『春玉秘抄』一冊があり（函架番号　イ・イ・八一、大倉精神文化研究所附属図書館編・刊『大倉精神文化研究所作製古文書古記録影写副本解題』一九四三年）、三条西家本の姿を忠実に伝えている。また、京都大学附属図書館寄託の菊亭家本『春玉秘抄初夜』一冊（請求番号　菊シ・一三、京都大学附属図書館編『菊亭家寄託本分類目録』）や北野神社所蔵本『春玉秘抄』一冊（函架番号　シ・三一七号、柴田純・藤井譲治・安国良一編『北野天満宮和書漢籍目録』北野天満宮　一九九〇年）も近世中後期の写本であり、これらは全て三条西家本を祖本とする写本である。このうち、菊亭家本には、先の三条西実隆の本奥書に続き、以下のような識語がある。

以二逍遙院（三条西実隆）奥書之正本一書二写之一、
書入・側書并難レ見字、悉如レ本不レ違
レ行寫了、今予書落并書損僻案
等者、以二朱書一加レ之了、於二正本一者一切
朱書無レ之者也、

三条西家本系統の写本の特徴については、三で述べることとする。なお、大倉精神文化研究所本を底本とした翻刻が所功氏によってなされている（所功a一九八六）。

2　田中本『春玉秘抄』

田中教忠（一八三八～一九三四）が蒐集し、のち、国立歴史民俗博物館の所蔵となった典籍の中に、「春玉抄」と題する書籍があり、川瀬一馬編『田中教忠蔵書目録』（田中穣　一九八二年）に、

「春玉抄　一冊」は

「室町末期写。故実記録。桝型本。原装。教忠翁包紙に外題を記るす」と見える。この写本は現在、国立歴史民俗博物館では「田中穣氏旧蔵典籍古文書」に含まれ、『春玉秘抄』一冊（館蔵資料番号　H―七四三―四二）として登録されており（国立歴史民俗博物館編『〔国立歴史民俗博物館資料目録［1］〕田中穣氏旧蔵典籍古文書』［古文書・記録類編］（財）歴史民俗博物館振興会　二〇〇〇年）、一九九二年に解題執筆者によって、初夜部分以外は逸文でしか知られていなかった『春玉秘抄』が全巻存在していることが確認され、翌一九九三年に『日本歴史』紙上で紹介され、その全容が判明するとともに、『春玉秘抄』の成立過程も解明された（田島c一九九三）。

田中本『春玉秘抄』の書誌を簡単に述べると、縦二二・一cm、横二二・〇cm、厚さ三・六cmの一冊の桝型本である。丁数は一三〇丁（但し一三〇丁目は裏表紙に貼り付けられている）、半丁一〇行～一二行で、一行一八～二一字。儀式次第を書いた後、一・二字分下げて勘物が引用されている。書体や料紙からみて、国立歴史民俗博物館編の目録が指摘するように室町後期の書写と思われる。表紙の左上に外題があり、一部はかなり消えかかっているものの、「春玉秘抄」とある。また、表紙の右下には貼紙があり、「五拾六」と墨書されている。

田中本『春玉秘抄』の各部の構成は、Ⅰ（i）初夜上・（ii）初夜中・（iii）初夜下、Ⅱ（i）中夜上・（ii）中夜下、Ⅲ（i）竟夜上・（ii）竟夜中・（iii）竟夜下と、初夜・中夜・竟夜の三部、合計八巻からなっており、初夜下を除き、各部の初めに以下のような目録が付いている（丸囲みの数字は便宜的に付けた）。

Ⅰ（i）初夜上（第一丁表第一行～第二八丁裏第一行）

①仗座　②議所　③關白并大臣着二殿上一　④参二御前座一　⑤納言取二莒文一　⑥巻二正權闕官一　⑦參二大間一　⑧任二四所一　⑨取二遣院宮御申文一（在レ奥、又在二〔別カ〕記巻之任所一、）　⑩任二四所殘一　⑪持二參院宮御申文一事

（ii）初夜中（第二八丁裏第二行～第四五丁表第七行）

①下二賜大東申文一（關白不レ候議、）　②任二内給一（内給未給、内給難書、）　③書二袖書一　④召二參議一給二袖書文一　⑤任二院宮當年給一　⑥成二々文束一

（iii）初夜下（本文で「下」の部分は「上」を摺り消している）（第四五丁表第八行～第五九丁表九行）

Ⅱ（i）中夜上（第六〇丁表第一行～第七五丁表第一行）

①陣事　②下二給大間一　③召二轉任・宿官勘文一（以前同二初夜議一、）　④下二賜顯官中文一　⑤進二轉任・宿官・兼國勘文一　⑥任二兼國一　⑦任二文章生・内舎人等外國一　⑧任二内舎人外國一　⑨進二顯官擧一

（ii）中夜下（第七五丁表第二行～第八四丁裏第七行）

①賜二諸宮内官未給一　②任二宿官一　③任二上召使一　④任二所々年擧一　⑤任二院々年給一　⑥任二諸道擧一　⑦任二三局史生一　⑧

任二出納兼國一　⑨巻二大間一　⑩結二成束一　⑪巻二大間一

Ⅲ（ⅰ）竟夜上（第八四丁裏第八行～第一〇二丁表第三行）

①任二内舎人一　②勘二上院宮内給（官）（ヒ）未給一　③任二文章生散位一　④任二諸道課試者一　⑤召二瀧口・所衆勞帳一　⑥大間入レ日　⑦任二京（官）京一　⑧任二瀧口・所衆（マ）・出納勞帳一

（ⅱ）竟夜中（第一〇二丁表第四行～第一一五丁裏第一一行）

①任二院宮京官未給一　②任二公卿二合一　③轉任　④任二顯官一　⑤任二藏人給官一　⑥任二五位官一　⑦任二四位官一　⑧仰二受領擧一　⑨進二受領擧一　⑩任二受領一　⑪任二公卿一

（ⅲ）竟夜下（第一一六丁表第一行～第一二五丁裏第六行）

①奏二大間一（巻二大間一事在二此中一、）　②叙位　③返二給大間一　④封二成束一　⑤給二大間於清書上卿一

そして、初夜上を除き、各部の最初の丁の、表の左端と裏の右端（同じ部分）に小さな色紙が貼り付けられており、インデックス的な機能を果たす目印となっている。

また、第一二五丁裏第七行～第一二九丁表第一行には「奥書等」が見え（後述）、更に第一二九丁裏第一行～第一三〇丁表第一行には以下のような各部の目録が見える。

初夜

四所内給當年給（四所三人任了後、院宮御申文）　院宮・公卿當年給　任符返上及更任

未給二合・五節等　國替・名替次第任

中夜

去夜成殘皆任畢　參議以下例兼國　外國文章・内舍人

新叙宿官・上召使　所々院々諸道挙　三局史生・出納兼

終夜

去夜成遺内舎人　京官文章・散位者　諸道課試・得業生

大間入レ日・京官任　明法・算道擧状等　本所請奏・諸司奏

追捕・別功・諸勧賞　臨時内給諸院官　親王・女御・女王等

納言以上臨時給　所衆・出納・瀧口等　諸宮内官未給等

公卿子息二合任　轉任・顯官・諸衛奏

この目録は、先に示した各部の前に就く目録と対応する部分もあるが、表現が異なる部分もある。

次に田中本『春玉秘抄』に引用される勘物の史料名を列挙すると以下の通りである。

九条（藤原師輔）年中行事、西宮（源高明）記・西宮・西宮余流、小一条（藤原師尹）記、閑院（藤原公季）相国、四条（藤原公任）大納言書・拾遺（北山抄）雑抄・野（藤原実資）記・小野（藤原実資）治安元年尻付・小野、御堂（藤原道長）御成文・入道禅門、経（源）頼記（左経記）、宇治（藤原頼通）入道・故宇治殿御記、土（源師房）記・土御門右府記・土叙位記・土御門叙位記・土・土記自抄・土次第・土御門次第、西園記、通俊（藤原）卿記・通記、故二条（藤原教通カ）関白、京極（藤原師実）大閤説・京極大殿・大殿教命、故大殿（藤原師通）師命、太政大臣信（藤原）長、院（後三条院）御書・院御書裏書、（入道）左府（源俊房）命・左府教命・左府口伝・左府説・左府仰・左府抄・左府云・左大臣記・承暦四年土（水左記）記・承暦土（水左記）記・左府老説・左説・左府尻付・故入道殿仰、中宮大夫（源師忠）説、綿（源師時）文・綿書・綿・師（源）時卿云・納言（源師時カ）云、本（白河院）書・本書裏書・白川法皇仰・法皇仰・

法皇御談・故白河院仰・法皇御説・院仰、江記（大江匡房）・江・江抄・江次第・江説、故太政大臣（源雅実）云・故太政大臣教・保安太政大臣・（故）入道（源雅実）大相国命・大相国説・大相国次第、右大臣忠通（藤原）・関白（藤原忠通）仰［大治六年］、予（源有仁）［大治五年・大治六年・保延二年二月］・予案、按察使（藤原実行カ）、保延［七年］内府（藤原頼長）、師元（中原）云・師元説・師尻付抄・師抄、師安（中原）云、師遠（中原）・師遠書、外記云、信俊（清原）、大摂政之説、主上仰［綿文所引］、尻付抄、北尻付、大間尻付、任官抄、口伝、或次第・或人・或書・或記・或抄・或、私案・今案・後案

引用された勘物の中には「土記」「本書」「綿書」など今は失われた日記・儀式書の逸文も多いが、これら勘物の中でも引用回数が多い主なものを示すと、「綿文」「綿書」「綿」など源師時（一〇七七～一一三六）撰の「綿文」が一二五回、白河天皇（一〇五三～一一二九）撰の「本書」が一一一回（「本書裏書」一三回を含む）と、両者が飛び抜けて多い。次いで、後三条天皇（一〇三四～七三）撰の「院御書」が三〇回（「本書裏書」一回を含む）と比較的多く、「土記自抄」一七回を始めとして「土記」・「土叙位記」など源師房（一〇〇八～七七）の日記・儀式書も多い。更に「（承暦四年）土記」（＝『水左記』）・「左府抄」「左府説」など源俊房（一〇三五～一一二一）の日記・儀式書・口伝・教命も目立って多い。この他、「大相国」「故太政大臣」など源雅実（一〇五九～一一二七）の説、「中宮大夫説」即ち有仁の母方の祖父源師忠（一〇五四～一一一四）の説も見え、中原師元（一一〇九～七五）・師遠（一〇七〇～一一三〇）・師安（一〇八八～一一五四）、清原俊信など外記経験者の説も引用されている。このような勘物の引用のありかたからしても、後述するように、源有仁の儀式書は後三条天皇・白河天皇など天皇（太上天皇）の説と源師房・俊房・師忠・雅実・師時など村上源氏系公卿の説を継承していることが知られる。

一方、田中本『春玉秘抄』の勘物に引用される年紀を全て年代順に並べると以下の通りである。

寛平十年（昌泰元年・八九八）二月、延喜九年（九〇九）、延長五年（九二七）、天慶八年（九四五）以往、天暦□年（九四七～九五七）、永観（九八三～九八五）、治安元年（一〇二一）（八月）、治安二年（一〇二二）、長元五年（一〇三二）正月、長暦三年（一〇三九）正月二十一日～二十六日・十二月十五日、長暦四年（長久元年・一〇四〇）正月二十五日、長久三年（一〇四二）二月、寛徳元年（一〇四四）、永承二年（一〇四七）正月、永承五年（一〇五〇）正月二十九日～二月五日、永承七年（一〇五二）十一月二日、天喜三年（一〇五五）、天喜五年（一〇五七）二月二十一日～三十日、康平二年（一〇五九）二月一日、康平四年（一〇六一）十一月七日、治暦元年（一〇六五）十二月、治暦三年（一〇六七）十一月九日、治暦四年（一〇六八）三月十二日、治暦五年（延久元年・一〇六九）正月二十五日、延久二年（一〇七〇）秋、延久三年（一〇七一）正月、承保元年（延久五年・一〇七四）正月（二十七日）、承保二年（一〇七五）十二月、承暦四年（一〇八〇）正月、永保二年（一〇八二）秋、応徳二年（一〇八五）春、寛治六年（一〇九二）正月、嘉保三年（永長元年・一〇九六）正月二十三日、康和二年（一一〇〇）二月二十九日・三月一日・春、永久三年（一一一五）、永久五年（一一一七）、保安元年（一一二〇）、大治四年（一一二九）、大治五年（一一三〇）（正月六日）、大治六年（天承元年・一一三一）、天承二年（長承元年・一一三二）正月二十日、長承二年（一一三三）二月二十八日、保延五年（一一三九）、保延六年（一一四〇）、保延七年（永治元年・一一四一）、永治二年（康治元年・一一四二）

以上のように、『春玉秘抄』には寛平十年（八九八）二月から永治二年（一一四二）までの年紀が引用されているが、承暦四年・大治年

間・保延年間が多く、特に大治年間に関しては、『叙位除目執筆抄』（宮内庁書陵部所蔵　函号　四一五―二七〇［三条西家本］・九―五〇六七［九条家本］）などから知られるように、源有仁が大治五年・大治六年には、除目の執筆を行っていることに関連しよう。

さて、『春玉秘抄』の編纂過程、成立と伝来に関しては、田中本『春玉秘抄』の「奥書等」がその由来を詳しく語るので、節を改めて述べることにする。

3　田中本『春玉秘抄』の「奥書等」
―源有仁撰の除目・叙位の儀式書の成立―

先に引用した『本朝書籍目録』には、このような儀式書としては大変異例であるためか、わざわざ「有二奥書一」と注記するように、田中本『春玉秘抄』には第一二五丁裏第七行から第一二九丁表第一行まで六七行に及び、次のような「奥書等」が見える。

（A）

（125丁裏）
7 奥書等、
8 前年、受二習除目作法一之比、依二堀河相府〔源俊房〕次第一、
9 偏為二愚身〔源有仁〕一、如レ形書写了、追案レ之、其失尤多、
10 仍雖レ須レ書二改之一、依二渇病一籠居、如レ此公事、
11 早以弃置之間、更不レ能レ染レ筆、若及二他見一者、
（126丁表）
1 各可レ取二捨之一、雖レ須レ破二却之一、進退之間、執着之
2 處、皆可レ招二罪報一、仍暫思二惟之一、不レ謂レ善、〔不脱カ〕謂レ悪、
3 皆是忘念也、若人雖レ讃レ之、妄不レ可レ咜レ之、
4 若人雖レ毀レ之、妄不レ可レ愁レ之、諸法如レ幼〔幻カ〕如レ夢、
5 随レ心而轉変耳、
6 此抄出者、自三初別〔列カ〕二除目座一及二二毛齡一、自然視聴
7 之事等、只為二自身備忘一所二記了一也、為レ人甚以
8 無益歟、自身、以可二癈忘一事者先記レ之、以可二
9 覺悟一事者強不レ化〔記カ〕レ之、或覺或忘、其性各
10 不レ同、必不レ可レ嘲レ之、其文々勺〔句〕々、不レ顧二文章一、
11 只以記付、為レ善耳、若及二他見一者、各相取捨、
（126丁裏）
1 莫レ是二非之一、凡厥抄出之意、偏只為二愚身一也、
2 此抄出、依二事繁多一、不レ注二尻付書様并内外官
3 中文書様一歟、件兩事在二別巻一、必可二具足一
4 者也、
5 於二勘物并裏書等一、漸々随二見及一、不レ論二善悪一、
6 注集耳、後見一决、可レ取二捨之一者也、
7 此抄出具書、惣六巻也、
8 一者、春次第、是也、今新冩、号二春玉秘抄一是也、私今案、八巻、 一者、秋次第一巻、此書、号二秋玉秘抄一是也、中書了、
9 一者、春次第頗畧レ之、号二春玉畧抄一是也、一説折也、中書了、 一者、春次第同清書了、
10 不レ載作法・進退儀一巻、 一者、注二加尻付・請文
（127丁表）

等書様二巻也、其中、此春為(マヽ)次第、早可二清書一
者也、不二得心一之比、更不レ可レ弁二次第首尾一者也、
此書依二繁多一、不レ注二加尻付等一者也、　号二叙玉抄一叙位抄
一巻、又在レ別、惣七巻也、

(B)

正本裏奥云、以二此書一、一様別抄出畢、保安六(マヽ)年抄也、書
写本云、仁平三(一一五三)年十二月廿三日、以二正本一、重讀
合了、且直二付相違字々一了、大外記師業(中原)筆、

(C)

此抄由來者、故花薗左大臣(源有仁)、欲レ作二除目執筆一之
時、依二白川法皇仰一、久我大(太)政大臣(源雅実)為二師匠一、被レ
授二執筆之作法一、其上、堀川入道左府(源俊房)、又被レ加二〔立カ〕
嚴訓一、稱二左府次第一也、若此御書歟、以二兩人之説一、被レ作二此書一、謂二本書一〔者カ〕先、以二堀川左次第一為二部主一、是

(127丁裏)

白河法皇御抄也、謂二綿文(書)一者、堀川左府授二彼師時卿(源)一
之説也、云レ彼(本書)謂レ是(綿文)、可レ比二麗水之金・荊岫之珠一、加レ之
相府(源有仁)在レ世之間、視聴秘事・口傳、惣載二此一巻一、
彼(源有仁)存日、被レ進二覧　鳥羽法皇一、被レ申云、「此抄、
以二白河院仰一作レ之、我(源有仁)無二子孫一、可レ為二御物一」者、依レ之、
相府(源有仁)薨去之後、被二公納一了、而厳祖禅閣(藤原実能)〔閤〕、任二
丞相一之時(久安六年八月二十一日・任内大臣)、申二請　仙院(鳥羽院)一、叡旨云、「比抄於二也人一
敢不レ可二下給一、至二于禅閣(藤原実能)〔者カ〕一歟、為二彼相府(源有仁)之弟子一、
朕(鳥羽院)又無二隔心一」者、禅閣〔閤〕泣随二㐂之一被二書寫一了、
所レ謂、

(128丁表)

春大抄一巻、此抄也、同畧抄一巻、春不レ載作法一巻、
秋抄一巻、尻付・請文二巻、叙位一巻、惣七巻也、
相府(源有仁)在レ世之間、深以秘蔵、不レ放二其傍一、若有二
出行一之時、女房、号二督局一、懐二其箱一祇候、及二
一宿逗留一之時、必随レ身深秘之旨、蓋如レ此、
禪閣(藤原実能)秘蔵之次第又如レ先、彼督局、左府(源有仁)
薨去之後(久安三年二月十三日)、相次祇候、又懐二此箱一、已為二多年
之勤一、常動二懐舊之思一、至二于先公(藤原公能)御時一、
又不レ忘二前事一、弥誡二他見一、而至二于此大文(春大抄)一者、

(128丁裏)

不レ調二部主〔立カ〕一、可レ謂二雜乱一、不レ入レ境之人者、難レ弁二
首尾一、逾増二迷惑一歟、仍下官(藤原実定)、自二去年孟夏(安元三年〔治承元年〕四月)一
比一、手自書二寫之一、裏書・勘物、不レ漏二一文一、不レ
違二一字一、書レ之継レ之、調二成部主〔立カ〕一、延而為二八巻一已了、
於レ今者為二自抄一弥秘、書寫之間、暑往寒
來、漸及二衰老一、已疲携提、眼暗心苦、只
依レ思二報國一也、于レ時治承二年(一一七八)閏六月
廿二日、紀〔記〕レ之、
左将軍(左近衛大将)(藤原実定)御判
傳二此書一之人、為二相府(大臣)一、必可レ修レ善、是為二

（129丁表）
1 道之冥加一之〔也〕、

以上の「奥書等」は内容によって、（A）第一二五丁第七行から第一二七行第四行までの源有仁の奥書、（B）第一二七丁第五行から第七行までの藤原（徳大寺）実能（一〇九六～一一五七）の抄出・書写・校合の本奥書、（C）第一二七丁第八行から第一二九丁第一行までの藤原（徳大寺）実定（一一三九～九一）の奥書、の三つに分けられる。田中本『春玉秘抄』の「奥書等」によって、源有仁による儀式書作成とその後の伝来過程、藤原（徳大寺）実定による改編に関して、従来、全く知られていなかった重要な事実が幾つか判明した。その主な点をまとめると次のようである（田島c一九九三）。

1 この儀式書の成り立ちは、（A）によれば、有仁が除目の儀式次第・作法を習った頃、先ず「堀河相府次第」（源俊房が作成した次第）をその通りに書写し、初めて除目の儀式に列した時から、白髪が混じる頃までの見聞を自分のために書いたものである。また（C）によれば、この儀式書は白河院の仰せによって有仁が作ったが、その際、源雅実を「師匠」として除目の作法の伝授を受けた上に、源俊房が「厳訓」を加え、両人の説に基づいてこの書を作り、更に有仁が生前に見聞きした秘事・口伝を載せたものである。

2 この儀式書に勘物として引用される「本書」は白河院の「御抄」であり、これは源俊房の「堀川次第」をもとに「部主〔立カ〕」をしている。また同様に引用される「綿文（綿書）」は源俊房が源師時に授けた説であり、この二つの書が重要である。

3 藤原実定の奥書によれば、源有仁は生前にこの書を鳥羽院に進覧し、自分には子孫がいないので、死後は「公納」されることを希望し、有仁が亡くなった久安三年（一一四七）二月十三日以後に鳥羽院の所有物となったが（Ⅰ「有仁自筆本＝鳥羽院公納本」）、藤原実定の祖父の実能が、内大臣になった時（久安六年〔一一五〇〕八月二十一日）、鳥羽院に申請して、実能は有仁の「弟子」であるので、特別に許されこの書を書写した（Ⅱ「実能書写本」）。

4 この儀式書は有仁の生前は片時も離さず秘蔵され、鳥羽院に申請して書写した書写本（Ⅱ「実能書写本」）も、徳大寺家で祖父実能・父公能（一一一五～六一）と相伝・秘蔵された。その際に「督局」という女房が花園左大臣家でも、徳大寺家でもこの儀式書の入った箱の管理に仕えた。

5 徳大寺家に実能・公能・実定と三代にわたり伝来し秘蔵されたこの儀式書も「部主〔立カ〕」が整っていなかったので、実定が安元三年（治承元年・一一七七）四月頃から書写し直し、使い易くするため、ほとんど「自抄」のように再編成し、もとは一巻であったものを八巻とし、翌治承二年（一一七八）閏六月二十二日に書写を終えた（Ⅲ「実定新写・改編本」）。

6 この儀式書を相伝する者は「相府」（大臣）である。

7　（B）部分によれば、Ⅱ「藤原（徳大寺）実能書写本」には仁平三年（一一五三）十二月二十三日に大外記中原師業が、当時鳥羽院のもとに納められていた「正本」（＝Ⅰ「源有仁自筆本」）と読み合わせを行い、相違の文字を直し付したことが記されていた。

以上指摘したことを書写本の形態に即して分かり易く再説すると、『春玉秘抄』には少なくとも以下の三つの形態が存在した。

Ⅰ「源有仁自筆本」＝元永二年（一一一九）・保安元年（一一二〇）頃から作成し始め、その後の見聞を加え、永治二年（一一四二）以降、有仁が亡くなる久安三年二月頃までに抄出された有仁自筆本（久安三年二月以降は鳥羽院公納本）。

Ⅱ「藤原（徳大寺）実能書写本」＝久安六年（一一五〇）八月以降（冬頃カ）に藤原（徳大寺）実能がⅠを鳥羽院より借用し書写し、さらに仁平三年（一一五三）に中原師業がⅠと校合を加えた実能書写・師業校合本。

Ⅲ「藤原（徳大寺）実定新写・改編本」＝藤原（徳大寺）実定が安元三年四月頃から始め治承二年閏六月まで、祖父実能・父公能と秘蔵したⅡをもとに、自ら使い「自抄」の如く書写・改編した実定新写・改編本。

更に「奥書等」によれば、Ⅰは「春次第」、Ⅱは「春大抄」、Ⅲは「春玉秘抄」とそれぞれ呼ばれたらしく、その他に源有仁の一連の除目・叙位関係の「具書」が五部六巻備わっていた（全体では六部七巻）。その「具書」には詳細本の他に簡略本もあり、源有仁の自筆の儀式書には、源俊房の次第を書写したものをもとに作成されていった草稿本、草稿本と清書本の中間段階である中書本、中書本より抜き出した一応の清書本ともいうべき抄出本、の三種類あったことが知られる。そして実能や実定による書写の過程で、書名や内容の一部も変更されるなど、『春玉秘抄』が今日、伝来する形態になるまで様々な段階があった。それらをまとめ、『春玉秘抄』やそれに具わっていた一連の儀式書の構成や成立過程、現在まで伝来している状況を整理すると以下の通りである。

つまり、①『春玉秘抄』は、源有仁の自筆本はⅠ「春次第」とよばれ、一巻であったらしく、藤原実能が書写したものはⅡ「春大抄」と呼ばれ、同じく一巻であったが、藤原実定が「部主（立カ）」を整えて八巻に編修し直し、Ⅲ「春玉秘抄」と名付けた。「春玉秘抄」にはこれに関わる「具書」として、以下の②〜⑥の儀式書（「具書」）があった。

先ず**②『秋玉秘抄』**は、有仁の自筆本が「秋次第」一巻と呼ばれ、中書本であった。実能が書写したものは「秋抄」一巻と呼ばれ、実定がそれを改編して「秋玉秘抄」（五巻カ）と名付けられた。現在、宮内庁書陵部所蔵伏見宮家本『秋玉秘抄』第一初夜上と第三次夜上の二巻が伝えられており（函号　伏―六四六、鎌倉中期写）、以下の奥書がある。

（奥書）秋玉秘抄第一初夜上

「(治承)四年三月、粗加二首書一了、」(朱書)

奥書云、

治承元年九月上旬、書レ之、

(治承)同二年八月、加二覆勘一了、　在二御判一、(藤原実定カ)

(治承)同四年二月四日、於二燈下一、手自校合了、

斯書者、(源有仁)花園左大臣所レ被二抄出一也、而

□（後欠）

（奥書）秋玉秘抄第三次夜上

奥書云、

治承元年十月中旬、切継了、

同二年十月、重加二覆勘一了、　在二御判一、(藤原実定カ)

同四年二□(月カ)四日、手自校合了、于レ時居二北隣

文□(窓カ)一、春風習々而已、

この奥書から、藤原実定の書写・切り継ぎによる改編が治承元年（一一七七）九月・十月頃に行われ（終夜［竟夜］部もあったことから、「秋玉秘抄」の書写・切り継ぎは十一月までかかったと思われる）、治承二年八月から十月頃に「覆勘」が加えられ、治承四年二月には自ら「校合」したことが知られ、田中本『春玉秘抄』の「奥書等」の記述を裏付ける。更に共に近世の写本ながら、宮内庁書陵部所蔵柳原家本『除目秘抄』一冊（函号　柳―三〇八）・多和文庫所蔵本『除目秘抄』一冊（東京大学史料編纂所架蔵写真帳『多和文庫所蔵史料』九七　請求番号　六一七〇・八二―五―九七）・東京大学史料編纂所所蔵秘閣本『除目次第』一冊（請求番号　四一五七―七二）・京都御所東山御文庫本『除目略抄』一冊（勅封　一五三―一五、外題は「除目畧抄」）・同『除目委記次第』一冊（勅封　一五三―四一）は、源有仁撰の②「秋次第」一巻またはそれを藤原実能が書写した「秋抄」一巻の形態を伝える写本であることも確認されている（田島ｅ二〇〇三・田島ｆ二〇一二、『大日本史料』三編之二十八　三三七頁［保安二年十一月十二日条補遺］二〇〇八年。東山御文庫本『除目略抄』『除目委記次第』は石田実洋氏の御教示による）。なお、『魚魯愚別録』巻八　叙位事［史料拾遺本］によれば、「園秋抄」とも呼ばれていたことが知られる。また、近世の『秋玉秘抄』の写本では、内閣文庫本（国立公文書館所蔵、函号　一四五―二八五）・続群書類従本（宮内庁書陵部所蔵）・京都大学附属図書館寄託菊亭家本（請求番号　菊シ―一〇）などが知られる。

菊亭家本には先の本奥書に続き、

右秋玉秘抄者、除日記、而花園左大臣有(源)仁公之御抄也、此記今世絶無、尤可二秘蔵一者也、而予(賀茂清茂)今所レ得者、僅第一・第三、二巻而已、惜哉、

本朝書目云、春玉秘抄八巻、花園左府抄、

有二奥書一云々、而号二秋玉一之書不レ戴レ之、予私案、於二春秋之除目一異二其名一乎、可レ尋二先覚一也、

右京権大夫賀茂縣主清茂

と、いう内閣文庫本や続群書類従本にもある識語に続き、更に、

此書、第一初夜上、第三次夜上、二冊以二賀茂縣主清茂

之本一、而遂二書写幷校合一畢、
享保五年(一七二〇)十一月十七日
権中納言(今出川誠季)(花押)

とあり、江戸時代中期の賀茂社の社官で、『清茂県主記』(現存、宝永七年~正徳元年)などを遺している右京権大夫賀茂県主清茂が書写し、菊亭家では享保五年(一七二〇)十一月十七日に今出川誠季がそれを更に書写していることが知られる。

この他、「具書」には、③有仁は**「春次第頗略之」**と記された儀式書、すなわち「春次第」を非常に簡略化したもので、まだ中書本ながら折本と思われるものを作っており(一巻カ)、実能が書写したものは**「春畧抄」**と呼ばれ、実定は**「春玉畧抄」**と名付けた。『魚魯愚別録』下 には「追勘二春略抄文一如レ此。」という『魚魯愚鈔』の編者・洞院公賢(一二九一~一三六〇)の注記があり、公賢は「春略抄」を見ていたことが知られる。

また有仁は④**「春次第不載作法・進退儀」**と記された儀式書、すなわち「春次第」に載せなかった具体的な「作法・進退儀」に関する儀式書も一巻作っていた。これを書写した実能は「春不載作法」(一巻)と呼び、実定もこれを清書し終えた。

更に有仁は⑤**「注二加尻付・請文等書様一」**または**「尻付書様・内外官申文書様」**と呼ばれた儀式書、すなわち「春次第」を「抄出」するにあたり、書写しなかった「尻付」の書様や内外官の「申文」(「請文」)の書様を「注加」した別巻を二巻作っており、実能も書写して「尻付・請文」二巻と称していた。おそらくこれも実定は書写したものと思われる。『秋玉秘抄』第三 次夜上には「園尻付秋改任マテ也」とあり、また宮内庁書陵部所蔵九条家本『魚書奉行抄』(函号 九―五〇五八)には、

二分代任二中務録一例、
花園尻付抄云、
中務少録藤原良忠 尚侍藤原朝臣嬉子、當年給二分代、
治安元年(寛仁五年・一〇二一)正月、小野宮(藤原実資)執筆、

とあり、「花園尻付抄」が引用されているが、これは田中本『春玉秘抄』の奥書にいう⑤のことである。更に京都御所東山御文庫本『除目抄物』一冊(勅封 一五三―一四、外題は「除目抄物 首欠」)は、前欠ではあるが、有仁の⑤「注二加尻付・請文等書様一」(「尻付書様・内外官申文書様」)二巻の一部であると思われる(『大日本史料』第三編之二十八 補遺 保安二年正月二十四日条 二一一頁。田島f二〇一二)。

この他、叙位に関する儀式書である**『叙玉秘抄』**も『春玉秘抄』の一連の「具書」の一つであり、有仁は⑥**「叙位抄」**一巻と呼び、それを書写した実能は**「叙位」**一巻と称しているが、実定は**「叙玉抄」**と号し、四巻に改編している。このうち、有仁自筆の「叙位抄」一巻または実能書写の「叙位」一巻の系統の写本を書写したものに、近世前期の写本ではあるが、「貞和四年(一三四八)九月十一日夜亥刻、於二燈下一加二一見一了、/権大納言公忠(三条)」(/は改行を示す)という本奥書のある京都御所東山御文庫本『叙位記 中外記』一冊(勅封 四四―三

七）が伝存する。なお、この書の、外題の小書き「中外」は「中原外記」の略称かと推測され、田中本『春玉秘抄』の奥書に仁平三年に大外記中原師業が藤原（徳大寺）実能の書写本を、鳥羽院に「公納」された源有仁の自筆本と校合している識語があることから、源有仁自筆本「叙位抄」に内容的に近い『叙位記　中外記』は中原師業による書写本の系統である可能性が高い。実定が改編して『叙玉秘抄』とした以前の形態は、『叙位記　中外記』によって窺えることから、中原氏に源有仁の自筆本系の儀式書が伝えられたと推測できよう。

この他、実定が書写・改編した『叙玉秘抄』四巻の写本として、宮内庁書陵部所蔵三条西家本『叙玉秘抄』一巻（函号　四一五—三四四）があり、奥書を示すと以下の通りである。

『叙玉秘抄』第一
本奥書云、
治承二年（一一七八）十二月三日、切二續之一、本書者一巻之
書也、裏書・首書・勘物随レ思出（書カ）、

『叙玉秘抄』第二
本奥書云、
治承二年十二月十四日、書二終之一、切二継之一、
在二御判一、（藤原実定カ）
拭二眼精一、加二首書一了、
判（藤原実定カ）

『叙玉秘抄』第三
奥書云、
治承二年十二月廿日、切二継之一、　在二御判一、（藤原実定カ）
同四年正月廿八日、手自校合了、于レ時春風緩
扇、晩雲高晴而已、
延文五年（一三六〇）三月十七日、一見訖、
権大納言判（三条公忠カ）

『叙玉秘抄』第四
奥書云、
治承二年十二月廿日、書二寫之一、切二継之一、本抄
雑乱多端、難レ備二當要一、仍手自書レ之継レ之、
抛二臝儲一訖、　在二御判一、（藤原実定カ）
本云、
（治承）同四年二月二日、於二紅爐下一手自書寫了、
見レ賢思レ齊、不レ顧二身疲一、不レ知二手寒一、自レ朝
及レ晩、書寫・校合了、不レ可レ謂二數奇一之、甚先
哲有二此思一、王道猶遺也、
判（藤原実定カ）
（朱書・同筆）「本裏帋云、
治承四年五月三日、調二巻々一、
元為二一巻抄一、今加二裏書等一為二四巻一」
右抄、以二教業坊（三条家）舊本一、自二去月（延徳三年十月）
廿一日一、毎二暇日一連々染二禿筆一、今日（延徳三年十一月十四日）
終二其功一、本雖レ分二四巻一、合為二一巻一
者也、穴賢、不レ可二他見一〳〵矣、
（朱書）（十一月十五日）「翌日朱了、」
延徳三年（一四九一）十一月十四日

『春玉秘抄』ならびに「具書」の書写経緯

源有仁「抄出」(自筆)本 (保安六(マヽ)年抄。久安二年[1146]頃書写カ) (永治二年[1141]～久安三年二月十三日の間に書写)	**藤原(徳大寺)実能書写本** (久安六年[1150]冬頃書写カ)(仁平三年[1153]十二月二十三日に大外記中原師業が「正本」と再校合)	**藤原(徳大寺)実定新写本** (治承元年[1177]四月頃～同二年閏六月二十二日に書写)	**残存する主な古写本・逸文**
春次第(一巻カ)　清書本カ	春大抄　一巻	春玉秘抄　八巻	田中本『春玉秘抄』八巻。
秋次第　一巻　中書了	秋抄　一巻	秋玉秘抄　五巻カ	伏見宮家本『秋玉秘抄』二巻。 「園秋抄」(『魚魯愚別録』所収)。 柳原家本『除目秘抄』一冊・多和文庫所蔵『除目秘抄』一冊・東京大学史料編纂所所蔵『除目次第』一冊・東山御文庫本『除目略抄』一冊・同本『除目委記次第』一冊。
春次第頗略之 (一巻カ)　中書了	同略抄(春略抄)　一巻	春玉略抄　(一巻カ)折本	「春略抄」(『魚魯愚別録』下ノⅡ)
春次第不載作法・進退儀 一巻	春不載作法　一巻	(春次第不載作法・進退儀)	
注加尻付・請文等書様 (尻付書様・内外官申文様) 二巻	尻付・請文　二巻	(注加尻付・請文等書様)	東山御文庫本『除目抄物』一冊。 「花園尻付抄」(『魚書奉行抄』所引)。 「園尻付」(『叙玉秘抄』所引)。
叙位抄　一巻	叙位　一巻	叙玉抄　四巻	三条西家本『叙玉秘抄』四巻。東山御文庫本『叙位記　中外記』一冊。

権大納言兼行侍従藤原朝臣(三条西実隆)(花押)

同(延徳三年)十二月十四日、讀合了也、

都督卿(町広光)來臨、

以上の三条西家本『叙玉秘抄』の奥書は三条西実隆による。関連記事が実隆の日記『実隆公記』延徳三年(一四九一)十月二十一日条〔史料纂集本〕に「真證院僧正送二消息一云、『先度文書共如二目六一慥給了、仍叙玉抄四巻、只今所レ送也』云々、為レ悦々々、則叙玉秘抄第一立レ筆」とあり、十一月四日条に「叙玉抄第二終二書寫功一」、十三日条に「叙玉抄第三終二書寫功一」、十四日条に「叙玉抄終二書寫功一懸二表帋一了」と見え、それらも参考にすると、この写本は、実隆が延徳三年十月二十一日から十一月十四日にかけて教業坊旧本すなわち三条家伝来の写本を、三条実尚の男の覚遍を介して、覚遍の兄・三条公敦から借用して書写し、写し終えた翌日、朱を加え、更に一ヶ月後の十二月十四日、来訪した町広光と読み合わせを行ったものである。元々は四巻に分かれたものを合わせて一巻としたものである。一方、本奥書によれば、藤原(徳大寺)実定が、治承二年(一一七三)十二月に「書写」「切継」を行い、治承四年正月から二月にかけて「校合」「書写」をして、五月三日に「調巻」し、もとは一巻であったものを「裏書等」を加えた四巻としたものである。更に延文五年(一三六〇)三月十七日に権大納言三条公忠の「一見」の識語が見えるので、遅くとも南北朝期には三条家に伝えられていた写本である。

なお、宮内庁書陵部所蔵三条西家本『叙玉秘抄』第十四紙（卯原家本『叙玉秘抄』では第十四丁裏）には、

裏書云、今私注二此所一、

藤氏

正六位上季實

右、當年爵所レ請如レ件、

治暦二年正月五日　書垂也、

藤氏

正六位上某

右、去保安元年（一一二〇）爵未レ叙、仍所レ請如レ件、

保安三年（一一二二）正月五日、同上也、以二（源）師基一抄出也、（源）師行本、

とあるように、源師基が「抄出」した源師行（?～一一七二、父は源師時）所持の『叙位抄』もあった。

このように、秘蔵・相伝されていた源有仁の儀式書を編修し直し「自抄」の如くして、「春玉」「秋玉」「叙玉」の三つの「秘抄」を現存伝わる形に書写し、それらの名前を付けたのは藤原（徳大寺）実定であった。

以上、田中本『春玉秘抄』の「奥書等」から判明する源有仁撰の「春次第」やそれを改編した「春玉秘抄」の成立過程を述べた。次節では中世以降の「春玉秘抄」の伝来について述べることにする。

4　『春玉秘抄』などの伝来

藤原（九条）兼実の『玉葉』承安四年（一一七四）十二月十五日条（図書寮叢刊本）により、一部、常用漢字を正字に改めた。以下『玉葉』は同本により、未刊行部分は国書刊行会本をもとに宮内庁書陵部所蔵九条家本によった）によれば、「入夜参二入内裏一、先レ是（松殿基房）關白被レ候、衣冠、今日若有二公事一歟、依二不審一相二尋人々一之處、（官奏）荒奏云々、（中略）次給レ文、史取二加之一、次（藤原経宗）大臣左廻、自取レ裾向レ陣了、嘉保二年（一〇九五）例、大臣立西面之由、見二（藤原）季仲記一、（九条兼実）余隱二閑所一伺二見此儀等一、六度揖、（源有仁）花薗左府説也、是白川院仰云々、近代人、大事公事等、偏伺二見花薗左府次第・日記等一、稱レ碩云々、（藤原経宗）左相府即其一也」と見えるように、兼実は「近代人」が「大事」の「公事等」に関して、「花薗左府次第・日記等」をもっぱら「伺見」ており、左大臣藤原経宗（一一一九～八九）がその一人だと指摘しているので、有仁が亡くなってから約一世代（ジェネレーション）たった頃には、有仁の儀式書「花薗左府次第」や日記が、摂関家の九条兼実が歎くほど用いられ、流布していたようである『三長記』建永元年九月二十五日条によれば、三条実房も官奏の時の揖が六度で「花園説」を用いている［本解説一一一頁下段参照］。本節では、院政期以降、特に中世における「春玉秘抄」（「春次第」）及びその「具書」の伝来について解説する。

先ずは前節で詳しく述べたように、藤原氏北家閑院流の**徳大寺家**（実能・公能・実定）に伝えられた。例えば、実定の男・公継が十六歳

で除目の執筆を務めた時のことに関係して、兼実は『玉葉』建久元年（一一九〇）十月二十六日条で、「此日、京官除目也、執筆新宰相（参議）中將公継（徳大寺）、生年十六歳、可レ謂二珎重一、公時（藤原）卿為二上臈一在二其座一、未曾有例也、於二大弁一者、不レ論二上下臈一、必勤二仕之一、大弁有二故障一之時、自二上臈一次第被レ催者例也、而前左大臣（藤原〔徳大寺〕実定）殊結構、其意趣如何者、執筆事、父大臣（藤原公能）如レ形勤二仕之一、花薗（源有仁）文書等傳而在レ家、須レ継二箕裘一之處、自然不レ勤二其事一、空以致仕、慭生之間、使三公継勤二其役一、以欲レ謝二我怨一云々、（中略）公継覧二闕官帳一、其儀如レ常、但先不レ被レ見レ之、置替之後見レ之、彼家（徳大寺）説歟、道理不レ可レ然、（中略）執筆先任二内舎人一、是花薗（源有仁）家説也、次任二諸道擧一、任二院宮當年給一、是又相二違家（九条家）説一也、（中略）今日、除目了之後、送二書礼於前左大臣（藤原実定）許一、感二公継執筆一、返礼丁寧、殊有二感荷之趣一」と記していることから、源有仁が編纂した「春次第」以下の除目・叙位の儀式書は徳大寺家では「花薗文書」と呼ばれ、伝来していたことが知られる。同じく『玉葉』承安二年（一一七二）十二月八日条に「此日軒廊御卜也、未刻参内、閑院第、（中略）仰今日軒廊御卜、經二時刻一之間、与二實守（藤原）卿一言談之次云、前大納言實定（藤原）卿日記多相持云々、其中一切不二披露一之記ハ、花薗左大臣（源有仁）記八十余巻・四條戸部（藤原忠教）記百余巻、殊秘蔵云々、凡此外漢家・本朝之本書・抄物、其數及二萬余巻一云々」とあるように、実定の弟の実守が兼実に語ったところでは、実定は「日記」を多く所持し、その中でも一切公開しないで秘蔵しているものとして、源有仁の「花薗左大臣記」八十余巻と藤原忠教の「四條戸部記」百余巻があり、その他にも漢籍や和書の「本書」（原本）と「抄物」（注釈書）を数多く所蔵していたという。このうち「花薗左大臣記」八十余巻は、日次記にしては巻数が多すぎることから、日次記以外の「春次第」やその「具書」及び更に後述するように「花園節會次第」をはじめとする「花園次第」などの儀式書が含まれると思われる。『玉葉』安元三年（治承元年・一一七七）四月二十九日条によれば、「凡實定（藤原〔徳大寺〕）・隆季（藤原〔四条〕）・資長（藤原〔日野〕）・忠親（藤原〔中山〕）・雅頼（源）・俊經（藤原）、皆富二文書一家也、今悉遭二此災一」とあり、前日四月二十八日の京中大火により被災した「文書」（典籍）を多く所蔵する諸家の一つとして、実定の家もあがっている。しかし、洞院公賢の『園太暦』貞和二年（一三四六）正月六日条（〔史料纂集本〕。以下同じ）には「右幕下（徳大寺公清）送二消息一、府奏無二所望之仁一、而大夫將監懷、中二從上（従五位上）一、加階以二府奏一可二望申一之旨存レ之、且當家（徳大寺家）相傳文書、號二叙玉抄一、有二所見一之間、所二談合一也」とあるので、安元三年四月の京中大火で焼失せず、南北朝期、徳大寺家の「當家相傳文書」の中に「叙玉抄」（「叙玉秘抄」）が伝存していたことが確認できる。「叙玉抄」は「春玉秘抄」（「春次第」）の「具書」であるので、「當家相傳文書」には「春玉秘抄」も含まれると思われる。実際、その後、『実隆公記』明応四年（一四九五）八月一日条に収載された徳大寺実淳から三条西実隆に宛てた消息の中で、同年七月四日に火災にあった徳大寺亭で焼け残った日記・儀式書・物語・和歌などの書籍に関して、「惣別今度十四・五合相殘候、其内、諸家記寫本一合□（候）、家記共槐林（徳大寺実定）・宮槐（徳大寺公継）寫本悉相殘候、正記少々大間（嘉禄）一巻相殘候、さてハ、愚記奉行分二合全躰出候、是ハ何之用にも不レ立候、除目方記内、三巻秘抄（徳大寺）當家説、共二他家説一少々加候物候、相残候、第一是祝著候、其外ハ記録方、大概不レ見候、先日御物語申候し實時（徳大寺）公少将拝賀記車圖、希有相残候、さてハ四書五經類、少々出候計候、先度執筆大間成柄以下、悉粉〔紛〕失候了、愁歎之外無レ他候、甲子新作同粉失候、無レ益事候哉、宇津保（宇津保物語）寔被二召置一候之條、祝著此事候、尚書疏同雖二不思議本一、被二召置一候し、（中略）彼源氏（源氏物語）・七代集等、早々被二召寄一候者、可為二本望一候、大間四五巻粉失候、春玉抄正本・魚魯抄・魚魯・叙玉抄（叙位）等も所持や候らん、内々御尋候て可レ被二御覧一候」と言及しているが、「春玉抄正本」（徳大寺実定新写・改編の実定自筆本「春玉秘抄」カ）や「叙玉抄」が存在したらしい。更に徳大寺実淳の日記『実淳日記』延徳四年（明応元年・一四九二）正月六日条（宮内庁書陵部所蔵［内閣文庫本の影写本］　函号　二七二—四六九）によれば、この日、叙位儀で執筆を初めて担当した実淳は「經二本路一入二殿上一、々戸跪二御倚子前一、南面、花抄・中山（中山忠親）抄等除目記、南面之由、載レ之、」とあるように「花抄」（『春玉秘抄』『花園左府抄』）を参照し典拠としていることから、源有仁の「春玉秘抄」が用いられていたことが知られる。このように、室町中・後期まで、徳大寺家には、源有仁撰の叙位・除目儀式書（徳大寺実定によって改編された儀式書も含む）が伝来していたことが判る。この他、三条西家本『改元部類記』（宮内庁書陵部所蔵　函号　四一四—四九）所引の徳大寺実定の日記『槐林記』養和二年（一一八二）五月二十七日条によれば、奏上を経た改元の勘文に関して「職事來下二勘文一、結レ中、仰云、令下二諸卿一定申上与、予（徳大寺実定）微唯、不レ見二勘文一、依二先度見一也、兼日奏慶、於二上卿一者、猶不レ可二披見一之由、見二薗次第一」とあり、実定は「薗次第」すなわち有仁撰の「花薗次第」を参照していることがわかる。更に、同じ三条西家本『改元部類記』が引く元仁元年（一二二四）十一月の改元定に関する、実定の男・公継（一一七五～一二二七）の日記『宮槐記』によれば、年号勘文の結び方を「結二一通一ハ花園殿（源有仁）幷雅（源）實公之所為也」とし、年号勘文の返上の仕方についても有仁の例を先例としてから、「此時又可レ入レ莒歟之由、不審、然而園次ニハ先度進時、召レ莒入レ之ト被レ載レ之」とあるように「園次」（「花園次第」）も典拠としている。また元日節会関係の記事を集めた部類記である『宮槐節会記』には源有仁撰の正月の三節会に関する儀式書「花園節会次第」が「園次」「園次文」「園元日次」という形で引用されている（鷹司家本『宮槐節会記』［宮内庁書陵部所蔵　函号　三五〇—五五五］承元四年［一二一〇］正月九日条・建暦二年［一二一二］正月七日条）。このように源有仁撰の改元定に関する「花園〔薗〕次第」を徳大寺実定・公継親子が、更に源有仁撰の「花園節会次第」を徳大寺公継が、所持していたことが確認される（以上、田島d一九九四）。

一方、徳大寺家と同じ藤原氏北家閑院流の**三条家**では、三条実房（一一四七～一二二五）が「春玉秘抄」を所持していたことが、実房撰の春の県召除目の儀式書『三槐抄』三巻の第三巻「県召除目終夜」奥書から推定される。『三槐抄』の写本は東山御文庫本『三槐抄』三巻（勅封　一五三—五八）など近世の写本は多いが、最も古い室町期の写本である東京大学史料編纂所所蔵徳大寺家本『三槐抄』

（請求番号　貴五四―二四、影印は吉田早苗「［口絵解説］徳大寺家旧蔵『三槐抄』古写本」『東京大学史料編纂所研究紀要』三号　一九九三年に所収）により奥書を引用すると以下の通りである。

此抄者、就二先閤（藤原［三条］公教）之御次第一、（保元四年正月二十六日）保元比、令（本）レ候二執筆一之時、懐中相略次第也、立二其次第一、其腋注二載花抄（花園左府抄）之説等一也、但漏二彼書（春玉秘抄）一事等、承安四年（一一七四）載隔之春・夾鐘之月（二月）、予（三条実房）参二左相府（藤原経宗）一、習礼之時、多奉二厳命一、而其前後之間、漸々含二教命一事等、同加二載之一、所レ寫者花薗（源有仁）之秘説、所レ加者蓮府（藤原経宗）之厳命也。■聚（本）二彼兩（有仁・経宗）説一、以為二一（三）二巻一、初・中・終、各一巻、凡雖二子孫一、輙不レ可レ免二披覧一之書也、況於二他人一哉、其時（于カ）、治承元年（一一七七）十二月十一日、巳刻、染二短筆一清書了、
権大納言（三条実房）（花押影）

見合了、同十九日、
同二（治承）年二月三（三）日（亥カ）京、見二合本書一了、裏書・勘物等少々
同二（治承）年四月、進二覧左府一、八月之此、高覧了所二返給一也、殊可二秘蔵一之由有二厳旨一者也、注移了、件書札為二後代々證一欤、仍可レ相二具此書一也、

『三槐抄』は鎌倉初期の左大臣三条実房が、左大臣源有仁の「春玉秘抄」をもとに、父内大臣公教と左大臣藤原経宗の説を付け加えて編纂し、三人の大臣を意味する「三槐」の名を冠した儀式書である（時野谷滋「三槐抄」『律令封禄制度の研究』吉川弘文館　一九七七年）。

上の奥書から知られるように、その根幹となったのは、「花抄」すなわち「春玉秘抄」であったことから、当然、実房は「春玉秘抄」を所持し、その後、三条家に伝来したと思われる（田島b一九九〇）。実際に実房の日記『愚昧記』仁安四年（嘉応元年・一一六九）正月九日条［大日本古記録本］に「除目始」の日、権大納言であった実房は右中弁藤原長方を召し、「議所装束事」を仰せた内容に「召仰詞、■外記ニハ自二今日一可レ被レ行二除目一、召二仰諸司一ヨ、此定所レ仰也、見二花園抄一、又左府（藤原経宗）命如レ此、除目一、文書候へ、弁ニハ自二今日一可レ被レ行二花抄（花園左府抄）云、無二議所一之時、不レ召二仰弁官一歟云々」（もと割書双行）とあり、除目に関して「花園抄」「花抄」（「花園左府抄」「春玉抄」）を用いていることが知られるので、実際に所持していたものと思われる。

一方、広橋兼顕（一四四九～七九）の日記『兼顕卿記』（別記）文明十年（一四七八）八月条（『大日本史料』第八編之十一　文明十年雑載条学芸・遊戯の項［一七三～一七四頁］）には、

十一日、庚子、（中略）自二内府（三条公敦）一除目執筆硯、累代相傳古物也、并春玉秘抄八巻、以二師富朝臣（中原［押小路］）一送二賜之一、先公（広橋綱光）可レ被レ寫二置硯并彼秘抄（春玉秘抄）一由、連々御懇望之處、其時分、預二置太（大）和邊一、只今召寄間、任二遺命（広橋綱光）一、被二恩借一由被レ命（三条公敦）、誠懇切之芳命、不レ知レ所レ謝者也、普代舊不空者歟、尤自愛々々、

十二日、辛丑、（中略）町黄門（広光）來臨、終日閑談、江次第抄（大江匡房）為二校合一、招二寄大外記師富朝臣一間、同入來、終日、彼秘抄（春玉秘抄）校合者也、

十三日、壬寅、（中略）則向二内府亭（三条公敦）一、彼兩種恩借之儀、懇二謝之一、

但於レ硯者、先令二返獻一、可レ然石等相尋、重而可二寫置一之由、約諾者也、於二春玉抄一者、可レ令二書寫一者也、（後略）

とあり、室町中期の三条家にも『春玉秘抄』が伝来し、三条公敦（一四三九〜一五〇七）が所持していた「春玉秘抄八巻」を広橋兼顕に貸し与え、書写させていることが知られる。これにより**広橋家**にも関連して、前節で述べたように、「春次第」（『春玉秘抄』）の「具書」である「叙位抄」の系統の写本『叙位記 中外記』の本奥書に三条公忠の「一見了」の識語があることから、「叙位抄」も南北朝期に三条家に伝えられていたことが確認される（和田一九三六）。更に、「叙位抄」の改編本である「叙玉秘抄」も三条家に伝来した可能性が高い。それは、『兼顕卿記』（暦記）文明九年（一四七七）十月二十日条（『大日本史料』第八編之十　文明九年雑載　学芸・遊戯の項［一九八頁］）に「師富（中原［押小路］）入來、終日雜談、勸二夕飯一、入夜歸、叙玉秘抄外題所望之由、内相府（三条公敦）ニ可二傳達一由、仰含者也、則彼抄（叙玉秘抄）令二随身歸一者也、將亦、後押少〔小〕路内府公（三条公忠）筆跡詩歌一巻奥書之事、所望同遣レ之」とあり、広橋兼顕は三条公敦に『叙玉秘抄』の外題を書いてもらおうと思い中原（押小路）師富に持たせて伝達しているが、これは『春玉秘抄』の書写の例を参考にすると、三条家から借用して書写した『叙玉秘抄』なので、書写が終った段階で、所蔵者の三条公敦に外題を書いてもらったと考えるべきであろうから、三条公敦は『叙玉秘抄』も所蔵していたと思われる（これにより広橋家にも『叙玉秘抄』の写本が伝えられた）。この他、三条公忠の日記『後愚昧記』永徳三年（一三八三）正月条（『大日本古記録本』。以下同じ）に、

四日、霽、秉燭之程大納言（三条実冬）向二左府（源［足利］義満）亭一、有二對面一云々、及二節會等雜談一、仍花園左府（源有仁）自筆節會次第有レ之、若可レ為二御要一者可レ進之由申二左府（源［足利］義満）一、左府大切之由被レ示云々、彼次第雖レ為二重寶一、非二當家（三条家）列祖之筆一、舊冬（永徳二年冬）以來依二譏口等有一レ之、左相有二不快之氣一、八講不レ催レ之、有二怖畏一之處、遮被二對面一之間、為二追從一可レ進レ之由示レ之了、（後略）

五日、霽陰不定、花園次第七日・十六日等也、元日不二所持一之、四帖、副二大納言（三条実冬）状一、遣二左相（源［足利］義満）一之處、為二重寶一之間為レ悦之由、有二返事一、彼次第馳レ筆寫置了、（後略）

とあるが、これは、三条公忠の子実冬（時に大納言）が永徳二年冬以来、足利義満の勘気に触れていたので、詫びを入れ、義満の機嫌をとるため、重宝ではあるが、三条家の先祖の筆ではない「花園左府自筆節會次第」を義満に献上し、ようやく許された記事である（今谷明『室町の王権』中央公論社　一九九一年）。これらの記事から、源有仁自筆の「節會次第」は元日・七日（白馬）・十六日（踏歌）の各節会に関するものであり、この時、公忠の手許には、七日と十六日の「節會次第」が四帖あり（元日の「節會次第」はなかった）、有仁の自筆本は義満に献上したものの、献上前にそれを書写し、控えの写本を手許に留めたことが知られる。これより以前の事だが、十六日の踏歌の「節會次第」に関しては、『後愚昧記』貞治七年（応安元年・一三六八）正月十六日条に貼り継がれた「三条公忠返状（三条実音宛）」、『後

愚昧記』附帯文書上、「応安二年・同三年内大臣拝賀文書」（諸勘例日記切々ノ内、応安二年十二月カ「三条公忠返状案（三条実継宛）」）、また「応安三年正月十六日付三条実継書状（三条公忠宛）」により公忠が実継に貸与していることが知られる。更に『後愚昧記』附帯文書上のうち、史料編纂所原本第二十一巻の内（応安二年・同三年内大臣拝賀文書）、応安三年正月「三条公忠返状案（三条実継宛）」には、「抑先日次第（源有仁自筆踏歌節會次第）ハ随分證本候、花園左府（源有仁）自筆候、与二奪三条内府（藤原〔三条〕公教）一之物候、重寶之由存候、雖下不レ出二梱外一候上、異レ他存候之間、進覧候了」とあり、源有仁の自筆本（「花園節會次第」）はまず藤原公教に「与奪」されて（与えられて）いることが知られる。こうしたことを総合すると、有仁自筆本の「花園節會次第」のうち、少なくとも十六日の「踏歌節會次第」は確実に、そして七日の「白馬節會次第」も、更には恐らくは「元日節會次第」も含め、有仁から公教が譲り受け、以後、三条家に相伝されたものと思われる。三条家では、公忠が義満に献上した以降も、献上直前に書写された「花園節會次第」が伝えられた。『実冬公記』至徳四年（嘉慶元年・一三八七）正月三日条（「大日本古記録本」）によれば、後小松天皇の元服の「能冠」役が着ける装束について、「花園次第者、能冠著二御掛一従二此役一云々」とあり、実冬が元服に関する内容を含む「花園次第」を所持・引用していることが知られる。なお、『実隆公記』延徳元年（一四八九）十月晦日条に「花園左府白馬節會次第寫レ之」とあるが、これは恐らく、実隆が三条家（三条公敦カ）から「花園左府白馬節會次第」の写本を借用して書写したものと思われる（田島ｄ一九九四）。

以上のように、三条家には、「春玉秘抄」及びその「具書」の他、公教が有仁より譲り受けて以来、相伝されてきた「花園節會次第」があり、自筆本は公忠が足利義満に献上したものの、その直前に書写された写本は少なくとも戦国時代まで伝えられた。なお、管見では「花園次第」の写本の存在は確認出来ないものの、先に述べたように徳大寺公継の日記『宮槐記』には「花園節會次第」の逸文が見えるので、徳大寺家にも写本が伝わっていたことが想定される。

この他、同じ閑院流では、西園寺家での伝来は確認されない。しかし、西園寺家より分かれた洞院家では、洞院公賢撰の『魚魯愚鈔』（「史料拾遺本」。以下同じ）及び『魚魯愚別録』には「春玉秘抄」が多数引用されている（所ｃ二〇〇一）。公賢は『魚魯愚鈔』の編纂にあたって、「春玉秘抄」を借用した可能性もあるものの、洞院家に「春玉秘抄」やその「具書」をはじめとする有仁編の儀式書が所蔵されていてもおかしくはない。この点に関して、先に紹介したように伏見宮家には鎌倉期書写の『秋玉秘抄』が伝来していたが、あるいはこれは『公衡公記』（自筆本）や『御産部類記』のように、西園寺家から伏見宮家の所蔵となった可能性もある（平林盛得「伏見宮旧蔵部類記と西園寺公衡」『書陵部紀要』四三号　一九九二年）。そうであれば、有仁編の儀式書の閑院流への伝来とかかわってくる。

以上のように、藤原氏北家閑院流の諸家で、のち「清華家」と呼ばれる三条・徳大寺・西園寺の三家には、「春玉秘抄」及びその「具書」をはじめとする源有仁撰の儀式書が伝来していたことが考えられる。

この他の家では、万里小路時房（一三九五～一四五七）の日記『建内記』（『大日本古記録本』。以下同じ）永享十三年（嘉吉元年・一四四一）二月四日条に「前右少辨經直（勧修寺）入來、弘長元年（一二六一）辛酉仗議經俊（吉田）卿于レ時大辨宰相、執筆記正本借二与之一、芳志之至也、教秀（勧修寺）、少年之間、彼（被カ）レ加二扶持一之間、在日（兼カ）示遺之故也、其外、花園抄、（藤原経房）吉田殿御奥書本、其外、直物抄等無二奥書一、借二与之一、都合一帖兩巻者（也イ）」とあることから、室町中期に勧修寺経直（?～一四四九）が藤原（吉田）経房（一一四三～一二〇〇）の奥書のある「花園抄」（＝「春玉秘抄」）を所蔵し、万里小路時房が借用したことから、**藤原氏勧修寺流（勧修寺家）**に伝来した写本があったことが判る。この時、万里小路時房は『春玉秘抄』の写本を作成した可能性がある。これに関連して、京都大学総合博物館所蔵勧修寺家本「御遺言条々」所収の天福元年（一二三三）五月二十八日付「勧修寺資経文書処分状」・建長二年（一二五〇）六月二日付「勧修寺資経処分状」（中村直勝「勧修寺家領に就いて」京都帝国大学文学部編・刊『紀元二千六百年記念史学論文集』一九三九年、のち『荘園の研究』〔中村直勝著作集第四巻〕淡交社　一九七八年、吉川真司編・解説『勧修寺家職掌部類』〔京都大学文学部博物館の古文書〕第四輯　思文閣出版　一九八九年）によれば、源有仁の日記「花園左府記」が、藤原（吉田）経房（一一四一～一二〇〇）から藤原（吉田）資経（一一八一～一二五一）へ、そして資経から勧修寺経俊（一二一四～七六）へと伝領されていたことが判る。

一方、五摂家では、先ず、一条経通（一三一八～六五）の日記『玉英記抄』（『続史料大成集』）公事　暦応五年（康永元年・一三四二）正月二十二日条に「依二先日仰（光明天皇）一、入夜參内、参二常御所一、除目間事、有二御傳授作法一、中文・様々尻付以下、大略奉レ授了、又進二抄物等一春玉抄在二此内一、悉被レ散二御不審一了、及二深更一退出、此事、尤道之面目也」とあることから、関白一条経通が光明天皇（在位　一三三六～四八）に対して除目に関する作法などを伝授するが、その際、天皇に進上した「抄物等」の中に「春玉抄」があったことが知られるので、当時、**一条家**に「春玉秘抄」が所蔵されており、それを光明天皇に進上していたことが判る。また**九条家**に関しては、正応六年（永仁元年・一二九三）三月十七日付「九条家文庫文書目録」の「御文庫文書目録」部分（宮内庁書陵部編・刊『図書寮叢刊　九条家文書』五―一五〇三「九条家代々譲状遺誡類」）に、

三合　諸次第、甲・乙・丙、
一合　春饗　春日詣大饗也、
一合　春　（春玉秘抄）花園左府・入道左府（三槐抄）實房公抄也、
一合　秋　（九条良経）後京極殿御抄次第也、

とあり、「花園左府抄」即ち「春玉秘抄」が「入道左府實房公抄」即ち三条実房の「三槐抄」と共に同じ櫃に入れられ、鎌倉後期の九条家に所蔵されていた。そして実際に、鎌倉前期の除目の儀式書である宮内庁書陵部所蔵九条家本『除目部類抄』五巻（函号　九―四〇六）には「花園抄」（「春玉秘抄」）が多数引用されることから（この他、「西宮抄」「北山抄」「江次第」「土右抄」「赤木軸抄」「中右抄」「忠教抄」などが引用される）、後述するように、儀式作法の世界ではライバル

関係となる九条家にも「春玉秘抄」が伝来していたことが判る。

この他、清原宗賢（?～一五一三）の日記『宗賢卿記』（宮内庁書陵部所蔵三条西家本　函号　四一五―二六七）長禄元年（一四五七）十二月四日条に「左京大夫惟宗相豊朝臣來、年始叙位執筆、被レ申二右府一、（近衛殿御方教基公、）未レ能二御返事一云々、就レ其毎年被レ申二談于家君（清原業忠）一、仍當年叙位聞書一通・莒文目六折紙一・叙玉秘抄四巻・享徳四年（康正元年・一四五五）成柄九通、被二借進一者也」とあるように、惟宗相豊が来訪し、宗賢の父で一家の主人である清原業忠（一四〇九～六七）から「叙玉秘抄」四巻等を借用し、来年の年始の叙位の執筆担当となった右大臣近衛教基（一四二三～六二）に進めたものと思われるので、室町中期には、明経道を家業とし、局務（外記局官人を統括する大夫外記）を世襲し、名儒を輩出した清原家及び五摂家筆頭の**近衛家**にも「春玉秘抄」の「具書」である「叙玉秘抄」が借し出されていたことになる（田島d一九九四）。

以上、「春玉秘抄」や「秋玉秘抄」「叙玉秘抄」などその「具書」は、有仁の没後、院政期以降、南北朝期から室町期にかけて、天皇家の他では、藤原氏北家の太政大臣公季を祖とする閑院流の諸家、三条・徳大寺両家や三条家から分かれた三条西家、更に閑院流の西園寺家から分かれた洞院家に伝来し、同じく藤原北家の内大臣高藤を祖とする勧修寺流の諸家である甘露寺家・勧修寺家・万里小路の各家や、藤原北家日野流の広橋家に、所蔵された。更に摂関家では、九条家・一条家・近衛家に、藤原氏以外では清原家に、それぞれ所蔵されていたことが確認される。

このような源有仁編の「春玉秘抄」を中心とした儀式書の伝来・所蔵・書写の関係を諸家の系図上に重ね合わせると**系図A**のようになる。ここで何故、源有仁編の儀式書がこれらの諸家に伝来することになったかを考えると、閑院流や勧修寺家流への伝来は、有仁の血縁関係や婚姻関係から理解出来る。有仁の経歴は次節で詳しく述べるが、ここで結論のみを示せば、藤原公季に始まる閑院流が三家に分かれる藤原公実の三人の女の一人が有仁の正妻（「北の方」）であり、「北の方」は実能（徳大寺家の祖）や通季（西園寺家の祖）とは同母の兄妹であり、実行（三条家の祖）とも異母兄妹となる。『今鏡』巻八　みこたち　花のあるじ（後述）に見えるように、そのような関係もあって有仁の私邸には実能や公教（実行の男）らが集っていた。これらの関係を系図で表したものが**系図B**であるが、このようなことを考慮すれば、有仁生前に（或いは絶家となってから）、有仁撰の儀式書及び日記等が徳大寺家や三条家に伝来し、特に徳大寺家では「花薗文書」と称され、相伝されていったことも無理なく理解されよう。また、有仁の「北の方」の母（実能・通季の母でもある）の光子は藤原隆方の女で、勧修寺家流一門の繁栄の基礎を確立した為房の妹でもあり、以後、閑院流は勧修寺家流と強い繋がりが出来たという。勧修寺家流は、為房以降、有能な実務官僚の公卿として活躍するが、「春玉秘抄」を始めとする除目・叙位の「具書」など有仁撰の儀式書や日記を入手出来たのは、三条家・徳大寺家を通してなされた可能性がある。

系図A　閑院流・勧修寺流を中心とした源有仁撰の儀式書の伝来と書写

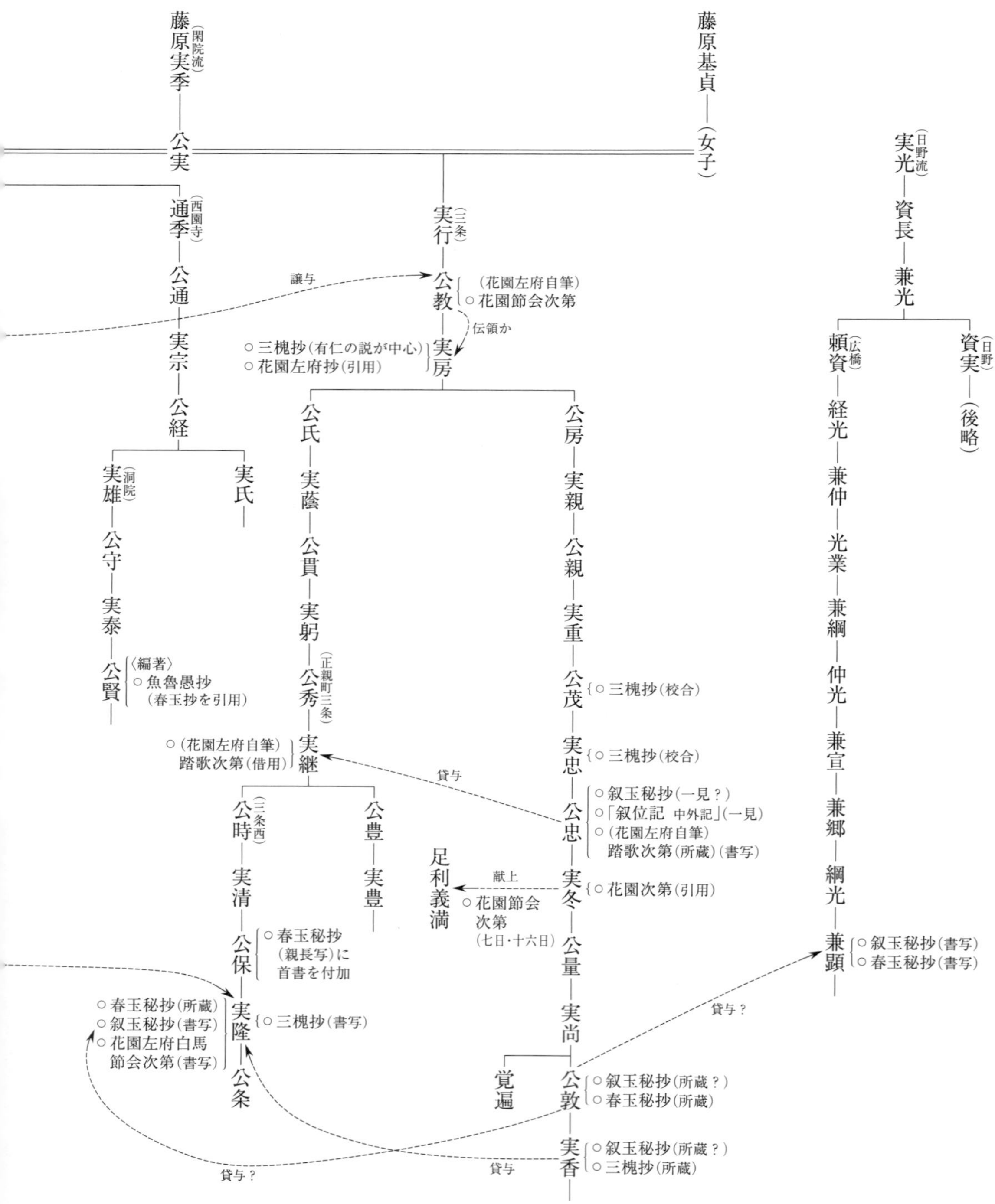

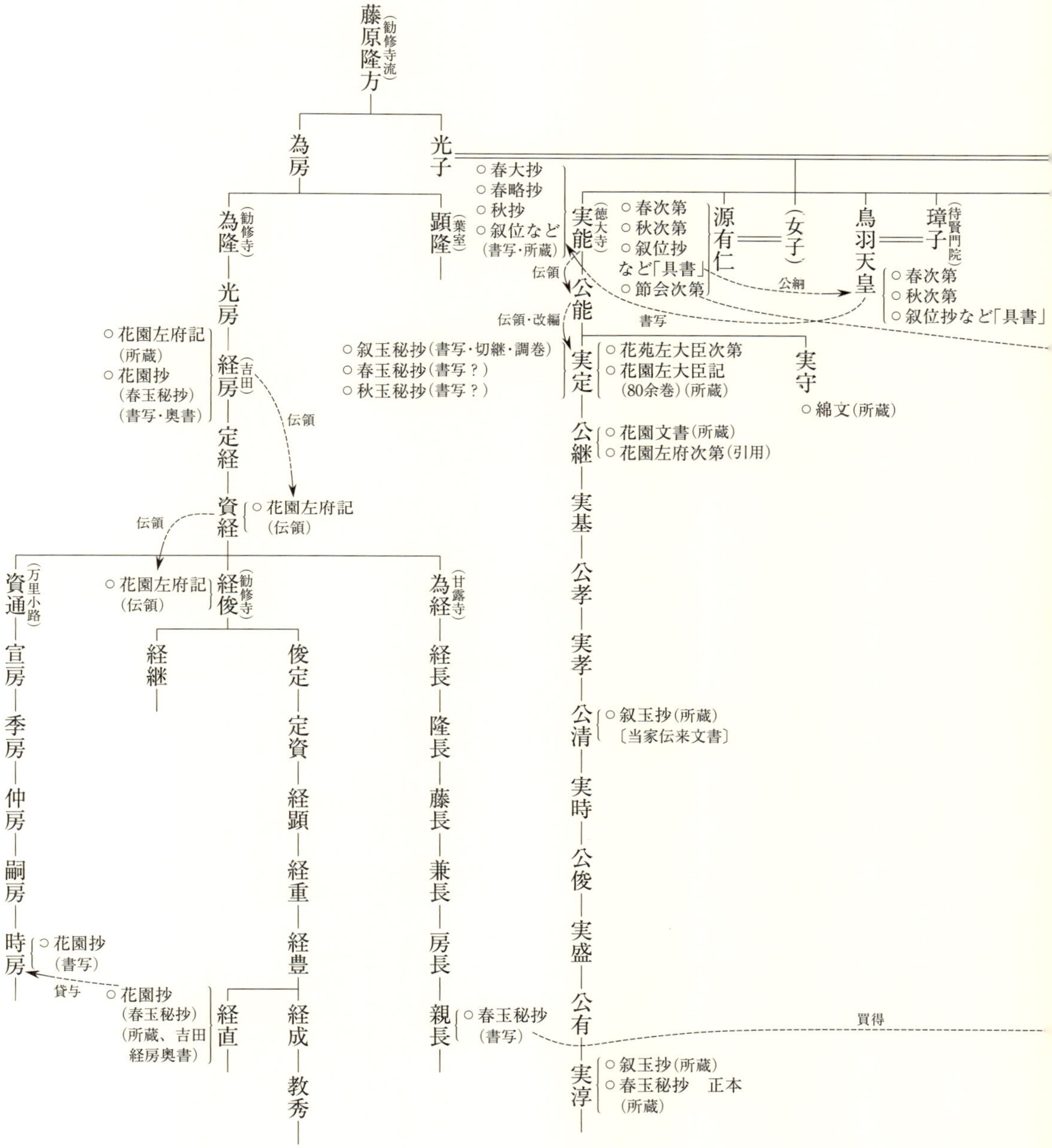

藤原隆方（勧修寺流）
為房
光子
為隆（勧修寺）
顕隆（葉室）
光房
○花園左府記（所蔵）
○花園抄（春玉秘抄）（書写・奥書）
経房（吉田）
伝領
定経
資経
○花園左府記（伝領）
伝領
資通（万里小路）
○花園左府記（伝領）
経俊（勧修寺）
為経（甘露寺）
宣房
経継
俊定
経長
季房
定資
隆長
仲房
経顕
藤長
嗣房
経重
兼長
時房
○花園抄（書写）
経豊
房長
貸与
○花園抄（春玉秘抄）（所蔵、吉田経房奥書）
経直
経成
親長
○春玉秘抄（書写）
教秀
○春大抄
○春略抄
○秋抄
○叙位など（書写・所蔵）
実能（徳大寺）
○春次第
○秋次第
○叙位抄
など「具書」
○節会次第
源有仁
（女子）
鳥羽天皇
璋子（待賢門院）
○春次第
○秋次第
○叙位抄など「具書」
伝領
公能
公納
書写
伝領・改編
○叙玉秘抄（書写・切継・調巻）
○春玉秘抄（書写？）
○秋玉秘抄（書写？）
実定
○花苑左大臣次第
○花園左大臣記（80余巻）（所蔵）
実守
○綿文（所蔵）
公継
○花園文書（所蔵）
○花園左府次第（引用）
実基
公孝
実孝
公清
○叙玉抄（所蔵）
〔当家伝来文書〕
実時
公俊
実盛
公有
買得
実淳
○叙玉抄（所蔵）
○春玉秘抄　正本（所蔵）

系図B　源有仁を中心とする系譜と編著書

（『　』内は記録［日次記］、「　」内は儀式書を示す）

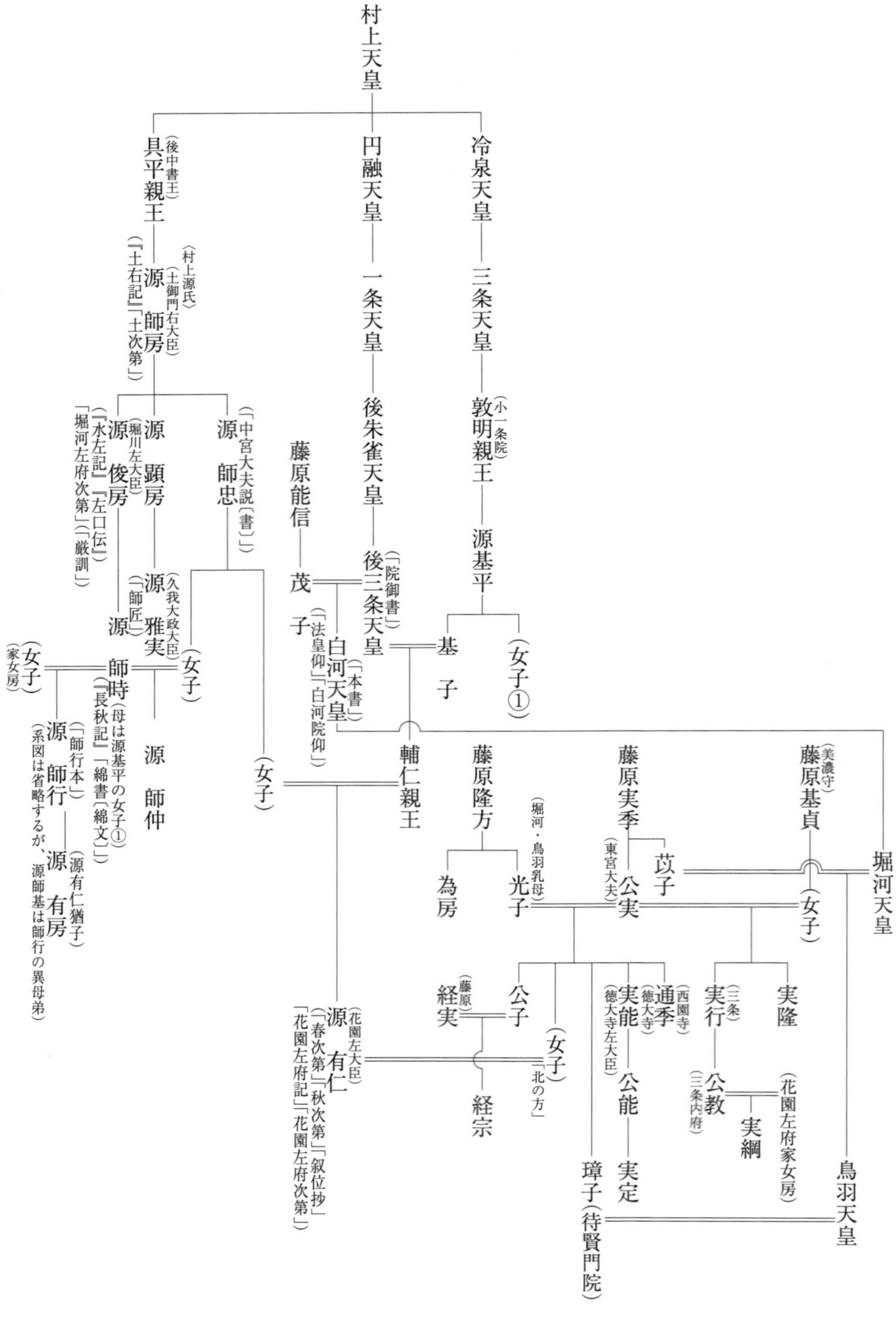

二　源有仁の事績と「花園説」の形成・継承過程

1　源有仁の事績

「春玉秘抄」の原撰本である「春次第」の撰者源有仁は、十二世紀前半から中葉以降の朝儀作法・口伝故実の継承に関して大変重要な役割を果たした人物であるにもかかわらず、『今鏡』に見える有仁の話を中心として日本文学の研究者の研究が若干あるものの（山内益次郎「源有仁考―今鏡列伝の構成と典拠―」『白梅学園短期大学紀要』八号　一九七二年、海野泰男『今鏡全釈』上巻・下巻　福武書店　一九八三年、復刻　パルトス社　一九九六年［特に下巻「みこたち第八」］、藤島秀隆「花園左大臣源有仁の説話をめぐって―『今鏡』『古事談』『発心集』の伝承―」『説話・物語論集』一〇号　一九八二年［のち『中世説話・物語の研究』　桜楓社　一九八五年所収］、所a一九八六、加畠吉春「源有仁年譜［付］有仁とその文学サロン」『平安朝文学研究』復刊五三号　一九九六年）、日本史の分野では十分な研究がされているとはいえない。しかし、朝儀の故実の形成と継承のみならず、和歌・書・管絃・蹴鞠・衣紋をはじめとして院政期における芸能・諸道の形成、大きく言えば、日本の古典文化の形成・継承の過程において、源有仁が果たした役割を再評価する必要があるので、その事績や人となりに関してより深く解明される必要がある。従って、以下、これまでの研究成果を踏まえながら、その事績を示すことにする（東京大学史料編纂所所蔵『史料稿本』近衛天皇紀　久安三年正月三十日条・二月三日条・十三日条他、宮内省図書寮編修課編・刊『後三条天皇実録』「皇孫有仁」　一九四四年［ゆまに書房　二〇〇七年］、などを参照）。

まず、生歿年を中心に、源有仁の事績・ひととなりを示す上で基本となる史料を示しておく。

『公卿補任』鳥羽天皇元永二年（一一一九）条（新訂増補国史大系本）。以下同じ）の散位の項には、

（非参議）従三位　源有仁十七　八月十四日叙、
後三条院皇孫、第三親王輔仁皇子、御母前大納言正二位行中宮大夫源師忠卿女、
八月十四日、賜二姓源氏一列二人臣一、同日、従三位、任二右〔権イ〕中将一、十月廿一日、被レ申二慶賀一、次被レ仰二下昇殿一、十一月廿七日、任二権中納言一、兼二右中將一、

とあり、『公卿補任』近衛天皇久安三年（一一四七）条の左大臣の項には、

左大臣従一位源有仁四十五、　正月卅日、依レ病辞レ職、二月三日、出家、同十三日薨、法名成覺、大臣労廿六年、左大臣十二年、右大臣五年、内〔内大臣〕九年、號二花園左大臣一、

と見える。一方、藤原頼長の日記『台記』久安三年二月三日条（史料大成本）。以下同じ。但し、本条に限り、傍線部は『宇槐記抄』久安三年二月一〔マヽ〕日条（史料大成本）にて校訂し改め補った文字を示し、もとの『台記』の文字は左に「　」して示した。なお、参考のためにその他の『宇槐

記抄』との異同を右に［ウ］で示した）には、

三日丁酉、人傳、朝左大臣源公(有仁)出家入道、年四十五、疾危急、[不] 即使二忠兼朝臣言一曰、聞二出家入道一、驚歎而有レ餘、對曰(源有仁)、遂二年來本意一、喜悦無レ疆焉、

今日、釋奠、停二詩宴一云々、依二左大臣(源有仁)事一也、上卿(藤原)伊通卿、左大臣源有仁公者、延久聖主(後三条天皇)之孫、輔仁親王之子、中宮大夫(源)師忠卿之外孫、白川[河]法皇迎以爲レ子、今法皇(鳥羽法皇)未レ有二繼嗣一、有レ意三于[ウナシ]欲二立以為レ嗣、然間、今法皇(鳥羽法皇)生二上皇(崇徳)一、然後、賜[給ウ]二姓源一、即日叙二従三位一、任二右近衛權中將一、諸臣不レ叙二四位・五位一、直叙二三位一之例、未二嘗有一者也、法皇(白河)傷三時無[无ウ]二英雄之臣一、爲二此異政一耳、大臣(源有仁)爲レ人、容貌壯麗、而進退有レ度、長二絲竹之道一、琵琶及笙、習二入木之技[様]一、亦巧二于和歌一、詳二習我朝禮儀一、少[小ウ]レ失レ禮、訪二之上古之大臣一、何恥之有矣、當世之臣、无[共]二比レ肩者一、但暗二經史・百家一、纔弁[幷]二二四不同一、人唯怨レ少レ文而已、十[三ウアリ]年以來、患レ疾、不レ能二夙夜事一レ君、識者以爲、大臣之疾、朝廷[庭]之所レ可レ患、今遂[適ウ]捨レ身、朝廷[庭]既如レ無レ人、國[官]家之失二良臣一、豈不レ悲乎、酒者(このごろ)彗星荐見、若見[ウナシ]二此凶祥一歟、天之不レ幸二于日域一、嗚呼悲哉、

と見え、『同』久安三年二月十三日条には以下のようにある。

十三日、丁未、（中略）今日、入道左大臣(源有仁)薨、年四十五、明日、源有忠來赴[訃イ]之、大臣(源有仁)平生語曰、命之矣、此人而不二長壽一焉、此人而不二長壽一焉、吾求二長壽一、故常念二延命一、誦二壽命經一、然猶不レ至二五十一而薨、命有レ定、今不レ得二増減一之旨、見二尚書・禮記正義一、古人之言實矣、

有仁は、誕生の年月日を直接示す史料が無く、歿年から逆算すると、康和五年（一一〇三）に輔仁親王と源師忠の女との間に生まれた（『本朝皇胤紹運録』・『尊卑分脈』後三条源氏・『公卿補任』元永二年条他）。嘉承二年（一一〇七）九月十九日に堀河天皇が崩御し、鳥羽天皇が即位するが、有仁が数え年で十一歳（以下、年齢は全て数え年）の永久元年（一一一三）十月に、皇孫としての有仁王の将来に関わる大事件が起きた（『大日本史料』第三編之十四　永久元年十月五日条第二項「醍醐寺僧仁寛、不軌ヲ謀ルニ依リテ、法皇、検非違使ヲシテ、之ヲ捕ヘシメ給フ、尋デ、仁寛ヲ伊豆ニ流ス」［二九一頁〜二九七頁］）。十月三日、醍醐寺座主勝覚のもとにいた童の千手丸なる者を欺いて、鳥羽天皇の殺害を企てさせたという「落書」（密告書）が皇后令子内親王の御所に投げ入れられ、事は皇后から白河院に伝えられた。そこで、千手丸を捕えて訊問したところ、源俊房の男で三宮輔仁親王の護持僧であった醍醐寺僧仁寛（任観）が、昨年九月頃に殺害の機会を窺っていたが、事がうまく運ばなかったため、千手丸を参内させて実行させることとし、再三千手丸は参内したものの、機会が無く罷り帰ったと自白した。そのため、検非違使を醍醐寺に派遣して仁寛を捕らえ、十月二十二日、仁寛は伊豆大嶋に、千手丸は佐渡国に配流されることが決まった（「千手丸陰謀事件」）。『殿暦』永久元年十月五日条・二十二日条、『百練抄』永久元年十一月(マヽ)二十二日条、『源平盛衰記』巻十六仁寛流罪の事、参照。『源平盛衰記』では「落書」があったのは白河院の御

子全子内親王とするが、他書が示すように鳥羽天皇の准母令子内親王の誤り)。『血脈類集記』四(『大日本史料』三編之十四 二九六頁)によれば、仁寛は「配㆓流伊豆國大仁㆒、改㆓名蓮念㆒」とあり伊豆国大仁(おおひと)に配流され、蓮念と改名した。それに関連して、有仁の父・輔仁親王は塩小路烏丸第に閉門謹慎するに至り(『百練抄』永久元年十一(マヽ)月二十二日条頭書)、左大臣源俊房(当時、七十九歳)や二男師時・三男師俊・師重・師頼が出仕を止められたが(『殿暦』永久元年十二月十九日条他)、犯人とされる仁寛の家族・親族に対して同罪として罰することは「公卿僉議」での藤原為房の発言によって為されなかったという(『源平盛衰記』巻十六 仁寛流罪の事。なお、翌永久二年十一月八日に、俊房・師時・師重らは出仕を許されている〈『殿暦』〉)。しかし、有仁の父輔仁親王と共に母方の村上源氏では俊房流がこの仁寛(任観)事件により勢力を失い、村上源氏の嫡流は俊房の弟の顕房流が嗣ぐこととなった(龍肅「三宮と村上源氏」『平安時代―爛熟期の文化の様相と政治の動向―』 春秋社 一九六二年、吉村茂樹「永久元年の鳥羽天皇に対する疑獄事件について」『上智史学』八号 一九六三年他)。

このような陰謀事件が起こった背景には、後三条天皇が貞仁親王(白河天皇)に譲位する際に、皇位を基子所生の実仁親王、そして輔仁親王にも伝えるように遺言したと伝えるが、白河天皇はそれを守らず、自分の子の堀河天皇に譲位してしまったことがある。この間のことは、『源平盛衰記』巻十六「帝位人力に非ざる事」に「後三條院の第三の皇子輔仁親王には御弟なり、めでたき人にておはしますを、春宮(貞仁親王・白河天皇)即位の後には、必ずこの御子(輔仁親王)を太子に立て奉るべしと、後三條院、返す〳〵白河院に御遺言ありければ、院(白河)も慥(たし)かに御言請(ことうけ)あり、親王(輔仁)の宮も必ず御譲りを受けさせ給ふべき由思し召しけるに、東宮實仁、永保元年(一〇八一)八月十五日に御年十一にて御元服ありしが、應徳二年(一〇八五)八月八日、十五にて隠れさせ給ひしかば、後三條院御遺言に任せ、三宮輔仁、太子に立たせ給ふべかりしを、その沙汰なし、宣下を下されにければ、とにかくに三宮引違へられ給へり、堀河院(中略)同三年(承暦)七月七日、堀河院(善仁親王)御誕生有り、同年十一月三日、親王も八歳まで太子にも立たせ給はず、親王(善仁親王)にて應徳三年(一〇八六)十一月二十六日に御譲りを受けさせ給ひて、軈(やが)てその日、春宮に立たせ給ふ、寛治元年(一〇八七)(中略)三宮は御位こそ叶はずとも、太子にもと召しけるに、六月二日、三宮、陽明門院にて御元服ありしに、太子の御沙汰にも及ばざりしかば、輔仁親王御位空しくして、仁和寺の花園という所に住ませ給ひけり」とあることからも知られよう。父後三条天皇の遺言を守らず、皇位に就けた堀河天皇が嘉承二年(一一〇七)七月十九日に二十九歳の若さで亡くなり、当時五歳の宗仁親王が即位することとなったが(鳥羽天皇)、『台記』康治元年(一一四三)五月十六日条によれば、鳥羽法皇が頼長に「御物語」した中に、「朕(鳥羽)未㆑生以前、故堀河院被㆓疾病㆒也、天下歸㆓心於三宮(輔仁親王)㆒」とあるように、皇位継承者として輔仁親王は常に白河院の悩みの種であった(龍肅前掲「三宮と村上源氏」)白河院直系の皇太子が決まるのは保安四年(一一二三)の顕仁親王(後の崇徳天皇)の立太子を待たなければならなかった状況で、輔仁親王は白河院の強権発動の矢面に立たされたのである。『愚管抄』巻四に「ホリカハノ院（堀河）ウセ給テケル時ハ、重祚ノ御心ザシモアリヌベカリケルヲ、御出家ノ後ニテ有リケレバ、鳥羽院ヲツケ（就）マイラセテ、陣ノ内ニ仙洞ヲシメテ世ヲバヲオコナハセ給ニケリ、光信・為義・保清三人ノケビイシ（検非違使）ヲ朝夕ニ内裏ノ宿直ヲバツトメ（勤）サセラレケルニナン、（中略）クライ（位）ノ御時、三宮輔仁親王ヲオソレ（怖）給ケルナドイヘリ」とあるように、白河院の輔仁親王に対する必要以上の警戒心が述べられている（龍肅前掲「三宮と村上源氏」、関口力「輔仁親王伝―花園山荘をめぐって―」『古代学研究所研究紀要』七輯　一九九八年）。なお、仁寛は、『中右記』大治四年（一一二九）六月二十五日条に「被レ召二返流人等一」の一人として「仁寛、永久元年十月廿二日、配二流伊豆國一、依二無反（謀）一也、經二十七年一」と見えるので、その後、召還されたらしい。

有仁王は、『親王御元服部類記』所引『永昌記』永久三年（一一一五）十月二十八日条（史料大成本）に「晡時、三宮（輔仁親王）若宮（有仁王）被レ参レ院（白河）、輔仁親王第一息、春秋十三、母故中宮大夫師忠卿（源）女、俊綱（橘）娘、日來密々有二御猶子之約一云々、今日、即被レ加二首服一也、（中略）若宮入御、（中略）加冠座給、理髪播磨守基隆（藤原）朝臣、内殿上人、（中略）右大臣（源雅実）加冠、上皇給二龍蹄一疋一、（中略）次依二御旨一上御、即於二簾前一有二御對面一」とあるように、十三歳で白河院の御所にて元服し、白河上皇の猶子となり、『台記』久安三年二月三日条が「有レ意二于欲二立以為レ嗣一」というように皇嗣に擬らえられたこともあった。『今鏡』巻八　みこたち　「花のあるじ」には「初冠せさせ給ひしかば、白河院の御子にし申させ給ひて、院にて、基隆（藤原）の三位の播磨守なりし、初元結し奉りて、右の大臣とて久我（源雅実）の大臣おはせし、御冠せさせ奉り給ひけり、御みめのきよらさ、大人のやうにいつしかおはして、見奉る人、喜びの涙をこぼしつべくもなむありける」と記している。その後、『殿暦』永久三年十二月十三日条（大日本古記録本）。以下同じ）に「頃之三宮男（輔仁親王）冠者（有仁王）被レ参レ院（白河院）、於二南面一有二御對面一、上皇（白河）御二坐簾中一、件冠者参入居二圓座一」とあるように、白河院において有仁王は白河院と対面している。この後、『殿暦』によれば、永久四年（一一一六）正月八日条に「及二秉燭一参二白川新御所一、修正始也、有二御幸一、三宮（輔仁親王）男新冠者（源有仁）候二御車後一、件人於二法勝寺西門一下レ自二御車一、参二御所一被二見物一」とあるように、白河院が修正始のため白河新御所に御幸した際に有仁王を供奉しており、更に同年四月二十三日条には「今日院御見物（賀茂祭使還立）、（中略）上皇御二車尻一三宮（輔仁親王）男宮（源有仁）、被レ候御車後（衍カ）」とあり、翌永久五年（一一一七）四月十五日条には「御見物儀如二先々一、（中略）今日三宮（輔仁親王）男小宮（有仁王）被御車後（候脱カ）」とあるように、賀茂祭使還立を見物した際に有仁王は白河上皇の車に同乗している。これに関して『今鏡』巻八　みこたち　「花のあるじ」には「常に法皇の御車のしり（尻）にぞ乗り給ひて、御幸などにもおはしける」と記している（『今鏡』の引用は、以下、海野泰男『今鏡全釈』［上・下］パルトス社　一九九六年［初版、福武書店　一九八二年・一九八三年］による）。

ところが、元永二年（一一一九）五月二十八日の顕仁親王（後の崇徳天皇）の誕生により、有仁王の皇位継承の可能性は消え、八月十四日、臣籍降下され、源姓を賜り（源有仁）、一挙に従三位に叙された

(『中右記』『長秋記』他)。そして同十一月二十七日、権中納言に任ぜられているが、『中右記』同年十一月二十八日条(大日本古記録本)。以下、同本により、未刊行部分については、『大日本史料』三編及び史料大成本をもとに、宮内庁書陵部所蔵の九条家本［古写本・新写本］により適宜改めた)によれば、「先源氏中納言中将初例也、中納言中將ハ始レ自二昭宣公(藤原基経)一至二當時内府(藤原忠通)一七人皆藤氏人也」と見え、源氏出身者として中納言兼近衛中将になったのは初めてのことであった。『台記』久安三年二月三日条が「諸臣不レ叙二四位・五位一、直叙二三位一之例、未二嘗有一者也、法皇(白河)傷二時無二英雄之臣一、爲二此異政一耳」と評し、『今鏡』八巻　みこたち　「花のあるじ」に「昔も帝の御子、一の人の君達などおはすれど、かく四位・五位などもきこえ給はで、はじめて三位中將になり給ひ、年のうちに中納言中將などは、いとありがたく(有難)や侍らむ」と記しているほどの異例の昇進であった(後世になっても、例えば『師守記』暦応三年［一三四〇］五月十四日条裏書・貞和三年［一三四七］九月十四日条［史料纂集本］、『建内記』正長元年［一四二八］三月条には源有仁の例が引かれるほどであった)。しかし、有仁王の臣籍降下と異例の昇進の政治的背景に関しては、『源平盛衰記』巻十六「帝位人力に非ざる事」に「三宮の御子花園左大臣(源)有仁を、白河院の御前にて元服せさせ参らせ源氏の姓(しょう)を奉らせ給ひて、無位より一度三位して、軈(やが)て中將になし奉りけり、これは三宮輔仁親王の御怨みを休め奉り、又後三條院の御遺言をも恐れ給ひけるにこそ、一世の源氏、無位より三位し給ふ事は、嵯峨天皇の御子陽成院大納言定卿の外、その例なし」とあるように、弟の輔仁親王の怨みを和らげ、後三条院の遺言を守らなかったことに対する後ろめたさに対する白河院の思いや、先に述べた父輔仁親王と村上源氏の政治的地位の喪失に対する償いの念が関わっていることはいうまでもない(龍肅前掲「三宮と村上源氏」)。

この間、『中右記』元永二年(一一一九)十月十七日条(二十一日条カ)に「今日、三位中將(源)有仁被二申慶一云々、(中略)今夕件中將(源有仁)成二女(藤原光子)二位聟一云々、於二院御所大炊御門萬利(里)小路亭一有二此事一、(中略)今夕露顕」と見え、『今鏡』巻六　ふちなみの下に「按察使の大納言さねすゑ(実季)は、鳥羽院の御をほちなり、この大納言の太郎には、東宮の大夫公實(藤原)と申き、(中略)そのおほゐきみは、つねさね(経実)の大納言のうえ(上)、そのつき(次)は、花そのゝひたりのをとゝ(花園左大臣［源有仁］)、のきた(北)のかた(方)、さむ(三)の君は、待賢門の院(藤原璋子)におはします、(中略)みなこの御はゝ光子(藤原)の二位の御はら(腹)なり」とあるように、藤原公実と藤原光子との間に生まれた娘(源有仁の「北の方」＝待賢門院璋子の姉)と結婚している。ところが、その翌月の十一月二十八日、父輔仁親王が烏丸第にて四十七歳で薨去し(『中右記』『長秋記』)、十二月四日に納棺、翌五日に葬送が行われ、観音寺北辺に葬られた(『長秋記』)。輔仁親王は年来、「飲水病」を患った上、背中の「二禁」に苦しみ、亡くなる四日前の十一月二十四日に出家しているが(『中右記』同日条)、『長秋記』元永二年十一月二十三日条(『大日本史料』三編之二十三　元永二年十一月二十四日条所引国立公文書館所蔵秘閣本)によれば、「又被レ仰云(輔仁親王)、雖レ非二幾事一、家領荘園等可レ奉レ介(分)二三位中將(源有仁)

并姫御前（守子女王・恰子女王）一也、但如御殿（女（源基子））存生旨（間カ）、雖レ奉レ分、各不レ可二知行一者、只所レ申二置女御殿（源基子）并母堂（源師忠女）・三位中将等一也、汝（源師時）同可二申行一也、（中略）三位中将并姫若（君イ）事偏所レ憑レ汝也、就レ中姫君無縁人也、如二汝子一可レ思也、（中略）但於二御處介（「今」〔分イ〕）一者、可下令レ書二一紙一給上也、後窂籠相互無益事也、奉レ呼二三位中將一、令レ申二此旨一給、中將殿問下給可二答申一之趣上、下官（源師時）申云、於二他事一者令レ申二承由一給、於二御處介（「令」〔分イ〕）一者、書介（「分」）可レ給之由令レ申給也者、仍令レ申二此旨一給、固（因カ）令三自出二荘園・敕旨等目録一、書二付各御名一給、右狀下有二御判一、女御殿〇（「御」〔書カ〕）後各可二領知一狀也、件書奉レ預二中將殿母（源師忠女）一了」とあるように、死期を悟った輔仁親王は出家前日の十一月二十三日に源師時に指示して、「家領荘園等」の処分については、子である有仁や姫君に分けるが、親王の母である源基子が生存している間は、まだ「知行」はすべきではないと遺言している。更に輔仁親王は師時に遺児となる有仁と姫君の後見を託し、親王家領の処分に関しては後のトラブルを案じて一紙に書くべきとして、有仁（当時十七歳）を枕元に呼び、荘園・勅旨田等の目録に有仁が「御名」を書き付け、書状の下に「御判」をして、「女御殿（源基子）」が亡くなってからそれぞれ「領知」すべき旨を記し、有仁の母（源師忠の女）に預けた。輔仁親王が死後のことを源師時に頼んでいるのは、師時の母が源基平の女で、輔仁親王の母（源基子）と姉妹であったため、すなわち師時と輔仁親王とは従兄弟関係にあったためである（関口力前掲「輔仁親王伝」）。

話を有仁の事績に戻すと、有仁は保安元年（一一二〇）十二月十四日に権大納言に任じられ（『中右記』）、翌保安二年（一一二一）二月二十九日に正三位に叙され（『公卿補任』保安二年条・『一代要記』）、三月十二日には右近衛大将に任じられたので（『公卿補任』保安二年条には「任二右大將一、即饗二士卒一」と見える）、『今鏡』八 みこたち「花のあるじ」に「右近大將かけ給ひき、世の人、宮大將など申して、行幸見る人は、これを見物にしあへる事に侍りしか」と見えるように、世間では宮大将と呼ばれた。十二月一日には日吉社行幸の上卿を務めたことにより従二位に叙され（『公卿補任』『一代要記』『十三代要略』）、保安三年（一一二二）二月十日には二十歳で正二位に進んだ。十月十六日には、八月二十五日に洪水によって破損した伊勢神宮外宮（豊受宮）正殿の「天平賀（瓮）」を旧のように安置するために伊勢臨時奉幣使発遣の上卿を権大納言として担当した（『勘仲記』正応元年［一二八八］二月九日条〔史料大成〕）。そして十二月五日には「任大臣兼宣旨」を蒙り、十二月十七日には内大臣に任じられ、同日、「二条高倉通季卿（藤原）第」において任内大臣の「大饗」が行われた（『公卿補任』保安三年条）、次いで天治元年（一一二四）十一月十五日には、『玉葉』安元三年（治承元年・一一七七）六月五日条に見える大外記清原頼業が注進した代々の橘氏是定の「例」に「花薗左大臣（源有仁）、天治元年十一月十五日、権大納言能俊（源）卿仰二大外記中原師遠一云、宜レ令三件大臣定二行彼爵事（氏脱カ）一者、去保安二年、故左大臣（源俊房）辞退替、于レ時内大臣、」とあるように、保安二年二月の堀川左大臣源俊房の出家以来、三年間不在だった橘氏是定に就いている（大島幸雄「橘氏是定小考」『史聚』一六号・一七号一九八一年・一九八二年）。天承元年（一一三一）十二月二十二日に右大臣に進み、従一位に昇進している（『中右記』・『公卿補任』大治六年［天承元年］条他）。更に、長承四年（一一三五・保延元年）二月八日には左近衛大将に転じている（『公卿補任』長承四年［保延元年］条）。保延二年（一一三六）五月二十八日には左馬寮御監となり（『公卿補任』保延二年条）、『中右記』保延二年七月十二日条には「頭右大辨(藤原)宗成参二右府(源有仁)亭一、仰(源有仁)云、為二一之上一、行二宮中之事□一へ。是保安二年例者」とあり、左大臣藤原家忠の逝去（五月二十四日）をうけて「一上」になった。そして十二月九日に左大臣に転じている（『台記』・『公卿補任』保延二年条）。ところがどうもこの頃から有仁は病を患っていたようである。先に引用した『台記』久安三年二月三日条に依れば、十年以来、「疾」を患い、朝早くから夜遅くまで天皇に仕えることが出来なくなったという。有仁が亡くなるちょうど十年前が、左大臣に就任したころであるが、日記を見ると、有仁が「所労」「所悩」「不例」「不参」「籠居」「二禁」等で公務に勤仕できなかったり早退したり遅刻したりという記事が、内大臣であった大治四年（一一二九）頃からしばしば見える（『中右記』大治四年六月十九日条［臨時百座仁王会］・十一月七日条［大原野行幸］、長承元年［一一三二］正月四日条［五日の叙位儀］・二月二十八日条［法成寺両塔供養］・三月二日条［法勝寺金堂如法仁王会］・四月二十二(二十六日カ)日条［二十七日の奉幣上卿］・五月十五日条［季御読経結願］・五月十八日条［法勝寺金堂如法百座仁王会］・十一月二十三日条［五節舞姫］・十二月二十四日条［官奏和奏辞退］・十二月二十八日条［吉書和奏］長承二年正月四日条［五日の叙位儀］・正月二十一日条［二十二日の春除目執筆］・二月二十八日条［定申仁王会僧名日時］・五月三日条［春季御読経僧名并日時定・最勝講僧名日時定］、長承三年正月二日条［院御所拝礼］正月五日条［朝覲行幸・叙位執筆］・正月十八日条［賭弓］・二月二十日条［除目執筆］・三月十九日条［高陽院藤原泰子立后］・六月七日条［行幸院御所二条万利(里)小路亭］、『長秋記』長承三年十一月二十九日条［有仁消息云、所労全無減気、偏邪気所為也］、『中右記』長承三年閏十二月四日条［六日の除目］・十五日条［秋除目］・二十一日条［有仁、右大将辞状］、『長秋記』長承三年閏十二月二十一日条［有仁、右大将辞状］・二十五日条［同］・二十七日条［同］、『中右記』長承四年［保延元年］正月二日条［参院御所・関白殿］・二十五日条［二十六日除目執筆］・二月二十五日条［有仁、左大将辞申］、保延二年（一一三六）正月十六日条［踏歌節会］・十八日条［除目中夜延引］・二十六日条［鳥羽天皇第四皇女叡子御五十日］、保延三年正月二十二日条［官奏］・九月三日条［例幣］・十月五日条［六日小除目］等）。有仁の病名は、田中本『春玉秘抄』の「奥書等」に「依二渇病一籠居」とあるように、糖尿病であった。その後、病のためか、保延五年（一一三九）十二月十四日には左大将を辞している（『公卿補任』保延五年条）。父輔仁親王も年来「飲水病」（糖尿病）を患った上、背中の「二禁」（おでき）で苦しんだが、後に出家している（『中右記』元永二年十一月二十四日条）。有仁も糖尿病に加えて、「瘡」に悩まされている。例えば『台記別記』康治元年（一一四二）十一月十六日条（近衛天皇大嘗会）に引用する左大臣源有仁が内大臣藤原頼長に送った「書状」（「往日尋下大嘗會外辨上(上卿)可レ問二諸司否之處、左府（源有仁）返事」）には「節會間出仕事、此少瘡謂平愈（癒）、謂更發、朝夕變改、辛苦不定、仍出仕未思得候、只以有少減之日可参内之由、令存候也」とあり、「少瘡」が平癒したり再発したり、朝夕で病状が変わり、辛さが定まらないため、いまだ出仕しようという気持ちになれないが、辛さが少し減った日があるので、参内しようとは思うと記している。これに関連して『台記』康治元年十月十二日条の「先日所借之大嘗會式、返送左閤（左大臣源有仁）之次云（藤原頼長）、扶御悩尚令参御禊給可宜者、被報（源有仁）云、少瘡増不堪起居、不可参、今日其由可申上」とあり、「少瘡」が増え、起居に堪えられないので、参ることが出来ないと伝えている。康治三年（天養元年・一一四四）正月一日には、有仁は鳥羽院・皇后（藤原泰子）・崇徳院の礼拝に赴いたものの、参内しなかったため「可謂無礼歟」（『台記』同日条）と評されているが、七日条にも「左府（源有仁）不可参之由」とあるように体調不調のせいであった。更に『台記』天養元年十一月二十一日条に「左大臣（源有仁）、稱疾在仁和寺、必可参也、對曰（源有仁）、夜間、得所悩減、但鼻寒声枯、内辨可招嘲、且又先例、参入之人、猶依咳病、免内辨退出」とあるように、「咳病」も併発している。『台記』天養二年（久安元年・一一四五）正月二十二日条によれば「左府（源有仁）重悩」とあり、『台記』久安元年閏十月七日・八日・十三日の各条には頼長が有仁の病状を問うている。有仁は父輔仁親王と同様に糖尿病に苦しんだようである。田中本『春玉秘抄』の「奥書等」に見えるように、「春次第」などを作成する際にも、「渇病」は影響を与えていたらしい。儀式書の編纂に関しては「渇病」でかえって出仕できず、私邸に「籠居」していたことが、案外、膨大な儀式書の作成・整理に関わる時間や意欲を与えたかもしれないので、有仁の病気の進行と儀式書の作成時期との関係について関連づけて検討する必要がある。

しかし、有仁の晩年を見ると、病気を抱えながらも重要な公事を行っており、また頼長などからの儀式作法に関する問い合わせに答えている。内大臣に任じられて以降公務で注目すべきは、先ず叙位・除目儀を主宰し記録する執筆（原則として関白を除いた第一の大臣が勤める）の役である。宮内庁書陵部所蔵九条家本『叙位除目執筆抄』（函号 九―五〇六七）によれば（括弧内は同所蔵三条西家本［函号四―四―一二七〇］で補った）、

同五（大治五年・一一三〇）	正・六	叙丨（位）		執丨（筆）	内大臣有仁（源）「保安三十二七任内大臣」
	廿六	縣丨（召）	廿八日入丨（眼）	執丨（筆）	内大臣同（源有仁）
	十・四	京丨（官）	五日入丨（眼）	執丨（筆）	右大臣家忠（藤原）「天承元十二月廿二日、轉左大臣、号花山院」
天承元年（大治六年・一一三一）	正五	叙丨（位）		執丨（筆）	内大臣有仁（源）
	廿日	縣丨（召）	廿二日入丨、（眼）	執丨（筆）	内大臣同（源有仁）
	十二・廿四	京丨（官）		執丨（筆）	右大臣同（源有仁）「廿二日轉右大臣」
長承元年（一一三二）	正・五	叙丨（位）		執丨（筆）	内大臣宗忠（藤原）「天承元十二廿二任内大臣」
	廿日	縣丨（召）	廿二日入丨、（眼）	執丨（筆）	右大臣有仁（源）
	十二・廿五	京丨（官）		執丨（筆）	内大臣宗忠初度（藤原）

（中略）○以下、長承二年正月五日叙位・正月二十二日県召除目・十月九日京官除目・長承三年正月五日叙位・二月二十日県召除目・閏十二月十五日京官除目、保延元年正月五日叙位・正月二十六日県召除目・十二月二十四日京官除目ノ執筆ハ「内大臣（藤原）宗忠」、

同二（保延二年・一一三六）正・六　叙（位）ー　執（筆）ー　内大臣（藤原宗忠）同

十七　縣（召）ー　廿二日入ー、〔眼〕　執（筆）ー　内大臣　宗忠（藤原）　同「今年十二月九、轉[二]右大臣[一]号[二]中御門右ー[一]」中「夜」權大納言忠教卿勤[レ]之、（大臣）依[二]内大臣所勞[一]也、

十一　四　京（官）ー　執（筆）ー　右大臣有仁（源）或宗忠、「保延二十二九、轉[二]左大臣[一]」

（中略）

永治元年（一一四一）

正・六　叙（位）ー　執（筆）ー　内大臣　同（藤原頼長）

二十七日　縣（召）ー　廿九日入ー、〔眼〕　執（筆）ー　内大臣　宇治殿（藤原頼長）

十二・二　京（官）ー　執（筆）ー　左大臣　有仁（源）

とあり、有仁は、叙位では、大治五年（一一三〇）正月六日・翌六年（天承元年）正月五日の執筆を内大臣として行った。また除目では、大治五年正月二十六日の県召、大治六年（天承元年・一一三一）正月二十日の県召・天承元年十二月二十四日の京官の執筆を内大臣として、天承二年（長承元年・一一三二）正月二十日の県召、保延二年（一一三六）十一月四日の京官の執筆を右大臣として、永治元年（一一四一）十二月二日の京官の執筆を左大臣として、それぞれ行った。

この他、『中右記』長承三年正月一日条に「節會入夜始、内辨右大臣、有仁（源）」とあり、『玉葉』承安二年（一一七二）十一月十五日条に「此日、豐明節会也（高倉天皇大嘗会）、早旦自[二]左大將許（藤原師長）[一]被[レ]送[二]書状[一]云、今日出仕如何、又中間入御之時、供[二]御飯[一]之由、保延左府記（源有仁）被[レ]注[レ]之云々、（中略）自[二]攝政許（藤原基房）[一]被[レ]示云、昨夜不審申事等、（中略）一、中間入御之時事、保安御記（藤原忠通）云、中間入御供[二]御膳[一]、内辨、花園左大臣、（源有仁）入御之時、不[レ]須[レ]供者也云々」とあり、また『天祚禮祚職掌録』（『群書類従』巻三十三）の近衛院には「永治元年（一一四一）十二月廿七日、即位、大極殿、（中略）内辨、左大臣源朝臣有仁公」と見え、『本朝世紀』康治元年（一一四二）正月一日条には「天皇（近衛）不[レ]御[二]南殿[一]、節會如[レ]常、左大臣（源有仁）行[二]内辨事[一]」とあるように、元日節会・即位儀・大嘗会（豊明）節会など重要な儀式の内弁を有仁は務めた。この他、例えば、布施美術館所蔵『外記宣旨』（清水潔「『外記宣旨』について」『藝林』三二巻四号　一九八三年）によれば、

左大臣（源有仁）宣、奉[レ]勅、宜[下]停[二]皇后宮職[一]為[二]高陽院[一]、改[二]進・属[一]為[中]判官代・主典代[上]、兼又年官・年爵如[レ]舊者、

保延五年（一一三九）七月廿八日　大外記兼博士清原眞人信俊奉、

御季御服等如[レ]舊可[レ]奉[レ]宛、又内膳飯可[レ]止由被[レ]仰[レ]辨、

とあり、保延五年七月、鳥羽天皇の皇后藤原泰子の皇后宮職を高陽院という院庁に改める外記宣旨の発給に関与し、崇徳天皇の勅を奉っている。このように体調が良い時は内裏に出仕し、日常の政務にも関わっていた。また保延五年十二月二十七日には雅仁親王（後の後白河天皇）の元服儀に際して、加冠役を務めた（『親王御元服部類』）。

久安三年（一一四七）正月三十日、有仁は病に依り上表して左大臣を辞職したが（『台記』『本朝世紀』）、文章博士藤原永範に作成させた上表文が『本朝世紀』に引用されている。そして二月三日に出家し

ているが、『台記』久安三年二月三日条には有仁の人となりに続き、「識者」は有仁の病は朝廷の患うべきところであり、今、遂に身を捨ててしまったが、朝廷は既に人がいないに等しく、国家が「良臣」を失ったことをどうして悲しまないでおられようか。この頃、彗星が頻りに見えたが（『本朝世紀』久安三年二月二日条に「今月正月十二日彗星又見レ自二去正月八日一」とある）、このことはもしかしたら悪いしるしであり、天が日本に幸いしないことは大変悲しいと頼長は歎いている。『本朝世紀』同日条では「受性温雅、尤有二器度一、人悲レ之、世惜レ之」としている。二月九日に頼長は使いを有仁のもとに派遣してお見舞いの辞を託したのに対して、有仁は「疾はおのずから癒えるであろう」と答えた。そして、十三日に薨去している。享年四十五歳、法名は成覚である（『公卿補任』久安三年条・陽明文庫本『摂関系図』に「源有仁（左、輔仁親王子、花園左大臣、法名、成覺、）」）、『公卿補任』久安三年条・『一代要記』近衛天皇条によれば、有仁は「大臣労」二十六年のうち、左大臣十二年、右大臣五年、内大臣九年であった。なお、有仁の肖像としては、宮内庁三の丸尚蔵館所蔵『天子摂関御影』に「花園左大臣源有仁」の画像が見える。有仁の葬儀の模様や埋葬先は不明であるが、建久五年（一一九四）四月付「前斎院（頌子内親王）庁置文」（『高野山文書』〔『続宝簡集』九六〕・『鎌倉遺文』二―七二二）に、

前齋院（頌子内親王）廳

定二置（高野山）蓮華乘院御佛事用途一事

合米佰斛内（紀伊国日高郡）南部御庄本斗定、

二月七日、比丘尼妙惠忌日、

阿彌陀行法一座、　同經一巻、

同大咒廿一遍、　尊勝陀羅尼七遍、

御佛供并燈油料米一斗五升、

僧衆三口内、（一人導師、一石、余僧二口、各伍五斗、）

已上、二石一斗五升、

同（二月）十三日、花園左府（源有仁）忌日、

佛事僧衆并用途如レ先、

三月廿九日、伏見齋宮（守子内親王）御忌日、

（中略）

右、以二南部庄所當米伍斛一、支二配于御佛事等一畢、宜下守二此旨一勿上レ令二違失一矣、依二　令旨一、記録如レ件、

建久五年四月　日

と見え（承元二年〔一二〇八〕九月付「蓮華乗院仏事相折帳」〔『高野山文書』・『続宝簡集』九六、『鎌倉遺文』三―一七五九にもほぼ同内容の記載が見える）、高野山蓮華乗院では、毎年、源有仁が亡くなった二月十三日を忌日として僧衆三人が供養の仏事を行っていたことが知られる。

関連して、有仁の神仏への信仰に関して述べておくと、京都女子大学所蔵『表白集』第四「堂供養」には寛信法務が作成した「花薗左（源有仁）大臣家堂供養表白」が収載されている（山本真吾「京都女子大学蔵表白集解説並びに影印」鎌倉時代語研究会編『鎌倉時代語研究』第一〇輯　武蔵野書院　一九八七年。本解説九五頁参照）。また先に引用した『台

記』久安三年二月十三日条によれば、有仁は長寿を求め、日頃から延命を念じて「壽命經」を誦していたと頼長は評している。しかし、晩年は病気がちだったこともあるせいか、『今鏡』第八　みこたち「月の隠るる山のは」に「大将殿」（源有仁）が冷泉東の洞院の私邸から「七夜、徒歩（かち）より御装束にて、石清水の宮に參り給ひける」ことがあったが、「その御供人など、いかばかりなる御志にて、かく徒歩の御物詣、夜を重ねさせて給ふらむ、現人神（八幡大神）、昔の帝（応神天皇）におはしませば流れの途絶えさせ給ふ御事にやなど、おぼつかなくおぼえけるに、臨終正念、往生極楽と忍びて唱えさせ給ひける御ねぎ事にて」とあり、『古事談』（岩波・新日本古典文学大系本）第五―九　神社仏事（石清水）「有仁祈二往生于八幡（石清水）宮一事」に「花園左府（源有仁）、着二日装束（イナシ）一沓（履）ヲハキテ、自レ京歩行（かち）ニテ、七ケ夜令レ詣二八幡宮一給、還御之時騎馬云々、御供人々モイカハカリノ事ヲ令二祈請一給ヤラムト不審（いぶかしみ）シケルニ、満二七ケ日一之夜、奉幣之時、幣取繼人、近ク候テ聞ケレハ、臨終正念、往生極樂ト、涙ヲ流シテ令二祈申一給ケリ、果被レ遂二往生一畢云々」とあるように（鴨長明作の『発心集』「花園左府詣二八幡一祈二往生一事」・『私聚百因縁集』第九　花園ノ左大臣ノ事にも同様の説話あり）、有仁は、現世のことを祈らず、後世の往生極楽を祈ったという。亡くなる直前には『台記』久安三年二月三日条によれば、この日出家した有仁に驚き、頼長が使者を遣わしたのに対して、有仁は「出家は年来の本意を遂げたのであり、喜悦することは彊（かぎ）りがない」と答えている。前記の『古事談』では往生を遂げられたとあるが、亡くなった記事に往生の様相が見えないことや「往生伝」にも有仁が見えないことから、「往生者」になれたか否かは不明である。しかし、頼長への有仁の返事を見る限り心静かな最後を迎えたようである。

ところで、『今鏡』第八　みこたち「花のあるじ」には、有仁に関する様々なエピソードが詳しいが、そのなかに「光源氏などもかかる人をこそ申さまほしくおぼえ給ひしか」とあり、有仁が一時皇嗣に擬らえられた後、臣籍降下したこともあり、『今鏡』の作者はその人となりを『源氏物語』の主人公である光源氏に喩えようとしている。有仁の広く豊かな才能について具体的には、幼少のころから「御能も御みめもしかるべき事と見えて、人にもすぐれ給ひて、常に弾き物・吹き物などせさせ給ふ、又詩作り、歌など詠ませ給ひけるに」とあり、別の箇所には「管弦はいづれもし給ひけるに、御琵琶・笙・笛ぞ御遊びにはきこえ給ひし、すぐれておはしけるなるべし、御手もよく書き給ひて、色紙形・寺の額など書き給ひき」と記し、彼が漢詩・和歌・管弦・書道に優れていたことを伝えている。先に引用した『台記』久安三年二月三日条では、人となりは、「容貌壮麗」で「進退」に節度があり、「絲竹之道（琵琶及笙）」すなわち、琵琶や笙の演奏に長け、「入木之技」（「技」の字は『台記』では「様」とするが、『宇槐記抄』により改めた）を習う能書家で、「和歌」も巧みであった。但し「經史・百家」には暗く、纔（わずか）に「二四不同」を弁じてはいるものの、人は唯だ「文」（漢文）が少なかったことを怨むだけであったという。この他、有仁は朝廷の儀礼に詳しかった訳であるが、このことに関しては、節を改めて述べることとし、本節では頼長に高く評価され、当時の公卿の理想像ともいうべき光源氏に擬せられた有仁の豊かな才能について具体的に述べることにする。

管絃の道では、有仁は再三引用する『台記』久安三年二月三日条に「絲竹之道（琵琶及笙）」とあり、『今鏡』第八 みこたち「花のあるじ」でも、常に「弾き物」（琵琶）・「吹き物」（笙・笛）などをなさったとする。まず、琵琶の演奏に関しては、文机房隆円の『文机談』巻二花園左大臣有仁（岩佐美代子『文机談全注釈』笠間書院 二〇〇七年）には「基綱のなかれは、後三條院の第三の御子輔仁親王傳□（さ）せ給、またその御子にて花園のをと﹅（大臣）（源）有仁つた（伝）へ賜せ給、この左のをと﹅（大臣）をは、（中略）御比巴（琵琶）・御箏・笙なとまでも、いみしくあそはされけり、花園という比巴はこの御物とそ申める、御子孫あらしとたいほ（大菩薩）さつに申うけさせ給て、た﹅二代（輔仁親王・源有仁）にてと﹅まらせ給、この御なかれ（流）は、もしてうけ給たる人ありともきこ（聞）えす」とあり、『楽書類聚』第三冊所収「琵琶血脈」（図書寮叢刊『伏見宮旧蔵楽書集成』一―四六 一九八九年）には治部卿源基綱の下に「輔仁親王（後三条院第三御子、） 左大臣源朝臣（有仁）」と見えるように、有仁は父輔仁親王より琵琶の伝授をうけた。

『御遊抄』二によれば、保安二年（一一二一）二月二十九日の三条第での朝観行幸の際に「比巴（琵琶）（権大納言有仁、初度）」と見える他、具体的な記録に見える有仁による琵琶の演奏は、『永昌記』天治元年（一一二四）六月五日条を始めとして、『中右記』によれば、大治二年（一一二七）正月三日の朝観行幸や同年の鳥羽院第四皇子雅仁（後の後白河天皇）の第五夜儀（九月十五日）・第七夜儀（九月十七日）・御五十日（十一月八日）・御百日（十二月二十二日）の御養産「御遊」でも同様に「内大臣（源有仁）琵琶」とあり、琵琶を担当した。以後、大治四年正月二十日の朝観行幸の御遊始、天承二年（長承元年）正月二日の朝観行幸の御遊、長承二年（一一三三）正月一日の元日節会の御遊・同二日の朝観行幸の御遊始、保延二年（一一三六）三月二十七日の鳥羽院第四皇女叡子の御百日儀の御遊、保延三年正月四日の朝観行幸の御遊、同年七月二十三日の鳥羽院皇女暲子の御百日儀の御遊、十二月十日の叡子内親王御着袴の御遊（以上、『中右記』）、十二月二十七日の雅仁親王御元服儀の御遊（『親王御元服部類記』）、などでも琵琶を担当したことが確認出来る。また有仁は、琵琶の名品を所蔵していたことが、前掲の『文机談』に見える「花園という比巴」の他、『胡琴教録』下 比巴（琵琶）宝物（前掲『伏見宮旧蔵楽書集成』二―一）に「小夏女、花園左府（源有仁）御比巴也」とあり、『伏見宮旧蔵楽書集成』三―六「管絃した﹅むる事」に引載する天福元年（一二三三）十一月の本奥書と弘長三年（一二六三）十二月二日書写の本奥書のある「蓮花王院宝蔵御琵琶・箏・和琴等目録事」に「一面、（元花園左大臣御物、）三等、（甲紫檀五径、） 撥面人在二座上一」とあり、源有仁が琵琶の名器を所持していたことが知られる。

次に笙・笛の伝授では、『鳳笙師伝相承』・『大家笛血脈』に、

（前略）三宮――――――花園左大臣――――――齋院長官（有房）
輔仁親王、後三條院御子、　　輔仁親王御子、稱レ賜二源氏一

とあり（最後の注記は『鳳笙師伝相承』による）、父輔仁親王から笙や

笛を伝授され、斎院長官源有房に伝えている。なお、斎院長官源有房とは神祇伯源顕仲の男であり、源師行の男で有仁の猶子となる有房とは別人であるという（中村文「源有房考」『立教大学日本文学』五七号　一九八六年）。また、箏に関する秘事・口伝を中心に楽にまつわる説話などを記した釈顕達編『愚聞記』上巻（前掲『伏見宮旧蔵楽書集成』二―二）には、

一、帝王管絃事、次第不同、

（中略）

一、大臣

信（源）大臣、比巴（琵琶）・箏・笛、　西宮左大臣（源高明）、同、　花薗左大臣（源有仁）、輔仁親王庭訓、

とあり、有仁は父輔仁親王より「庭訓」をうけ笙・笛を伝授されていることが判る。この他、『続教訓抄』には有仁が笙の優劣を論じており、『台記』保延二年（一一三六）十一月二十一日条によれば、「秉燭程行二向右府（源有仁）御許一、（中略）右府着二烏帽子直衣一出居、暫言談之後、右府被レ吹レ笙、雙調々子也、予（藤原頼長）驚耳、頃之右府被殿（取カ）二寄火桶一被レ炙レ笙」とあり、頼長の前で有仁が笙を吹いた時の様子が記されている。

また、『千載和歌集』巻第九　哀傷歌には、

花園左大臣（源有仁）の家にて童にて侍りけるを、笙を教へ侍るとて、給へける笛を、年を經て後、かのために佛供養し侍りける時、笛に添えて侍りける、　法印成清

597　思ひきや　今日打ち鳴らす　鐘の音（ね）に　傳へし笛の　音（ね）を添へむとは

と見え、また、『古事談』第五―十一　神社仏事（石清水）「八幡検校僧都成清事」に「八幡故検校僧都成清ハ、光清第十三郎之弟子、小大進三宮（輔仁親王）女房腹也、小大進所レ生子息八人、皆女子也、仍慕二男子一人一之間、有二夢告一、熊野權現ニ可レ申レ祈云々、依レ之即企二参詣一、還向之後、不レ經二幾程一懐妊、所二産生一之子也、生年九歳之時、本師（光清）入滅之間、相二具小大進一、祇二候于花薗左大臣（源有仁）家一、憐愍之余、十二歳之時、及下可レ加二首服一之沙汰上、（中略）此夢之後、被レ止二首服之儀一、召二乗御車一後、被レ将二参高野御室（覚法法親王）一、公光（藤原）・師仲（源）等有二御共一、其後頗携二絃管一祇候、十六歳出家、號二甲斐君一、然間花薗殿（源有仁）薨逝給之後、於レ事無レ縁、依レ失二渡世之計一、偏思二無上菩薩一、一身歩行、詣二高野山一」とあることから、花園左大臣家の女房小大進の子供で、のち石清水八幡宮の検校僧都になった成清（じょうせい）は、有仁から笙を習っていたことが知られる（荻野三七彦「藤原俊成本春記並びにその紙背文書の研究」『史学雑誌』五〇編二号　一九三九年）。

和歌に関して、勅撰集では、國學院編・校訂『校訂増補五十音引勅撰作者部類』（六合館　一九〇二年）の「花園左大臣（源有仁）従一位有仁公輔仁親王御子」の項によれば、『金葉和歌集』春に三首、夏に二首、秋に一首、冬に二首、恋下に一首（「内大臣」）、『詞花和歌集』春に一首（花園左大臣）、『千載和歌集』春上に一首・春下に一首・賀に一首・恋一に一首・恋二に一首、『新古今和歌集』夏一に一首・恋一に一首・恋二に一首、『続古今和歌集』雑上に一首、『玉葉和歌集』春下に一首・雑一に一首と、『金葉和歌集』を初出とし、勅撰集も合計二一首入撰している。具体的

にその作品を示すと、以下の通りである（和歌の上の数字は『新編国歌大観』角川書店の番号を、下の括弧内は和歌の「部」、和歌の次行の括弧内は収載されるその他の和歌集をそれぞれ示す。なお、煩雑となるため、異本表記や歌集間等の表記の異同は省略した。有仁の和歌の集成に関しては木村尚志・高木周両氏［ともに東京大学史料編纂所学術支援専門職員］の助力を得た）。

（1）『金葉和歌集』二度本

松間桜花といへる事をよめる　内大臣（源有仁）
37 春ごとに　松の緑に　うづもれて　風にしられぬ　花桜かな
（春）
（『和歌一字抄』上　松間桜金　73番）

花為春友といへる事をよみ侍りける　内大臣（源有仁）
39 散らぬまは　花を友にて　すぎぬべし　春より後の　知る人も
がな（春）
（後鳥羽院撰『時代不同歌合』八十八番　右176番、『和漢兼作集』巻三　春部下　269番）

三月盡寄戀といへることをよめる　内大臣（源有仁）
91 春はをし　人はこよひと　たのむれば　おもひわづらふ　けふ
のくれかな（春）
（『金葉和歌集』三奏本　春　93番、後鳥羽院撰『時代不同歌合』八十九番　右178番）

郭公（ほととぎす）をまつこころをよめる　内大臣（源有仁）
110 戀すてふ　なきなやたたん　ほととぎす　まつにねぬよの　か
ずしつもれば（夏）

五月五日実能（藤原［徳大寺］）卿のもとへくすだま（薬玉）つかはすとて　内大臣（源有仁）
127 あやめ草　ねたくもきみは　とはぬかな　けふは心に　かかれ
とおもふに（夏）
（『今鏡』巻八　みこたち「花のあるじ」。『宝物集』一四六）

七夕の後朝（きぬぎぬ）の心をよめる　内大臣（源有仁）
164 かぎりありて　わかるるときも　七夕の　なみだのいろは　か
はらざりけり（秋）

谷水結氷といへることをよめる　内大臣（源有仁）
272 たにがはの　よどみにむすぶ　こほりこそ　見る人もなき　か
がみなりけれ（冬）
（『金葉和歌集』三奏本　冬　［氷をよめる］274番、『和歌一字抄』下　谷水結氷　816番）

依花待春といへることを　内大臣（源有仁）
299 なにとなく　年の暮るるは　惜しけれど　花のゆかりに　春を
待つかな（冬）
（『金葉和歌集』三奏本　冬　依花待春　305番、『和歌一字抄』下　依花待春　913番）

月増戀といへることをよめる　内大臣（源有仁）
424 いとどしく　面影にたつ　今宵かな　月を見よとも　契らざり

しに（恋下）

（『和歌一字抄』上　月増恋金　328番）

（2）『詞華和歌集』

落花満レ庭といふことをよめる　花薗左大臣（源有仁）

43 庭もせに　積もれる雪と　見えながら　かをるぞ花の　しるしなりける（巻一　春）

（『後葉和歌集』春下　60番「散花埋庭の題を」、『和歌一字抄』上395番「落花満庭金」）

（3）『千載和歌集』

鳥羽院くらゐおりさせ給ひて後、しら河に御幸（みゆき）ありて花御覧じける日、よみ侍りける（保安五年［一一二四］閏二月十二日）

花園左おほいまうちぎみ（大臣）（源有仁）

44 影きよき　花の鏡と　みゆるかな　のどかにすめる　しら川の水（春上）

（『今鏡』巻八　みこたち「花のあるじ」、『和漢兼作集』巻二　春部中　178番。『月詣和歌集』正月　59番、『歌枕名寄』巻五　白河）

花浮二澗水一といへる心をよみ侍りける　花薗左大臣（源有仁）

100 山風に　散りつむ花の　流れずは　いかで知らまし　谷のした水（春下）

（『月詣和歌集』三月　212番、『和歌一字抄』上385番）

保延二年、法金剛院に行幸ありて、菊契二多秋一といへる心をよませられ侍りけるに、よみ侍りける

（一首略）

花薗左大臣（源有仁）

620 八重菊の　にほふにしるし　君が代は　千歳の秋を　かさぬべしとは（賀）

（『続詞花和歌集』賀　353番、『月詣和歌集』正月　75番、『宝物集』四九八）

題しらず　花薗左大臣（源有仁）

673 たよりあらば　海人の釣舟　ことづてむ　人をみるめに　求めわびぬる（恋一）

（『定家八代抄』恋一　910番　詞書「戀のうたとてよみ侍りける」、『続詞花和歌集』恋上　529番）

題しらず　花薗左大臣（源有仁）

705 はかなくも　人に心を　つくすかな　身のためにこそ　思ひそめしか

（『月詣和歌集』四月　347番）

（4）『新古今和歌集』

題しらず　花園左大臣（源有仁）

199 聞きてしも　猶ぞ寝られぬ　時鳥　待ちし夜比の　心ならひに（夏一）

（『和漢兼作集』巻四　夏部上　428番）

忍草の紅葉したるにつけて、女のもとに遣はしける　花園左大臣（源有仁）

1027 わが戀も　今は色にや　出でなまし　軒のしのぶも　紅葉しにけり（恋一）

（後鳥羽院撰『時代不同歌合』九十番　右180番、惟宗広言撰『言葉和歌集』恋上　5番、『十訓抄』下　第八「可レ堪二忍于諸事一事」八ノ序に「花園左大臣、かの草（忍草）のもみぢにつけて、心の色をあらはし給ひけむもやさしくおぼゆ」とある）

見れど逢はぬ戀といふ心をよみ侍りける　花園左大臣（源有仁）

1091 人しれぬ　戀に我身は　しづめども　みるめにうくは　涙なりけり（恋二）

（『月詣和歌集』恋中　463番）

(5)『續古今和歌集』

岸柳を　花園左大臣（源有仁）

1494 しほみてば　あまの釣かと　みゆるかな　岸に乱るる　青柳の糸（雑上）

（『和歌一字抄』上　「海辺柳」　62番）

(6)『玉葉和歌集』

家の櫻の風に散りけるを見てよめる　花園左大臣（源有仁）

246 惜しと思ふ　花のあるじを　おきながら　わがものがほに　誘ふ風かな（春下）

（『今鏡』巻八　みこたち「花のあるじ」）

乳母の風邪おこりてわづらひ侍りけるに、花につけて遣はしける　花園左大臣（源有仁）

1874 われはただ　君をぞ惜しむ　風をいたみ　ちりなん花は　又もさきなん（雑一）

（『今鏡』巻八　みこたち「月のかくるる山のは」）

一方、私家集には、勅撰集に採られている歌を除き、以下の四首の和歌が知られる。

(7)『言葉和歌集』

よみ人しらず

(134) よもすがら　いやはねらるる　山里は　まつふく風に　おどろかれつつ（恋中）

返し　花薗右大臣（マヽ）（源有仁）

135 よもすがら　ねずとはいかに　ぬればこそ　松ふく風も　おどろかすらめ（恋中）

三月許に　わづらふこと　侍りければ　花薗左大臣（源有仁）のもとへ　たてまつらせ給ひける　越後

(234) かぜをいとふ　こころは花に　おとらねど　われをばをしむ　人のなきかな（雑上）

返し　左大臣（源有仁）

235 かぜはやみ　きみをぞわれは　をしみつる　ちるとも花は　またもさきなん（雑上）

(8)『萬代和歌集』

槿（むくげ）をよみ侍りける　花園左大臣（源有仁）

1051 こころなき　しづがしわざと　見えぬかな　あさがほさける

しばのそでがき（秋下）

（『夫木和歌抄』雑十三・しばのそでがき　14994番）

(9)『夫木和歌抄』

御集　一字抄　花園左大臣（源有仁）

2808 たどりゆく　しがの山ぢを　うれしくも　われにかたらふ　ほととぎすかな（夏二）

（『和歌一字抄』上　行路時鳥　529番）

更に歌学書では、藤原清輔撰『和歌一字抄』に一〇首見えるが、このうち勅撰集などに採られていない和歌が二首見える。

(10)『和歌一字抄』

菊送多秋　花園左大臣（源有仁）

302 露むすぶ　秋のかずみの　かさならば　いくへかさかむ　白菊の花（上）

柳結落花　花園左大臣（源有仁）

811 ちる花の　柳のいとに　むすばれて　あらぬしづえに　匂ひぬるかな（下）

以上、源有仁の歌は二十七首が知られている。なお、(9)『夫木和歌抄』夏二　二八〇八番の詞書に「御集　一字抄」とあるように、有仁には歌集『一字抄』もあったようだ（加畠吉春前掲「源有仁年譜【付】有仁とその文学サロン」）。その詠風については、『詞華和歌集』の頃の典型で、伝統的に題意の世界を深め、用語の技法に冴えを見せていると評されている（滝沢貞夫「源有仁」犬養廉他編『和歌大辞典』明治書院　一九八六年）。また、語彙には、当時流行の明かな俗語も万葉語も見られず、題詠においては、題は美的本質に叶ってよく消化され、巧みに場面が構成され、趣向の上では見立てがやや目立つが、殊更に奇を衒うこともなく、常に表現目標としての題意に叶った美的様相が重んじられ、有仁の和歌は基本的にオーソドックスなものであるという。また、平明な詞で題をよく捉え美的本意を重んじた有仁の和歌は、これ見よがしの趣向を弄さず、むしろ時に非常に素直であり、陳腐でも凡庸でもなく、高雅な品格を感じさせ、非凡な詩才を示す点で歌人としての力量は並々ならぬものを感じさせる、と高く評価されている（加畠吉春前掲「源有仁年譜【付】有仁とその文学サロン」）。源有仁の和歌を支えていたのは、邸宅を中心とした文化的サロンであり、後述するように有仁の家には、同じく勅撰集に歌が撰ばれ、有仁の北の方の兄である左兵衛督藤原実能ら閑院流の公達が集っていたことや、『今鏡』巻八　みこたち「花のあるじ」に有仁邸では「歌詠みも詩作りも、かやうの人ども数しらず、越後の乳母・小大進などいひて、名高き女歌詠み、家の女房にてあるに、君達参りては、鎖連歌などいふ事常にせらるるに」とあるように越後の乳母・小大進など優れた歌を詠む女房も多くおり、公達が参上して「鎖連歌」を作ることなどが常に行われていたという。またそのような環境は、『古今著聞集』一九〇「花園左大臣（源有仁）家の侍が青柳の歌と紀友則が初雁の歌の事」、『十訓抄』上　四ノ十四「幾識虫の声」に見える、「能は歌詠み」として有仁の家に出仕した

「侍」が女房達のいる当座で「機織虫」（キリギリス）の和歌を詠んだ説話からも窺える。

一方、**漢詩**や**漢文**に関しては、『台記』久安三年二月三日条（『宇槐記抄』により一部の字句を補う）には「但暗二經史・百家一、纔弁二二四不同一、人唯怨レ少レ文而已」と記し、中国目録学の四部分類のうち、「經」＝経部の書（儒教の最も基本的な教えを記した四書五経・十三経等の経書）、「史」＝史部の書（歴史書）、「百家」＝子部の書（諸子百の家の書［儒家を除く］）に関してはよく知らず、不案内であったという。ただわずかに「二四不同（にしふどう）」（漢詩の近体詩［唐代以降に確立した絶句・律詩など］の約束の一つで、一句中の第四字は、必ず第二字と平仄（ひょうそく）［中国語の四声のうち、なだらかな声調の平声と抑揚を伴う上声・去声・入声の三声を合わせて仄声という］を逆にしなくてはいけないという規則）に関しては理解しており、世の人はただ、「文」（漢詩文）が少ないことを残念に思われていたと頼長は評している。当時の貴族的教養において殆ど缺くるところのない有仁も、頼長よりすれば、その「經史・百家」に暗き点において遺憾の意を表せざるを得なかったという（小島小五郎「学問」『公家文化の研究』　育芳社　一九四二年［復刊国書刊行会　一九八一年］）。

有仁が作成した漢詩に関して、現在、確認されるところでは、『和漢兼作集』巻第三　春部下に（宮内庁書陵部編・刊『図書寮叢刊　平安鎌倉未刊詩集』　明治書院　一九七二年　一四二頁下段）、

三月盡日　　花園左大臣（源有仁）

定過二夜漏一宜レ迎レ夏　未レ聴二暁鐘一猶是春

の一句が知られる。更に『帝王編年記』天治元年（一一二四）閏二月十二日条（新訂増補国史大系本）に、「有二花見御幸一、兩院（白河・鳥羽）御同車、随身各裁二錦繡一、月卿雲客着二狩装束一、待賢門院（璋子）同御幸、（源）出車十両打出、施二金銀珠玉一、今日、被レ講二和歌一、序者華園内大臣有仁公一」と、また『百練抄』同日条に「兩院臨二幸法勝寺一、覽二春花一、（中略）於二白河南殿一被レ講二和哥一、内大臣（源有仁）献レ序」とあるように、保安五年閏二月十二日には、白河・鳥羽の両院が法勝寺に花見に御幸した際に、白河御所で開催した和歌会で、有仁はその時の「序」を漢文で書いたことが知られる。『今鏡』巻八　みこたち　「花のあるじ」には、

白河の花見の御幸とて侍りし和歌の序は、この大將殿（源有仁）書き給へりけるをば、世こぞりて讃めきこえ侍りき。

低枝を折りて、ささげ持たれば、紅蠟（こうろふ）の色、手に滿てり
落蘂を踏みて、佇み立てば、紫麝（しじゃ）の氣、衣（ころも）に馨ず

など書き給へりける。その人のし給へる事とおぼえて、なつかしく優に侍りけるとぞ。

とあり、一部の句を伝え、また『古今著聞集』巻十四　「白河・鳥羽両院御同車にて白川の花御覧の事」に「海内艾安之日、洛外花開之時」という起句が知られており、更に平安時代の真名の和歌序文を収録した『和歌真字序集』の七番目の史料により、有仁が作成した「序」の全文のうち前半部分が知られるので、以下に示すことにする（東京大学史料編纂所所蔵『扶桑古文集』［（史料紹介）本所所蔵

「扶桑古文集」」『東京大学史料編纂所報』二号　一九六八年」、［影印］「和歌真字序集」東京大学史料編纂所編『平安鎌倉記録典籍集』［東京大学史料編纂所影印業書2］八木書店　二〇〇七年）。

春日侍　太上皇幸二白河院一翫花應　製和歌一首并序

（天治元年）（十二日ヵ）保安五年閏二月　内大臣正二位兼行右近衛大将源朝臣（源）有仁上

（第六紙）「海内艾安之日、洛外花開之時、」

（白河法皇）禅定仙院・

（鳥羽上皇）太上天皇、暫出二姑射之深居一、廻二仙蹕一而歴覧、舞蝶歌鸎、依二叡賞一以添二芘氣一、月卿雲客、應二恩喚一以含二歡心一、觴酌行而獻二万壽一、絲竹理而奏二五音一、高會之趣、不二其美一乎、于レ時二月有レ閏、百花得レ境、折二低枝一兮捧持、紅蠟之色滿レ年（手）、踏二落蘂一兮佇立、紫麝之氣薫レ衣者歟、爰扈従之者、各相謂曰、彼瑤池泛遊之宴、只稱二西母之留蹤一、此白河臨幸之儀、新有二　上皇之同駕一、今之勝槩、既超二曩時一、請レ記二希代之盛事一、將レ為二億載之美談一、其詞曰、同遊覧、

この他、天治元年四月九日に作文会を開催していることが知られる（『永昌記』）。

なお、有仁は先に示したように「二四不同」は判ったというので、漢詩文の作成を学ばなかったわけではない。実際、『十訓抄』上　第四（人の上を誡むべき事）ノ三に「そのころ、（源有仁）花園大臣、いまた官（つかさ）も浅くおはしけるに、文の御師にて、（文章）博士（藤原）敦正といひける者参りけり。才覺、いとしな（品）ありけるにや」とあるので、任官したばかりの頃は、文章博士藤原敦正（一〇六三～一一四四）が有仁の文の「御師」（漢詩・漢文の先生）であったという。経書に詳しい頼長のレベルからすれば、劣るかもしれないが、当時の公卿からすれば、十分な教養は備えていたといえる。なお、藤原（中山）定親撰『貴嶺問答』第六五条「文之書様之事」の「用二五枚一事」に、「用二裏紙一加二懸紙一、以二二枚一為二立紙一、已上五枚也、極畏之躰、此程之消息者、封レ内結二立紙之上下一、（中略）又（藤原忠実）知足院入道殿、被レ奉二（源有仁）花園左府一之消息、被レ用二五枚一、（源有仁）左府云、畏承了、御返事、自レ是可レ奉者、即以二馬助清則一、被レ獻二返事一、付レ使獻二返事一、為二無レ便事一歟之由、故明經博士師元（中原）朝臣所レ談也」と見える（石井謙校訂「貴嶺問答」［同編『日本教科書大系』往来編　一巻　古往来（一）　講談社　一九六八年］を京都御所東山御文庫本『貴嶺問答』［勅封一一九―一一四］によって校訂）。消息を送る際の故実になっている。

次に、『今鏡』巻八　みこたち「花のあるじ」に「御手もよき書き給ひて」と評され、『台記』に「入木之技」を習ったとされる入木道（書道）では、『今鏡』の別のところでは「御手もよく書き給ひて、色紙形、寺の額など書き給ひき」とあるように、有仁は能書で、色紙形や寺院の扁額を書いていたことが知られるが、具体的に日記などで確認すると、『中右記』大治二年（一一二七）十二月二十五日条には、「今日、内御書始也、（中略）内大臣（源有仁）依二頭辨（藤原雅兼）告一起レ座、従二端座人々之後一出、従二殿上下戸一出二鬼間一、被レ書二御書一、此外題也、（中

略）今日又内大臣右大將被レ書二外題一、各叶二吉例一、自然之吉想歟」と見えるように内御書始で外題を書き、『帝王編年記』大治三年（一一二八）三月十三日条に「待賢門院（璋子）御願圓勝寺六勝寺其一、供養、額、法性寺（藤原忠通）殿下、殿上廊、同西北廊、華園左府（源有仁）」とあるように円勝寺の落慶供養で殿上の西北廊の扁額を有仁が書いていることが知られる。更に『長秋記』大治四年（一一二九）十二月八日条によれば、天台座主仁実が、東坂本に新たに丈六堂（弥陀堂）を構え供養のため真言斎会を催した記事に「東是大湖（琵琶湖）波濤眇茫遙連雲、西又台峯山（比叡山）巖疉半插天、其間構二彌陀一院一、儲二眞言齋會一、以二堂東北簀子一為二公卿座二、同以二西南一為二諸大夫座一、以二北渡殿東面一為二殿上人座一、同堂北廊簾中、法性寺座主并相命僧都被レ坐、佛後壁涅槃像各内大臣（源有仁）手跡也、其筆流似二道風（小野）様一」とあり、堂内に安置された仏像の後ろの壁に描かれた涅槃像（に書かれた文字）はそれぞれ、源有仁の筆跡で、その筆は小野道風の書風に似ていたとする。また『中右記』大治五年（一一三〇）十月二十五日条によれば、仁和寺女院御願寺供養で、式部大輔藤原敦光が作った「御願文」を内大臣源有仁が清書したことが見える。この他、『夜鶴庭訓抄』（『群書類従』巻四九四）には、「法金剛院、額、入道殿下（藤原忠通）、後戸、御室、（中略）御湯殿御所、平等院僧正行尊、廊、花園右府有仁（源）」とあるように、法金剛院の御湯殿の廊にある色紙形も有仁が書いたことが知られる。なお、源有仁の筆跡は九条家本『法性寺殿御記』の第五紙紙背に書かれた天治元年（一一二四）十二月十九日「内大臣源有仁申文」（図書寮叢刊『九条家歴世記録』一　「法性寺殿御記紙背文書」。本解説九七頁）の「有仁」という署名部分の「有」一字のみであるが遺されており（「仁」部分は切られていて判読できない）、有仁の筆跡の一端を窺わせる。

この他、『台記』や『今鏡』には見えないが、有仁は**蹴鞠**の名手でもあった。例えば、尊経閣文庫本で、寿永二年（一一八三）四月十八日の奥書のある藤原頼輔（一一一二～八六）撰『蹴鞠口伝集』上巻（上・下帖併せて一冊）の「序」（渡辺融「蹴鞠口傳集上巻（前田育徳会尊経閣文庫所蔵）翻刻」『東京大学教養学部　体育学紀要』二五号　一九九一年、のち『蹴鞠技術変遷の研究』平成三年度科学研究費補助金研究成果報告書　一般研究（C）　研究代表者　桑山浩然　一九九二年）には「方今天下士女之稱二達人一、近則、（中略）次存二源九（源基経）云者一、遁世猶存、況後入道左相府達（復イ）花園歟、給歟、二此道一也、去（久安三年二月十三日）春薨逝、（中略）西郊戀徳、則花薗（源有仁）癈亥而主何在（源有仁）」とあり（〔　〕内の異本表記は堀部正二「西行と蹴鞠」『中世日本文学の研究―資料と実証―』教育図書株式会社　一九四三年、所引の陽明文庫所蔵近衛家熈手写本による）、更に東山御文庫本『蹴鞠口伝集』下巻（勅封一七八―三―一五）（桑山浩然・渡辺正男「蹴鞠口伝集下」前掲『蹴鞠技術変遷の研究』。以下同じ）の上帖の六丁裏～七丁表に（天理大学附属天理図書館所蔵久世本の目録によると「今上手事」部分）、

一、中古鞠足

（中略）

花薗（源有仁）左大臣

（中略）

一、大臣

（中略）花薗左大臣

とあり、蹴鞠の「達人」、「鞠足」（まりあし・蹴鞠の上手な人）として源有仁が見える（前掲堀部論文）。同じく東山御文庫本『蹴鞠口伝集』下巻の下帖の「一、切立事」（17丁表）には「師説云、切立にハさくら・柳・松、かえて也、但私にハ榎の木・むくの木もする也、（中略）花園左府の冷泉亭に切立ありて、めしに應して侍しに、軒のかたの枝をきりすてたるハいかゝ見るとて御自讃の御氣色也」（17丁裏）とあり、下帖の「一、本しけき木のとへ出たるまりの事」（22丁表）に「源九云、なかよりまりつほへ出さんとすへからず、木すゑにかけて、めくりていたずへし、冷泉殿もとハ花園左府の御亭也、のちに院御所になれり。その南おもての庭に大なる櫻の木あり、北東に大なる枝のさかりたるかうへより、とにいてたるまりを、源九か申し也」（22丁裏）とあるように、源有仁の冷泉亭（冷泉殿）には蹴鞠を行う場所があったことが知られる。尊経閣文庫本『蹴鞠口伝集』上巻の下帖の（61）「一、帰足事」には「前馬助清則云、花園左府ハ、かへりてのち、まりをのとかにまつへき也と侍し云々」と、同書の（74）「一、まりのとかにおほゆる事」には「師説云、花園左府ハ、鞠の木にあたりてのくをのふるハ、たかまくらして、ふしたるよりも、のとかにおほゆる也云々」とあり（渡辺融前掲「蹴鞠口伝集」上巻［前田育徳会尊経閣文庫所蔵］翻刻）、東山御文庫本『蹴鞠口伝集』下巻の下帖の「一、成道卿鞠無二事」（37丁表）に「花園左府示給、先中納言通季、相具源九来臨、忽蹴鞠之處、源九躰宛如舞蝶」とあり、更に「一、鞠舞におとらぬ事」に「花園左府示給、舞童に樂しめて、舞のたちたるに、まりの上手ともたちまはりて、をの〳〵ふるまひあひたるやうたいは、舞におとりてもおほえぬ事と云々」（45丁裏）、と見えるように、蹴鞠の故実の中に有仁の言談があった。また、天理図書館所蔵『内外三時抄』装束篇の三八―二「遁世人」の項で「源九入道」が源有仁亭で行われた蹴鞠（花園左府「會」）で「沓韈葛袴をきせられたりけり」と見え、俗人が用いない遁世人の装束の話題が見える（渡辺融・桑山浩然『蹴鞠の研究　公家鞠の成立』東京大学出版会　一九九五年）。更に、飛鳥井教定の教えをうけた「是空」（「是心法師」）なる人物が弘安九年にとりまとめたとされる『革匊要略集』巻第二　威儀　二三「一、破子事」の「又湯ツケ定レル物也、即オモユツケ也、（中略）又椿餅ト云物有之、自源氏事起」云々の裏書（二三―6）には「花園左大臣、誘引成通・忠隆等可然人々、於仁和寺三宮被會之日、及晩景透廊湯ツケヲ被置タリ、會者等各構無骨之由欲分散、忠隆談云、如是事随所依人可憚事也、宮結構事、争被黙止云々、依之左府等令ン上見之、葉形餅与花橘菜ニテ、入雪於土器、入甘葛霰地瓶子、以薄様裏口、被副置之、各催感興争取ルト云々」とある（渡辺融・桑山浩然前掲『蹴鞠の研究―公家鞠の成立―』）。このように有仁は蹴鞠の名手であるとともに、有仁の邸宅は冷泉北も花園も蹴鞠の会場として有名で、様々なエピソード・言談が生まれる場でもあった。

ところで、有仁は装束の着装法である**衣紋**にも詳しく、平安中期までの柔らかな装束に対して、「強装束（こわそうぞく）（剛）」と呼ばれる新しい装束（ニューモード）を鳥羽天皇とともに考案した人物と言われている（鈴木敬三「柔装束と強装束」國學院大學神道資料展示室編『高倉家調進控装束織文集成』國學院大學　一九八三年）。『今鏡』巻八　みこたち　「花のあるじ」に「この大将殿（源有仁）は、ことの他に衣紋をぞ好み給ひて、上の衣などの長さ短きのほどなど、細かにしたためさせ給ひて、その道に優れ給へりける」とあり、有仁は「衣紋」（装束についてのきまり）が好きで、上の衣の長さ・短さの程度を細かく調えるなど、「衣紋の道」で優れていたという。後世だが、『神皇正統記』八　第七十四代　第四十一世　鳥羽院〔新訂増補国史大系本〕に「装束のこわく（強）なり烏帽子のひたいなんど云ことも、其比より出來にき、花園の有仁（源）のおとど（大臣）又容儀ある人にて、おほせあはせあはせて、上下おなじ風になりけるとぞ申める」と見え、後世、「強装束」や強く塗り固められた「烏帽子」も有仁の頃から出来たとされ、「衣紋道」では重要な人物となった。同時代の史料で「強装束」に関して具体的に示す詳しい記述は実は見えないが、有仁が華美な衣裳を自らだけでなく、家の雑色や随身にまでさせていたことは、『中右記』大治四年三月十六日条に「雑色装束、美麗過差、不レ可二勝計一、内府（源有仁）府生・随身為レ人、驚二耳目一」とあることから知られ、石清水臨時祭で有仁の府生・随身の装束が派手に着飾り、見る者を驚かせていたことからも想像できる。

同様に派手な行列は『中右記』同年十二月二十日条からも知られる。

一方、以上、挙げてきた有仁の文化活動の舞台となった**邸宅**について以下に述べる。有仁の邸宅は二箇所知られている。有仁は、晩年、父輔仁親王が住んだ仁和寺の近く花園に居を構えたため「花園左大臣」「花園左府」と呼ばれた。『清原重憲記』天養元年（一一四四）十二月八日条に「今日、一臈参二左府（源有仁）仁和寺花苑殿、申二荷前定事一」とあり（宮内庁書陵部所蔵伏見宮家本。平田俊春「本朝世紀後篇と権少外記重憲記」『私撰國史の批判的研究』国書刊行会　一九八二年）、源有仁はこの頃、既に仁和寺の近くに移っていたことが判る。臨済宗の僧・雪江宗深（一四〇八～八六）著『正法山六祖傳』所収の「正法山妙心禅寺記」（荻須純道『正法山六祖伝訓註』思文閣出版　一九七九年）に「桓武天皇（中略）遂建レ都而居目レ之曰二平安城一、（中略）城西曰二西京一、乃今之都也、自二桓武一逮二今上皇帝（後土御門天皇）一、歴二萬萬世一、無二復遷革一、則盖（蓋）以二地靈一乎、抑又平安之名、徴二于茲一矣哉、當二西京坤（乾カ）隅一、闢二其地一、履二方八町一為レ界者、籍田也、南限二近衛坊一、北限二土御門一、東限二紙屋河一、西限二齋宮小路一、山連二仁和一而與二龍翔寺一相望、有二茂林一焉、有二脩竹一焉、環以二繚垣一、寔鬱然雄基也、（中略）後來擬二行在所一、置二宮殿一、治二苑囿一、既備二莊麗之美一、自レ此都人首稱二華園離宮一、當レ知、昨之籍田、卽今之華園是也、（中略）白河院御宇（六十六代）有レ詔賜二園左大臣有仁（源）公一、公（源有仁）就二籍田官舍傍一、増二-開池舘一以燕居、時人呼為二華園左大臣一、其築レ山也、有三嘉樹・名華之可二以娯レ心、其瀦レ水也、有三異禽・怪石之可二以驚レ俗、且雕闌・繡甍耀二-映西京一、堪レ稱二天下壮観焉、中年事俄發（保元平治の乱）、左府第宅（源有仁）、一再厄兵燹、園宇蕪没者年舊矣、左府雲孫某人（源有仁）、丕承先緒、専握朝權、復得修舊業而憩於甘棠、然後擧族移家鴨川北、某地、以其人故、亦名之華園、因是、西有華園、北有花園、然焉、在北麓者私第也、在西京者御園也、不可同日而語之」とあり、現在、妙心寺の所在する平安京の西北隅には、平安京造営時、南は近衛坊、北は土御門、東は紙屋河（宇多川）、西は斎宮小路（無差小路）をそれぞれ限り垣で囲って、古代中国、周で行われた宗廟に供える祭祀で用いる穀物を天子みずから耕作した「籍田の礼」に倣い、古代日本でも天皇が国内の農事を励ますため、自ら田を踏み耕し収穫した米を祖先に備えるために、方八町の「籍田」が設けられたという。行在所ともなり「宮殿」が置かれ、「苑囿（えんゆう）」（草木を植え、鳥獣を飼う園）を治め、「華園離宮」と呼ばれた。その後、白河院が源有仁に下賜し、有仁は「籍田官舎」の傍らに「池舘」を増し開き、安らかにくつろいだ。そのため、時の人は有仁公を「華園左大臣」と呼んだ。有仁は山を築き、嘉樹・名華を植え、水を溜め、異禽・怪石を置いたので、「天下壮観」と称されたが、源平の争乱期の兵火で灰燼に帰したと伝える。実際、妙心寺境内の下水道立会調査で検出した溝が十二世紀後半の遺物を伴い、北に二〇〇メートル延びていることが明らかにされているが、これが「正法山妙心禅寺記」に言う源有仁の「池舘」に通ずる溝であるとの見解が出されている（平田泰「右京北辺四坊・一条四坊・妙心寺境内」財団法人京都市埋蔵文化財研究所編・刊『昭和五十八年度　京都市埋蔵文化財調査概要』一九八五年、同「平安京右京北辺四坊・一条四坊、法金剛院、四円寺跡」財団法人京都市埋蔵文化財研究所編・刊『昭和五十九年度　京都市埋蔵文化財調査概要』一九八七年）。有仁の花園の邸宅の現地比定に関しては、永井規男「初期妙心寺の寺地について」（『建築史学』三四号　二〇〇〇年）所収の「補論　平安後期の花園の景観」に詳しい。なお、『源平盛衰記』巻十六　帝位人力に非ざる事に「輔仁親王、御即位空シクシテ、仁和寺ノ花園ト云所ニ住セ給ケリ」とあるように、この地には既に有仁の父輔仁親王が住んでいたのであるが、親王薨去の後、直接、有仁が伝領したのではなく、一旦、収公されたものを改めて白河院から有仁に与えられたと理解する説も出されている（関口力前掲「輔仁親王伝―花園山荘をめぐって―」）。また『看聞日記』嘉吉元年（一四四一）六月八日条〔図書寮叢刊本〕に「妙心寺坊主参、對面、以法泉寺御狀参、花園僧也、花園法皇御置文等事、委細閑談、白河ニ玉鳳寺と云寺ハ、花園院御所一宇并門等被渡、本尊丈六阿彌陀佛、是ハ花園左大臣（源有仁）家持佛堂本尊也云々、彼寺（玉鳳寺）、妙心寺可管領由緒なれとも、他寺ニ成由被語」と見えることから、有仁の花園邸宅内には持仏堂もあり、その本尊として丈六の阿弥陀仏があったことが知られる（永井規男前掲「初期妙心寺の寺地について」）。なお、京都女子大学所蔵『表白集』四「堂供養」収載の「花園左大臣（源有仁）家堂供養表白」（本解説八二頁）はこの持仏堂の供養のことか。

一方、それ以前の邸宅はというと、『台記』保延二年（一一三六）

十二月十三日条に藤原頼長が内大臣に任じられた慶（よろこび）を申すために源有仁亭を訪れた記事に「次行二向左府亭（源有仁）、冷泉北、東洞院東、一東洞院面南門ニシテ税レ車解レ鞦如レ常」とあり、「左大臣亭（源有仁）装束儀」の指図も見える。更に東京国立博物館所蔵九条家本『延喜式』巻四十二所収「左京図」に見える、北は「大炊御門」、東は「高倉」、南は「冷泉院」、西は「東洞院」に囲まれた空間に記載された「左大臣殿（源有仁）」（『拾芥抄』所収「東京圖」では「左大臣有仁（源）」）などの記載により、有仁は、当初、冷泉北・東洞院東（南は冷泉通、西は東洞院通、北は大炊御門通、東は高倉通に囲まれた空間）に住んでいた（前掲海野『今鏡全釈』、角田文衛・朧谷寿「平安京　左京二条四坊」〔『角川日本地名大辞典』二六　京都府下　角川書店　一九八二年〕、田中稔「京図について―九条家本延喜式四十二所収を中心として―」〔田山方南先生華甲記念会編『田山方南先生華甲記念論文集』一九六三年、のち『中世史料論考』　吉川弘文館　一九九三年〕）。そして、『百練抄』治承元年（一一七七）四月六日条〔新訂増補国史大系本〕に「有二炎上一、火起レ自二二條東洞院一、太政大臣（藤原師長）亭為二灰燼一、件亭、本是花園左府（源有仁）亭也」とあるように、その後、冷泉北・東洞院東の邸宅は、藤原頼長の次男で妙音院禅閤と呼ばれ、有仁と同様に琵琶と箏の奥義を究めた太政大臣藤原師長（一一三八〜九二）の所有となったが、治承元年四月六日の火災により灰燼に帰した（山田邦和「左京二条四坊　【二条四坊三町】」）『平安京提要』　角川書店　一九九四年）。

先述のように『今鏡』巻八　みこたち　「花のあるじ」などによれば、この有仁の邸宅には、北の方（藤原公実の女）の兄弟や若い殿上人たちが集い、詩歌管弦などの催しや宴が行われた文化的なサロンとなっていた。源有仁の私邸に集っていた人々で、『今鏡』に具体的に名のみえる人物としては、「兵衛督」（藤原〔徳大寺〕実能）、「少将」・「三条内の大臣」（藤原〔三条〕公教）がおり、有仁はこの二人とは詩歌管絃の遊びを行い、『今鏡』巻八　みこたちの「伏し柴」に「かたみに女の事など言ひあはせつつ、雨夜の静かなるにも、語らひ給ふ折もあるべし」と記されるように、『源氏物語』帚木巻の「雨夜の品定め」に擬えられている催しも行っていた（『十訓抄』中　第七　可専思慮事　十五「花園左大臣北方事」も参照）。

有仁の**家族・血縁者**としては、先ず有仁の妻・北の方（藤原公実の娘）については先に述べてきたので省略するが、『本朝世紀』仁平元年（一一五一）九月二十二日条に「花園左大臣（源有仁）室尼上逝去云々」とあり、有仁が亡くなって四年後に有仁の北の方が亡くなっている。なお、北の方にも優れた女房が祗候していたこともよく知られている。

次に兄弟では、『尊卑分脈』後三条源氏によれば、有仁には異母兄弟として、信証（一〇九六〜一一四二）・仁操（?〜一一五三）・行恵（生没年未詳）がいるが、みな落飾して僧となっている。

有仁の同母の妹としては、守子内親王（一一一一〜五六）がおり、藤原忠通の日記『法性寺殿御記』天治二年（一一二五）九月十四日条（図書寮叢刊『九条家歴世記録』二）に「此日、伊勢齋（内）親王、（名守子、故輔仁親王女、母故中宮大夫源師忠卿女、内大臣一腹也、）禊二葛野河一、即参二大神宮一」とあり、白河院の猶子となり、保安四年（一一二三）四月に伊勢斎王に卜定され（伏見斎宮）、九月に野宮に入り、伊勢斎宮への群行も迫った天治二年八月十日あまりの頃、野宮にて内大臣有仁は源雅定らと集会した際に琵琶を弾いていることが知られる（『十訓抄』下　十［「可庶幾才藝事」］ノ六十二［野宮の一夜］）。この他、異母妹には崇徳・近衛・後白河・二条の四天皇の賀茂斎院を二十七年勤め北小路斎院と号した怡子（よしこ）内親王（生没年未詳）もいる。

有仁の子供としては、天治元年（一一二四）十二月十九日付「内大臣源有仁申文」（図書寮叢刊『九条家歴世記録』一　天治二年九月十四日「法性寺殿御記紙背文書」）に、

請以二男六位上忠成當年給二合一被レ拝二任諸司助一状
右、公卿以二子息年給二合一、請レ任二諸司助一是例也、
望請早被二拝任一、知二公卿之貴一、謹請二　處分一、
天治元年十二月十九日内大臣正二位兼右近衛大将源朝臣『有□（仁ヵ）』（自署）

とあり、有仁は「子息年給二合」により「男忠成」が諸司助に任じられることを申請しているが、忠成は有仁の実際の子息ではなく、名ばかりで実態のない揚名と思われる（宮内庁書陵部編・刊『法性寺殿御記』コロタイプ　解説　一九八九年）。更に延慶本『平家物語』一二（第六末）、三四、「阿波守宗親発道心事」（吉澤義則校注『応永書写延慶本平家物語』勉誠社、一九七七年）には平宗親が「花薗左大臣殿の御末とかや」と見え、角田文衞氏によれば宗親は有仁の落胤・某の子と推定されている（角田文衞『平家後抄』上　朝日新聞社　一九八一年）。しかし、有仁には家を継ぐ男子はなかったようで、源師行の男有房が有仁の猶子となっているが、結局、花園左大臣家は断絶してしまう。

但し、有仁には女の子供はいたようで、「伯家褰帳女王例言上状」（宮内庁書陵部所蔵　函号　五〇二―三九六。曾根研三編『伯家記録考』西宮神社社務所　一九三三年）の「資光鬱状」の「可下以二神祇伯一為中褰帳女王上之事」に「近者花園左府女（源有仁）、被レ勤二仕此役（褰帳）一者、依レ為二親王孫枝一也」とあり、『二条天皇御即位記［大外記頼業記］』（『続群書類従』巻二七一）保元三年（一一五八）十二月二十日条に「今日、天皇即二位于大極殿一、春秋十六、（中略）左方褰帳、源有子、故左大臣有仁公（源）女、前齋宮守子内親王女房、先例、女王所二奉仕一也、源氏勤仕例、嘉承・保安・今度也、但嘉承源仁子、康資王女也、保安又仁子、輔仁王女也、賜二源氏姓一云々、」と見え、『保元三年番記録』（『続群書類従』巻二七一）保元三年（一一五八）十二月二十日条には「今日、天皇（二条天皇）即二位於大極殿一、（中略）褰帳、左方、源有子、故左大臣有仁公（源）女、右方、典侍源顯子、御乳母、」と見えるので、近衛天皇の即位儀で左方の褰帳の役を務めた源有子は有仁の子で、有仁の妹の守子内親王の女房であったという。また、『本朝世紀』康治二年（一一四三）六月二十四日条（新訂増補国史大系本）に「三品雅仁親王家室（懿子）夭亡、年二十八、（中略）左相府（源有仁）養為レ子、所レ配二合親王一也」とあるように、大納言藤原経実の女・懿子（よしこ）が有仁の養女（猶子）となり、雅仁親王（後の後白河天皇）の妃となったが、康治二年六月十七日に守仁親王（後の二条天皇）を産んだ直後に亡くなっている。

この他、北の方の妹待賢門院璋子の女房・加賀が有仁の寵愛を受けていたことがあったことは、『今鏡』巻八　みこたち「伏し柴」・

『十訓抄』下　十（可庶幾才芸事）ノ十一（「伏し柴」）など参照。

花園左大臣家の**家女房**としては、「（源有仁）花園左大臣の家に侍りける女伊予」（『千載和歌集』巻第十五　恋歌五　九一七番題詞）、「（源有仁）花園左大臣家越後」（越後守藤原季綱の女。『勅撰作者部類』、『今鏡』巻八　みこたち「花のあるじ」「伏し柴」）「（源有仁）花園左大臣家小大進」（『古事談』第五―十一神社仏事（石清水）「八幡検校僧都成清事」、『千載和歌集』巻第五　秋歌下三八六番・巻第六　冬歌　三九四番・巻第九　哀傷歌　五八五番・巻十七　雑歌中　一一三一番・巻第十八　雑歌下　一一八七番、『新勅撰和歌集』巻二十　雑歌五　一三六一番、『玉葉和歌集』巻第六　冬歌　他）、「（源有仁）花園内大臣家（こうのとの）督殿」「花園督殿」（『十訓抄』中　第七　可専思慮事十五「花園左大臣北方事」）・「督局」（田中本『春玉秘抄』「奥書等」）、「（源有仁）花園左府女房〔中宮少進橘信の女・藤原清定の母〕」（『尊卑分脈』第二篇　良門孫）、などがいたことが知られており、有仁の家には歌を詠む多くの才女、「女房たち」が溢れていたいたことは『十訓抄』上四（人の上を誡むべき事）ノ十四（機織虫の声）からも知られる。

更に、**勾当**としては「（源有仁）花園左大臣家勾當」の藤原有親・藤原有国（『尊卑分脈』第二篇　摂関家相続孫）、**家令**としては「従五位下（中略）藤原邦定、（源有仁）左大臣家令、」（『中右記』保延三年正月五日条）、**侍**としては「祗二候于花園左大臣殿家一、（中略）木工允頼行（源有仁）大臣家侍也、」（『古事談』第五―十一　神社仏事（石清水）「八幡検校僧都成清事」）や「侍」（『古今著聞集』一九〇・『十訓抄』上　四ノ十四）が知られており、後述するように「（源有仁）左大臣殿」の荘園である近江国蒲生郡の「佐々木御庄」の「下司」源守真も左大臣家の邸内に祗候していた。また**随身**としては、京都大学附属図書館寄託菊亭家本『下毛野氏系図』（請求番号　菊―巻五二）に下毛野時重が「（源有仁）花園左府小御随身」、下毛野李忠が「（源有仁）花園左府、大將初番長」と見える。同菊亭家本『秦氏系図』（請求番号　菊―巻八三）には、秦兼文が「（源有仁）花園左府、（近衛）中將御時、小随身、（近衛）大將時、列番長」と秦信方が「（源有仁）花園左府烈」とあり、中臣兼近が「母（秦）公利女、（源有仁）花園左府烈番長」とその男の中臣李近が「母（秦）兼久女、（源有仁）花園左府烈番長・官人」と見える（影印が羽生谷啓一「史料　下毛野氏系図・秦氏系図」『日本中世の身分と社会』塙書房　一九九三年に所収。なお、『調子家系譜』三所収の「下毛野氏」系図〔『長岡京市史』資料編二　一九九二年に翻刻と影印あり〕も参照）。

このように公達らの文化的サロンとなり、多くの女房や家司（勾当・家令）・侍・随身などを抱えていた左大臣源有仁家を経営するに欠かせない財政基盤である所領に関しては、先に『長秋記』元永二年（一一一九）十一月二十三日条で示した輔仁親王の遺産となった「家領荘園等」が重要な存在であったと思われる。これらは、更に遡れば、これも先に引用した『源平盛衰記』巻十六「帝位人力に非ざる事」に見える「仁和寺の花園」に「引き籠」もって「出仕」しなかった輔仁親王に対して白河院が「國・荘あまた進（まゐ）らせられける」としたものと思われる。有仁家領の具体的な荘園としては、永治二年（康治元年・一一四二）四月三日付「散位源行真申詞記」（『愚味記』仁安二年十一月記紙背文書〔大日本古記録『愚昧記』上、一一二一～

一二三頁〕・『平安遺文』六巻二四六七号）に、新六郎友員の殺害の嫌疑をかけられた散位源行真が答えた検非違使庁での訊問記録によれば、行真の四人の「子息」のうち守真に関して、「次郎守眞（源）波左大臣殿（源有仁）御領佐々木御庄（近江国蒲生郡）乃下司仁弖、彼殿（源有仁）仁候者也」とあり、近江国蒲生郡の佐々木荘は左大臣源有仁の荘園で、その「下司」として源守真が左大臣家の邸内に祗候していたことが知られる。佐々木荘は後三条天皇の在位以降に皇室領荘園として立荘されたらしいが、永治二年には源有仁の荘園であったことが知られる。これらの荘園は父輔仁親王の遺領であった「家領荘園等」の一部と思われ、それは遡れば、後三条天皇の所領（勅旨田）であった可能性が高い。

著作としては、先ず日記がある。日記の名称としては、「花園左府記」（伏見宮家本『御産部類記』九・十〔図書寮叢刊『御産部類記』上、宮内庁書陵部所蔵　函号　伏―六一九〕、京都大学総合博物館所蔵勧修寺家本「御遺言条々」所収天福元年〔一二三三〕五月二十八日付「勧修寺資経文書処分状」、『玉葉』承安二年〔一一七二〕十二月八日条）、「園槐記」（『尊卑分脈』後三条源氏）、「園記」・「園左記」・「春氎記」（『諸家名記』〔斎木一馬「『諸家名記』考」岩橋小彌太博士頌寿記念会編『日本史籍論集』上巻　吉川弘文館　一九六九年〕・『名記目録』）、「上苑記」（伏見宮家本『仙洞御移徙部類』目録〔図書寮叢刊『仙洞御移徙部類記』上　一、目録　第六鳥羽院下　八条殿三位殿同渡御、保延三年七月二十八日（一一三七））と称されている。かつては八十余巻あったと伝えるが、現在伝えられているのは、部類記などに納める逸文のみである。主な逸文としては、鳥羽天皇第二皇子通仁親王に関して（天治元年〔一一二四〕五月二十八日誕生）、天治元年三月二十日・二十七日、五月二十八日・二十九日、六月一日～七日の各条、鳥羽天皇第三皇子君仁親王に関して（天治二年〔一一二五〕五月二十四日誕生）、天治二年四月十一日、五月二十四日・二十六日～二十九日、六月一日・三日・十六日の各条が知られている。また、源有仁が公事関係で著したものとしては、「春次第」「秋次第」「叙位抄」など除目・叙位の儀式書を除くと、次のようなものが挙げられる。『長秋記』大治四年（一一二九）正月一日条（宮内庁書陵部所蔵冷泉家本〔旧東山御文庫別置本〕。以下、大治四年・同五年・天承元年の各条の引用は同本による）によれば、主上の元服の次第について「其儀如二新式一」という記載の割注に「件式、内大臣（源有仁）依二院宣一所二造進一也」と見え、崇徳天皇の元服の儀式次第を作っている。『台記』久安三年九月五日条に「使三紀伊守雅重（源）還二往年所レ借之故入道左大臣（源有仁）式草於彼後家一、大臣（源有仁）生存之時、忘不レ還之故也」とあり、藤原頼長は有仁が生前に借りっぱなしになっていた有仁の「式草」をこの日、有仁の後家（「北の方」）に返却している。何の儀式の式次第の草稿は不明であるが、「式」を作っていたことが知られる。また『玉葉』承安五年（安元元年・一一七五）正月二日条には、吉書奏に関して「花園左府（源有仁）」が「白川院御前」で「所レ被造レ之次第」及びその「奥書」が見え、その書が「規模」であると左大臣藤原経宗が語っており、「吉書奏」の「次第」も作っている。更に『玉葉』治承二年十一月二十日条には中宮（皇后）御養産の儀の「打攤」の輿に関して

「花苑左大臣（源有仁）次第」の記載が見える。この他、『後愚昧記』応安元年（一三六八）正月十六日条・同所収応安元年節会文書に「花園左府（源有仁）自筆次第（踏歌節会次第）」のことが見え、『実隆公記』延徳元年（一四八九）十月晦日条に「花園左府（源有仁）白馬節會次第寫レ之」などとあるように（本解説六六～六七頁参照）、「花園（元日・白馬・踏歌）節会次第」の存在が知られる。以上から有仁が多くの儀式次第・作法の作成に関与していたことが窺えよう。

この他、有仁が日本の古典である『古今和歌集』『後撰和歌集』と『源氏物語』・「源氏絵」（『源氏物語絵巻』）の伝来を考える上で、重要な役割を果たしていたことが指摘されているので、有仁の事績の最後に、有仁が所持した平安期の古典籍の伝来と「源氏絵」の作成について略述する。

先ず、**『古今和歌集』**については、『和歌口伝』十「訓説おもひ〳〵なる事」（『大日本史料』第三編之二十三　元永二年十一月二十八日条「無品輔仁親王薨去ズ」）に『古今和歌集』の写本の奥書で「治承元年（一一八一）十二月十七日、於二高山鑪山草一、以二延久第三親王（後三条天皇）所持（輔仁親王）貫之（紀）自筆本一書レ之。件書自二花園左府（源有仁）一所レ傳二進故院（崇徳）一本也。交了」とあるものがかつて存在したことが知られる。また、教長（藤原）本『古今集』識語・註に「此本、花蘭左大臣（源有仁）有仁相傳、私蔵深納二箱底一、貫之（紀）妻手跡、貫之取捨之歌、傍有二直付事等一、是多貫之自筆也」と見え、清原清輔撰『袋草紙』上巻四十　故撰集子細には「古今證本　陽明門院（後朱雀天皇皇后禎子内親王）御本貫之自筆、是延喜（醍醐）御本相傳也、後、顯綱（藤原）朝臣申賜、其後轉々シテ於二故公信（藤原）朝臣許一焼失云々、比本無レ序、次小野皇太后宮（後冷泉天皇皇后藤原歓子）御本（紀）貫之自筆、假名序也云々、於レ宮焼失云々、以二件本之流一、通宗（藤原）朝臣自筆本是也、其由被レ書二表紙一、花園左府（源有仁）御本貫之妹自筆、假名序、是閑院（藤原公季）贈太政大臣本傳來云々、所レ令レ進二新院（崇徳院）一也、其後不レ書、是等本皆無二相違一、異二普通本一歟」と見え、更に清原清輔本『古今集』奥書には「件御本（新院〔崇徳院〕御本）、以二貫之（紀）妹自筆本一書二寫古今一云々、或説、件本貫之自筆云々、但有二序注一少以有二疑殆一、件正本ハ閑院（藤原公季）贈太政大臣本云々、轉々在二花園左府（源有仁）御許一」とある（久曾神昇「解題」『崇徳天皇御本古今和歌集』　文明社　一九四〇年）。微妙な表記の違いがあるが、藤原公季から輔仁親王に伝えられ、紀貫之（あるいは貫之の妻か妹）自筆の『古今和歌集』の「證本」（証拠となすべき善本）を源有仁が所持しており、崇徳院に献上し更に二条天皇に伝えられたとするものである。貫之の取捨した歌も傍らに直し付されているという記述もある。いずれにしろ、仮名序を付し、紀貫之または妻や妹の自筆の『古今和歌集』を伝えていた有仁の存在は歌学史上、重要である。

一方、**『後撰和歌集』**の「證本」を源有仁が伝えていることも指摘されている（小松茂美「Ⅲ後撰和歌集の諸本系統」［特に「Ⅰ「後撰和歌集諸本の類別」1「佚亡古抄本」15『花園左大臣家』本」］（『後撰和歌集校本と研究』研究編　誠信書房　一九六一年。上野英二氏の御教示）。それによれば、『後撰和歌集』の鎌倉期の注釈書で藤原（令泉）為家が伝授した説を伝える『後撰集正義』の巻末に「或云、（中略）又云、此集證本者、花蘭左大臣（源有仁）家本也、青表紙、自二引開端一令レ書之由いへり、證本之旨、表紙令レ書レ之云々」（久曾神昇編『日本歌学体系』別巻

五　風間書房　一九八一年、『続群書類従』巻四五四も参照）とあり、源有仁の書写本か所持本か断定できないが、「花園左大臣家本」（源有仁）が存在していたことが知られる。『袋草紙』上巻（岩波・新日本古典文学体系本）の「後撰集　和歌千三百九十六首」に「但證本ハ朱雀院塗籠本又青表紙云云、是範永本云々」（藤原）とあり、その装釘に「青表紙」を用いたという藤原範永所蔵本を有仁が相伝したか否かは不明であるが、この本は書写様式が明示され、巻頭は「引開く端自り（はしょ）」書きはじめられたようである。藤原行成を祖とする世尊寺家第六代の伊行が同家に伝わる「入木道」（書道）の秘説を集大成させた『夜鶴庭訓抄』に「さうし（草子）書様、まずひき（引）ひろぐ（開）はは（端）しより書くべし、（中略）家のならひにてはし（端）より書くなり」と見える秘説を「花園左大臣家本」は踏襲したものであるという。またこの本の表紙には「證本」であることが書き付けられていたという。以上のような小松氏の見解により源有仁の秘筺に『古今和歌集』のみならず、それに続く『後撰和歌集』の「證本」も相伝されており、藤原頼長が和歌が巧みであると絶賛し、愛読家としても知られる有仁のおもかげも偲ばれるという（小松茂美前掲書）。

「源氏物語」の写本については、陽明文庫所蔵『源氏物語註』［長珊聞書］所引の「雪月抄」逸文により青表紙本や河内本とも相違する句を含む写本を源有仁が所持していたことが指摘されている（堀部正二「源氏物語雑々私記」［三　鎌倉末期の古註「雪月抄」逸文について］『中古日本文学の研究　資料と実証―』教育図書株式会社　一九四三年、寺本直彦「源氏絵陳状考（下）―本文・白拍子・成立・小宰相―」『国語と国文学』四一巻一一号　一九六四年）。また『源氏物語』の手習の巻の写本のうち、大島氏蔵河内本や河内本系統の平瀬本の奥書に見える「花本」は「花園左府本」（源有仁）の略号であり、源有仁所蔵の写本が存在したことを示すという（池田亀鑑「河内本とその成立」『源氏物語大成』巻七　研究資料篇　中央公論社　一九五六年）、稲賀敬二「「源氏秘義抄」附載の仮名陳状―法成寺殿（マヽ）・花園左府等筆廿巻本源氏物語絵巻について―」『国語と国文学』四一巻六号　一九六四年）。

次に、**「源氏物語絵巻」**については、『長秋記』元永二年（一一一九）十一月二十七日条（小松茂美「源氏絵間紙可調進―「長秋記」の読解をめぐって―」『ミュージアム』一〇五号　一九五九年）には、源師時に対して、鳥羽天皇中宮璋子から、「中将君」を通して『源氏物語』の場面を描いた「源氏繪」を制作するため、その料紙を調進しなさいとの下命があり、白河上皇からは「書圖」を進めなさいと命じられたこと等が記されており、この「源氏繪」の作製の主体は白河院と待賢門院璋子であったが、宮内庁書陵部所蔵「源氏秘義抄」所収「源氏絵陳状」に、紀伊の局（藤原通憲［信西］妻・後白河院乳母、藤原朝子）や長門の局ら待賢門院周辺の女房たちが描き、藤原忠通・源有仁らが詞書を担当した二十巻の源氏絵巻が、その後、鎌倉将軍（宗尊親王）家に伝わっているという記録も残されている（稲賀敬二前掲「「源氏秘義抄」附載の仮名陳状―法成寺殿（マヽ）・花園左府等筆廿巻本源氏物語について―」）。この記録を元永二年調進の源氏絵と同一と見ず、やや時代を降らせて、紀伊の局（藤原朝子）が雅仁親王（後の後白河天皇）の乳母となった大治二年（一一二七）九月頃から有仁が亡くなる久安三年（一一四七）の間に二十巻本源氏絵の成立を考える見解もあるが（寺本直彦「源氏絵陳状考（上）―忠通ら筆二十巻本源氏絵巻に関する稲賀氏の仮設について―」『国語と国文学』四一巻九号　一九六四年）、いずれにせよ、源氏物語絵巻の作製と伝来を考える上で源有仁が重要な役割を果たしたことは事実である。

このように、『古今和歌集』と『後撰和歌集』の証本・『源氏物語』の写本の伝来や「源氏物語絵巻」の作成に源有仁は深くかかわっていたことは特筆される。

以上、やや長くなったが、「春次第」（「春玉秘抄」）などの儀式書を撰した源有仁の人となりや撰述の政治的・文化的背景を理解する手懸かりにするため、有仁の事績を詳しく述べた。次節では、本節では十分に触れられなかった、有仁の儀式体系である「花園説」の形成と継承の過程を述べることにする。

2　源有仁の儀式体系（「花園説」）の形成と継承の系譜

前節で引用した『台記』久安三年二月三日条（有仁出家記事）に「詳二習我朝禮儀一、少レ失レ禮、訪二之上古之大臣一、何恥之有矣、當世之臣、无二比レ肩者一」とあるように、有仁は「我朝の禮儀」を詳しく習い、「禮」を失することの少ない人物であり、そのようなことを「上古の大臣」に尋ね、調べて比較しても、どうして恥があろうか。まして「當世の臣（大臣）」では、有仁と共に肩を並べるほど「禮儀」に習熟した人物は僅かであると、自身も儀式作法に詳しく、不勉強の公卿に対して辛辣な評価が多い藤原頼長ですら、有仁を非常に高く評している。他の公卿の評価も同様で、例えば『中右記』大治五年（一一三〇）正月六日条には「今日叙位儀初、於二御前一被レ行也、可二早参一由有二其催一、未時相二具左宰相中將（藤原宗輔）一参内、三條京極皇居、則内大臣（源有仁）以下人々参入、及二申刻一頭中將（藤原）忠宗來召仰、依二初度一、藏人頭仰也、内大臣移二着端座一、（中略）後内大臣取二叙位一之後、取二副笏一、書二殿上一給、入眼上卿左兵衛督（藤原）實能、於二殿上一披見之處、誠以神妙被レ書也、（中略）内府作法、無二指失禮一歟、初度古賢猶有二失禮一、内府無二指相違一事、尤所二感見一也、是故入道太政大臣（源雅実）被二傳授一也、家之餘慶、尤欣感耳也、倩思二、内府ハ明主（後三条天皇）之後胤、朝家之重臣也、年初廿八、奉二仕執筆一、誠是珍事也」とあり、藤原宗忠は、叙位儀の執筆をした内大臣源有仁の作法にさしたる「失禮」「相違」がなかったと感心し、その作法は「故入道太政大臣」源雅実より「傳授」されたと書いている。また源師時の日記『長秋記』大治五年正月九日条に「權中納言送レ書云、内大臣（源有仁）叙位作法、萬人感由告送云々、其書奉二内府一」とあり、前日の女叙位の執筆を務めた源有仁の作法に関して権中納言（藤原実行・藤原雅定・藤原実能の何れかであるが、雅定か）が源有仁の作法が万人に感銘を与えたことを書状に書いて送ってきたことを記している。このように大治五年正月の叙位・女叙位で有仁は、初めての執筆ながら、見事に大役を果たし、その作法を公卿から称賛されていることが知られる。更に同じ大治五年正月の除目儀でも執筆を努めており、『長秋記』大治五年正月二十九日条に「早朝、内府(源有仁)給二大間成文一、依二不審申請一開見處、無二指失籍(錯カ)一、（中略）除目叙給事、大略謝瓶、上下感言、漏來滿レ耳、比事為二悦申一也」とあり、同月晦日（三十日）条には「後聞、關白(藤原忠通)参レ院(白河院)、内府(源有仁)作法神妙也、是案外也、故入道(源俊房)并太政大臣(源雅實)等教二此事一由雖レ承、其上二委教之人(無カ)一、争此定(マヽ)為二奉仕一哉、先物事有二練習氣一、雖二先達一、寂前失錯、又未レ練者也、院(白河院)仰云、師時(源)之所レ教欤、彼委習所二聞食一也」とあるように、関白藤原忠通が有仁の作法を「神妙」である（人知を超越しているほど素晴らしい）と賞讃していることからも裏付けられよう。源有仁は「失禮」の少なかった人物だけに、『玉蘂』建暦元年（一二一一）五月二十九日条によれば、保安四年の「白馬奏」（『玉蘂』建暦元年五月二十五日条も参照）で「失禮」をおかしたことが話題となるほどであり、「花園左府(源有仁)も件度我失禮と見二日記一也」と見える。本節では、このように当時の廟堂で儀式・公事の作法・次第、有職故実に詳しく、後に「花園説」と呼ばれ、非摂関家の公卿に用いられた「春玉秘抄」を代表とする儀式体系・儀礼説はどのように形成され、継承されていったのかについて述べ、最後に九条家を中心とした摂関家の説との関係を指摘することにする。

i 「花園説」の形成

「春次第」を中心とする源有仁の儀式書撰述や後に「花園説」と呼ばれる儀式体系の形成には、先述の田中本『春玉秘抄』の「奥書等」に、有仁は先ず「堀河相府」すなわち源俊房の「次第」を「如レ形」く書写し、白河法皇の「仰」によって、「久我太政大臣」すなわち源雅実を「師匠」として除目の執筆の作法を授けられ、その上に源俊房が「厳訓」を加えられ、この「兩人」の説を以て「此書」（「春次第」）を作ったとの記述があるように、直接的には源俊房・源雅実といった有仁の母方である村上源氏系公卿と白河院が深く関わっていた。更に「春玉秘抄」などの源有仁撰の儀式書が引用する勘物から見ると、源俊房の「堀川左次第」をもとに白河院が撰した「本書」や源俊房の説を源師時がまとめた「綿書」（「綿文」）の他、俊房の父師房撰の「土記」「土記自抄」「土次第」「土御門次第」や有仁の祖父後三条天皇撰といわれる「院御書」の引用が多い。これら勘物として引用される史料や記主について説明を加えながら、有仁との関係を述べることにする。なお、系図Bも適宜参照されたい。

先ず、「院御書」「本書」といった天皇の儀式書及び天皇の口伝・教命について述べる。

【後三条天皇】 **「院御書」**は有仁の祖父後三条院撰の儀式書であるという説が有力である。詳しくは本冊併載の尊経閣文庫本『無題号記録』（前欠・後欠ながら「院御書」）の解説で述べたので繰り返さないが、有仁は後三条院から直接の教え受けてはいないものの、「春玉秘抄」でも「院御書」の引用回数が三〇回にのぼるので、有仁が後三条院の説を「院御書」を通じて伝授し参考にしていることに疑いない。

【白河天皇】「**本書**」は田中本『春玉秘抄』の「奥書等」によれば、「堀川左次第」すなわち源俊房の儀式書によって「部主(立カ)」をなした白河院撰の除目・叙位に関する「御抄」であることが判明した。「本書」は田中本『春玉秘抄』に一一一回も引用されており、同書「奥書等」に「綿文」とともに中国浙江省を流れる「麗水」から産する金や中国湖北省の荊山の頂である「荊岫(けいしゅう)」から採れる珠に喩えるほど貴重な書であると藤原実定は評している。更に、「春玉秘抄」をはじめとする有仁撰の儀式では、「白川法皇仰」「法皇仰」「法皇御談」「故白河院仰」「法皇御説」「院仰」等、白河院の「仰」「云」といった口伝・教命も引用されている。また有仁撰の「春次第」は白河院の仰せによって作成が始まっており、『玉葉』承安五年正月二日条に見える、吉書奏に関して「花園左府」が「白川院御前」で「所ㇾ被ㇾ造之次第」とその「裏書」が「規模」(規範)となったという例からも窺えるように、一時的ながらも猶子となった源有仁に白河院が自らの教命・口伝を授けていたといえよう。白河院には日記『白河院御記』や先にあげた「本書」の他、年中行事等を記した「白河院御次第」及び「近代禁中作法年中行事」二巻という儀式書がある(和田英松「白河天皇」『皇室御撰之研究』　明治書院　一九三三年)。

　後三条院や白河院による儀式書の作成、特に叙位・除目の儀式に関心を持ち、自ら儀式の進行・運営を掌握し、更には儀式次第の作成にも関与しようという姿勢は白河院が天皇作法の形成に関わったとする井原今朝男氏の問題提起(井原今朝男「中世の天皇・摂関・院」『史学雑誌』一〇〇編八号　一九九一年、のち『日本中世の国家と家政』　校倉書房　一九九五年)や美川圭氏や玉井力氏が解明された白河院による人事権掌握の問題(美川圭「公卿議定制から見る院政の成立」『史林』六九巻四号　一九八六年、のち『院政の研究』　臨川書店　一九九六年、玉井力「『院政』支配と貴族官人層」朝尾直弘編『日本の社会史』三巻　権威と支配　岩波書店　一九八八年、のち『平安時代の貴族と天皇』　岩波書房　二〇〇〇年)などにも絡む問題であり、後三条院や白河院の口伝・教命を継承する皇孫から臣籍降下した源有仁撰の「春次第」(『春玉秘抄』)は、摂関・院政期の公家社会における口伝・故実の継承を考える上で、特に天皇の口伝・教命や儀式書の形成を考える流れの中で詳しく検討されるべき素材を提供している。

　一方、源有仁撰の儀式書に見える村上源氏系公卿の儀式書や口伝・教命に関して、先ず源師房から説明する。

【源師房】土御門右大臣源師房撰の著作のうち、その日記『土右記』の略称である「**土記**」、師房が『土右記』から叙位・除目関係の記事を中心に抄出した「**土記自抄**」、更には『本朝書籍目録』に「叙位除目抄」即ち「**土御門右府抄**」ともよばれた師房編の叙位・除目の儀式書である「**土次第**」「**土御門次第**」(木本好信「『土右記』と源師房」『平安朝日記と逸文の研究—日記逸文にあらわれたる平安公卿の世界—』一九八七年　桜楓社、原載『国書逸文研究』一八号　一九八六年)が有仁撰の「春次第」(『春玉秘抄』)等にしばしば引用される。師房は村上天皇の孫であり、俊房・師忠（有仁の母方の祖父）の父である。師房は村上源氏でありながら、十三歳年上の姉である隆姫女王が藤原頼通と結婚したことから、頼通のもとで育てられ、その子として官途に就き、更に師房自身も藤原道長の女尊子と結婚したことにより、道長の聟ともなった。その結果、道長・頼通の庇護のもとで御堂関白家の一員として公卿に列することになったため、公事についても頼通から多く故実を伝授されたらしく、所謂九条流（御堂流）の儀式を継承しているといわれ、後世、よく引用されている（源師房やその故実書については、木本好信前掲「『土右記』と源師房」、片山徹「源師房序説―後期摂関時代の変奏―」古代学協会編『後期摂関時代の研究』吉川弘文館　一九九〇年、坂本賞三「村上源氏の性格」前掲『後期摂関時代の研究』、田島ａ一九九〇、坂本賞三『藤原頼道の時代』平凡社　一九九一年、高橋秀樹「藤原頼通をめぐる養子関係」『日本歴史』五三一号　一九九二年、細谷勘資「平安時代後期の儀式作法と村上源氏」十世紀研究会編『中世成立期の歴史像』、東京堂出版［のち『中世宮廷儀式書成立史の研究』　勉誠出版　二〇〇七年］、一九九三年、田島ｄ一九九四、古谷紋子「源師房に関する一考察」十世紀研究会編『中世成立期の政治文化』東京堂出版　一九九九年等参照）。有仁から見たら、師房は母方の曾祖父であり、師房の儀式書は村上源氏系公卿の口伝・故実の拠るべき源流とも言える。

【源俊房】源師房の長子堀川左大臣源俊房撰の儀式書としては、有仁撰の「春次第」（『春玉秘抄』）や白河院撰の「本書」等の骨格となった**「堀河左府次第」**（**「堀川左次第」「左府次第」**）がある。この儀式書に関しては、「春次第」（田中本『春玉秘抄』）・「秋次第」（柳原家本『除目秘抄』）「叙位抄」（東山御文庫本『叙位記中外記』）から「部立」部分と儀式書の本文部分を中心に、更に「左仰」「左説」「左命」「左府教」「（入道）左府命」「左府老説」「老俊説」「左府抄」「左府成柄」「左府大間」「左府尻付」「左（府）口伝」「土承暦（四年）記」（「承暦四年土記」）なども引用して『大日本史料』三編に復原したことがあるので、そちらを参照していただくこととし（『大日本史料』三編之二十八　補遺　保安二年十一月十二日条　三三四頁～四一〇頁）、詳細は省略する。なお、「左府口伝」（「左口伝」）は『長秋記』大治四年（一一二九）七月二十日条には「故入道（源俊房）殿仰」、大治五年正月八日条には「故入道（源俊房）命」、『中右記』長承二年二月十日条には「故入道（源俊房）左府教命」という形でも表れるが（「左口伝」に関しては、細谷勘資「『綿書』の成立年代と編者」『国書逸文研究』一八号　一九八六年［のち前掲『中世宮廷儀式書成立史の研究』］、田島ａ一九九〇・田島ｄ一九九四参照）、実際、「口伝」を書き留めた書物になっていたようである。それは、『薩戒記』正長二年（永享元年・一四二九）三月七日条（大日本古記録本）に「秉燭程、向二中御門宰相（松木宗継）許一、有二示合事一、又取二出除目抄一被レ見レ予（中山定親）、堀河左府（源俊房）口傳・通俊卿（藤原）抄也、有二中御門右府（藤原宗忠公）奥書一、尤為二重寶一」とみえ、当時、松木宗継所蔵の「除目抄」の中に藤原宗忠の奥書のある「堀河左府口傳」が含まれていたことから判る（田島ａ一九九〇）。源有仁が公卿に仲間入りした元永二年八月には、俊房は左大臣であり、俊房が亡くなる保安二年十二月まで僅か約二年余りであるが、有仁は直接、政務について手解きを受けた。日記にもそのことは表れており、また次に述べる師時を通じて俊房の口伝・故実を学んだ。先述の『長秋記』大治四年三月二十二日条によれば、源師時は源有仁からの陣定の作法を問う消息に答えた後、「此相府(源有仁)為一家上、殊芳心深、就中故為(為故カ)禅府(源俊房)之公事弟子、仍毎事所教訓申也」と記し、有仁は「故禅府」即ち源俊房の「公事弟子」であるとしている。先に引用した『長秋記』大治五年正月二十九日条でも、除目の作法を「神妙」と賞讃した関白藤原忠通は、「故入道」源俊房が有仁を教えたと認識しており、後述する有仁の質問に対して回答した師時の教示の中には俊房の口伝・教命が多く含まれていることからも裏付けられる。なお、俊房が父師房の口伝故実・日記（『土右記』）や儀式書を伝え用いていることは、『水左記』承暦元年（一〇七七）九月二日・同十三日条、承暦三年正月十六日条・二月十三日条、承暦四年正月一日条・二月四日条・同十二日条・八月二十一日条・閏八月一日条・十月二十六日条、永保元年（一〇八一）二月六日条・八月十六日条・十一月四日条、永保三年正月一日条などから窺える（『大日本史料』三編之二十八　補遺　保安二年十一月十二日条　二九九頁～三〇三頁参照）。

【源師忠】　田中本『春玉秘抄』に**「中宮大夫説」**が引用されるが、「中宮大夫」とは、官職や源有仁の血縁関係から言って、有仁の母方の祖父（母の父）にあたる大納言兼中宮大夫の源師忠であり、師忠の説も有仁は参考にしている。**「中宮大夫書」**なる表記もあるので、その説は書物として纏められていたものもあったらしい（田島a一九九〇）。

【源師時】　「春玉秘抄」や「秋玉秘抄」など有仁の除目の儀式書（叙位の儀式書である「叙玉秘抄」には表れない）に見える**「綿文」「綿書」**の撰者については源師時であるという説が提出されていたが（細谷勘資「『綿書』の成立年代と編者」『国書逸文研究』一八号　一九八六年）、新たに確認された田中本『春玉秘抄』の「奥書等」に「謂綿文(書)者、堀川左府(源俊房)授彼師時(源)卿之説也」とあることや『玉葉』安元二年（一一七二）十二月五日条に「此日、京官除目也。（中略）右宰相中將實守(藤原)、本自候臺盤所方、余(九条兼実)招寄、交語實守、問莒文作法、粗以執答。堀川左府(源俊房)所抄出之莒文作法一巻、取出自懐中、令見之、頗以委細、可謂神妙、但聊有疑事等、件次第、花薗左大臣(源有仁)家稱錦文(綿カ)之書内也、余見文躰、非左府(源俊房)之所為、師時(源)卿制造歟」とあることから、「綿文」（「綿書」）は、師時の独自の編書というよりは、源俊房が子の師時に授けた説をまとめたものであり、藤原実守の所持する、源俊房が「抄出」したという「莒文作法」を記した「次第」一巻は、源有仁の家で「錦文(綿カ)」と称している「書」に含まれ、九条兼実が「文躰」を見たところでは、俊房の「所為」ではなく、源師時が「制造」したものだと記述していることから、「綿文」（「綿書」）は師時が作った儀式書であるものの、オリジナル度から言えば、俊房の口伝・教命を中心に師時が書き留めた儀式書であることが判明した（田島a

一九九〇・田島d一九九四）。田中本『春玉秘抄』には「綿書」が一二五回も引用され、先に述べたように「奥書等」には「本書」と共に「麗水之金」や「荊岫之珠」に喩えられるほど貴重な書であった。有仁は、師時が作った「綿書」から俊房の口伝・故実を学んでいたのみならず、師時から直接、教えを得ており、有仁が師時の公事の弟子であったことは、以下の記述から知られる。先ず、大治五年（一一三〇）の叙位に関して、師時の日記『長秋記』を見ると、大治四年十二月下旬から次のような遣取りが見られる。二十日条には「自二内府(源有仁)一叙位間事委問給、可二注申一」、二十二日条には「内大臣(源有仁)來給、且所労訪、且叙位事、尋問給也、土御門(源師房カ)御手放(倣)其〔之カ〕本、獻二引出物一」、二十八日条には「内府(源有仁)渡給、男女叙位事委問給」、叙位儀の前日の大治五年正月五日条には「内大臣(源有仁)殿渡給、叙位間事示給」とそれぞれあり、以下、具体的な作法について有仁と師時との問答が続いている。更に女叙位儀の前日である八日条には「内府(源有仁)渡給、女叙位間事也」とあり、「女叙位間事」について有仁が「故太政大臣(源雅実)教」を引いて質問しているのに対して、師時は「故土御門(源師房・土右記)御門日記」「入道(源俊房・水左記)御記」を引いて答えている。また先に引用した『長秋記』大治五年正月二十九日条に、藤原忠通は、有仁の除目の作法は「神妙」であり、思いがけないことであったとし、「故入道(源雅実)太政大臣等教二此事一」と聞いているけれども、細かく教える人がいなければ、どうして奉仕をうまくできようか、と述べたことに対して、鳥羽院は、有仁に教えたのは師時であるとしている。以上のように、大治五年正月の男女の叙位儀に備えて、有仁は師時と消息で遣取りをしたり、師時の私邸を訪問したりして、当日の執筆の作法について教えを乞うている。このような有仁と師時との関係は叙位儀のみでなく、他の儀式・行事にも及んでおり、『長秋記』にはそのような源有仁からの問い合わせに関する記事がかなり載っている。その際も師時は祖父師房や父俊房の日記・「次第」・「口伝」をもとに源有仁に伝えている。例えば『長秋記』大治四年二月十六日条によれば、「仍故殿御次第、并兩府御日記(源師房・源俊房)、并諸家日記、匡房卿次第(大江匡房・江次第)等、自二書倉一取出、一遍見レ之」とあり、源師時が自家の「書倉」に少なくとも「故殿御次第」（師房撰の「土御門次第」〔俊房撰の「堀川左府次第」の可能性もある〕）、「兩府御日記」（師房の日記『土右記』と俊房の日記『水左記』）を所蔵していたことは確かである。更に、『長秋記』大治六年（天承元年）正月七日条によれば、「内府(源有仁)御消息、七日無二御出一、其儀次第可二借給一也、故殿次第奉レ獻、（中略）予(源師時)申云、（中略）但長暦間故殿(源師房)次第有二御物忌儀一」とあり、実際、師時は有仁に「故殿次第」を貸している（「長暦間」とあるので、この「故殿次第」は源師房のものか）。そしてこの様な有仁と師時の公事を廻る口伝故実の伝授の関係は、『長秋記』大治五年十二月五日条に「詣二内府(源有仁)一、官奏教申、此人一家為二棟梁一、就レ中親昵也、仍於二公事一無二殘事一」と見えるように、有仁は「一家」の「棟梁」で、特に「親昵」なので、師時は「公事」について残らず教えたとする記事より一層明らかである。有仁と師時の親密な関係から、源有仁編の儀式書に「綿書」（「綿文」）引用されたのも当然のことである。

【源雅実】『春玉秘抄』には「故太政大臣（教）」「（故）入道相国命」「大相国説」などの教命・口伝やそれを書き留めた「大相国次第」なる書が見えるが、これは太政大臣源雅実（一〇五九〜一一二七）の口伝・教命、儀式書である。源雅実は師房の子顕房の子であり、有仁の事績で述べたように永久三年十月二十八日の有仁王の元服の際に加冠役を務めた（『親王御元服部類記』永久三年十月条、『今鏡』巻八みこたち「花のあるじ」）。田中本『春玉秘抄』の「奥書等」に「故花薗左大臣（源有仁）、欲レ作二除目執筆一之時、依二白川法皇仰一、久我（源雅実）大（太）政大臣為二師匠一、被レ授二執筆之作法一、其上、堀川入道（源俊房）左府又被レ加二嚴訓一、（稱二左府次第一也、若此御書歟、）以兩人之説一、被レ作二此書一」と藤原実定が記したように、有仁は雅実を「師匠」として、除目の執筆作法を伝授され、俊房の説とともに雅実の説は「春次第」等を作る際に重要であった。雅実と有仁の親密な関係及び雅実から有仁への口伝故実の伝授を示すと以下の例が挙げられる（田島a一九九〇・田島d一九九四）。①『中右記』大治五年正月六日条（先述）によれば、大治五年正月六日の叙位儀で、さしたる相違もなく初めての執筆の大任をやり遂げた有仁について、藤原宗忠は、「故入道太政大臣」すなわち源雅実が有仁に叙位儀の執筆の作法を伝授したと評していること。②『長秋記』大治五年正月八日条に、女叙位のことに触れて、有仁が「故太政大臣教」すなわち源雅実の「教」を引用して源師時に質問している。③『長秋記』大治五年正月二十九日条に、除目の儀で、有仁が執筆の役をたいした誤りもなくやり遂げたことについて、関白藤原忠通が「故入道（源俊房）」と並んで「太政大臣」すなわち源雅実が執筆の作法を有仁に教えたと語っていること。④『玉葉』治承二年（一一七八）十一月二十日条に見えるように、中宮（皇后）御産儀の「打攤の興」に関して、藤原実定が語るところによれば、「花苑左大臣次第」に示された作法が「此事、久我太相國命」即ち源雅実の教命であると記されていること。⑤九条家本『春除目抄』第二（宮内庁書陵部編・刊『図書寮叢刊 春除目抄』上 一九九一年）に、「繆二大間一」る作法の中で「奥二三枚堅レ巻、挿レ下、為二軸代一」す作法に関して「異説、（源）雅實公授二花薗大臣（源有仁）一、彼流以レ之為二秘説一、家説、同所二用來一也、」とあり、雅実が有仁に授けた説は「秘説」として伝えられたこと。⑥『山槐記』治承四年（一一八〇）二月二十一日条〔史料大成本〕によれば、内弁が引くによれば高倉天皇の譲位（安徳天皇践祚）の際に、内弁が右衛門督を召し宣命を賜いて退外する時に「軒廊東間」を出ずる作法を「此事有レ興」としたあとに引用した「永治御譲位日宇治左府記（藤原頼長・台記）」（『台記』永治元年［一一四一］十二月七日条逸文）に「大臣（源有仁）花薗左府也、出レ自二軒廊西二間一、故（源）雅實太政大臣同出二此間一、此等専無理之由、先日、有二禪閤（藤原忠通）之仰一、起二仗座一参進之時、一位用二西二間一、自餘時、尚用二東二間一云々。今日大臣（源有仁）所為、不レ可レ然云々」と見えるように、有仁が軒廊より出る作法は雅実の作法と同じであったこと。⑦『助無智秘抄』（一名『年中行事装束抄』、『続群書類従』巻一一三）の「三日臨時客」に「カイ子リ（掻練）ニハコンヂ（紺地）ノ平緒モクルシ（苦）カラズ、ムラサキ（紫）タン（檀）ノ平緒ヲサ（挿）、ヌコト、故實ニ申、昔、花園(源有仁)ノ左大臣ドノ(殿)、ノリユミ(賭弓)ノ奏ノ日、カイ子リ(掻練)ニ紫タン(檀)ノヒラヲ(平緒)、サ(挿)、セ給タリケレバ、法性寺殿(藤原忠通)アザケ(嘲)ラセ給テ、太政大臣(源雅実)、久我ノ大相國也、コソヲシ(教)ヘモ(漏)ラサレタリケントオホ(仰)セラレケレバ、花園殿(源有仁)ハヂ(恥)サセ給ケルトカヤ」とあり、賭弓奏の時の装束について、有仁の装束のうち平緒に過失が合った際に、忠通が「雅実が教え漏らされたか」と指摘している伝えは、有仁が雅実より故実を習っていたことを示していること。⑧徳大寺公継の日記『宮槐記』建暦二年（一二一二）正月七日条に、源有仁は殿上への昇降の際に用いるのが「南欄」であるとの認識にたっていたらしいが、これは「久我説」（源雅実の説）と「符号」していたらしいことが記されていること（弓野正武「『節会抄』（早稲田大学図書館蔵本）覚書」『早稲田大学高等学院研究年誌』二五号、一九八一年）。⑨『宮槐記』の元仁元年（一二二四）十一月の改元定に関する記事（宮内庁書陵部所蔵三条西家本『改元部類記』［函号 四一四―四九］）に、年号勘文を結ぶ作法について「結二一通一ハ花園殿(源有仁)并雅實(源)公之所為也」とあり、有仁の説と雅実の説とが同じであることを示していること。⑩三条実冬（一三五四～一四一一）の『後三条相国抄』（『続群書類従』巻九三四）に「練歩事」について「當家(三条家)練様、先進二上臈方一、踏二整左右足一」とあるように、「練歩」の際に左右の足を踏み整えるという三条家の作法に対して、近来好まれる作法として「チカ(違)ヘテ練説有レ之」とし、「徳大寺用二此説一、花園左府(源有仁)説也、花説、久我相國(源雅実)調練也、源家人若用二此説一歟」とあり、徳大寺家の公卿が用い、「源家(久我源氏)」などの「家説」となった有仁の説（「花説」）は源雅実が「調練」したものであること。以上のように源雅実は源有仁の口伝・故実の形成に直接大きな影響を与えていたらしく、具体的に手解きする例も見えるので、まさしく田中本『春玉秘抄』の「奥書等」が記すように有仁の「師匠」であったと思われる。ところで、雅実が故実の教えを受けた人物に関しては、『中右記』康和五年（一一〇三）二月三十日条に「除目入眼也、（中略）凡内大臣(源雅実)初被レ勤二執筆役一之度也、仍如レ此事、強付レ目所二見及書置一也、能書之人、被レ書二大間體一、誠以神妙也、小事雖二古賢一必有レ之、況初参之人、尤可レ然歟、内府(源雅実)日者被レ習二申左大臣(源俊房)一云々、累代執筆家、定無二其失禮一歟」とあるので、雅実は「累代執筆家」とされる俊房から日頃より除目執筆の作法を習っていたことが知られる。有仁に教えた雅実自身も父顕房の兄である俊房より除目の執筆の作法を習っていたのである（竹内道雄「久我雅実に関する覚書Ⅱ―その性格について―」『長岡工業〈短期大学／高等専門学校〉研究紀要』一巻三号、一九六四年）。更に『長秋記』長承二年（一一三三）七月八日条には「別當(源雅定)、故治部卿隆俊(源)卿之蒙二宇治殿(藤原頼通)口傳一所二注置一之秘書一巻借送、彼人(源雅定)極秘蔵者、隆俊不レ傳二長子俊實(源)卿一、而傳二故太政大臣(源雅實)一、一見之處、誠有二情感多一、是土御門御日記(源師房・土右記)相同、尤可二秘蔵一」とあり、藤原頼通の口伝を源隆俊がまとめた秘書一巻は、秘蔵されながら、長男俊実には伝えられず、娘婿の源雅実に伝えられ、さらに子の雅定に伝えられ、それを源師時が借用していることがわかる。このことから源雅実は藤原頼通の口伝も継承した可能性が考えられる（田島d一九九四）。

以上、指摘したように「春次第」（「春玉秘抄」）に代表される源有仁撰の儀式書やその儀式体系（「花園説」）の形成についてまとめれば、田中本『春玉秘抄』の「奥書等」にあるように、源俊房の説を基調にして、若い頃は源雅実を「師匠」として、雅実歿後は源師時より故実の相承を受け、源師房に始まり、藤原頼通の説の影響も受ける村上源氏系公卿の故実を継承し、更に後三条・白河の両院の説（特に白河院の説）を採り入れ、自らの見聞も加えて集成したものといえよう。すなわち、源有仁撰の「春次第」「秋次第」「叙位抄」及びそれを藤原実定が改編した「春玉」「秋玉」「叙玉」の三つの除目・叙位に関係する「秘抄」は、儀式作法が詳細であるだけでなく、村上源氏系公卿の儀式次第・作法及び後三条院・白河院の両院の意向や教命・口伝を継承しており、摂関期後半から院政期初頭における叙位・除目の儀式書、教命・口伝の集大成の一つと見做せよう。

ii　「花園説」の継承と摂関家説との関係

一の4で詳しく述べたように「春次第」及びそれを改編した「春玉秘抄」を中心とした源有仁撰の儀式書は妻の北の方の血縁関係で徳大寺家・三条家など閑院流や北の方の母・藤原光子の出自である勧修寺流に伝来した。儀式書の伝来は、単に書物の伝来にのみならず、書写を通じて、有仁の儀式体系である「花園説」の継承にも繋がった。ここでは、「花園説」の継承の系譜について確認しておく。

源有仁には、『平家物語』第六末　卌四「阿波守宗親（平）發㆓道心㆒事」に「阿波守宗親とて、八嶋大臣殿（平宗盛）の末子おはしけり。誠には養子にておわしけり。花薗左大臣殿（源有仁）御末とかや」とあるように家の女房との間に男子がいたようであるが、男子で正式に家を継ぐ者がおらず、家が断絶したこともあり、田中本『春玉秘抄』の「奥書等」に見えるように、「春次第」及びその「具書」は有仁の薨去後は鳥羽院に納められたが、それを「弟子」である藤原（徳大寺）実能が書写したものが子の公能・孫の実定によって秘蔵され、実定によって「春次第」などが「春玉秘抄」などに改編され、「花薗文書」と称され、南北朝期、公清の頃には「當家相傳文書」として伝来し、少なくとも室町後期、実諄の頃まで徳大寺家に所蔵されていたことが確認される（田島a一九九〇・田島d一九九四）。**徳大寺家**ではこれら有仁の儀式書を用いて公事を行っており、実能・公能・実定のみならず、実定の弟の実守（『玉葉』安元元年十一月二十一日条）や実定の子の公継（『玉蘂』建暦二年十一月二十九日条他）も有仁の儀式体系「花園説」の継承者であったことが知られる（田島d一九九四）。南北朝・室町前期では、先に二の2のi【源雅実】の⑩『後三条相国抄』でとりあげたように、「練歩事」に関して徳大寺では、「花園左府説」が用いられていた。中院通冬の日記『中院一品記』（『通冬卿記』）暦応五年（応永元年）三月三十日条（宮内庁書陵部所蔵久世家本〔函架番号　二五九―一六五〕）には、その日の記事の最後に、除目儀で行われた作法に関して覚えとして書き記すべきことや疑問に思ったことなどを箇条書き書いているが、その最初に「一、今後、大間繆様、夜々無㆓

俄少〔省カ〕(減)之儀二云々、如二初夜一也、鷹司邊説、第二夜ハ自二初夜一聊狭縿、第三夜同二第二夜一也、徳大寺家為二花園左府一無二其儀〔説脱カ〕一歟、凡今度如二進退一事以上一、洞院前右府公賢公被レ授之云々、前右府(洞院公賢)ハ為二鷹司説一也」とあり、徳大寺家の公卿の作法は源有仁の説に同じとしている。更に、これも先に示したように徳大寺実諄も「花園説」の継承者であったことが『実諄公記』延徳四年（明徳元年）正月六日条から確認されるので、儀式書の伝来と共に、室町後期から戦国期にかけても有仁の説が徳大寺家に継承されており、「花園説」が儀式を行う上での典拠となっていた。

次に、**三条家**では、一の3で『後愚味記』を典拠に述べたように有仁撰の自筆本「花園節會次第」の自筆本を公教が有仁から譲り受けて以来、相伝し、南北朝期に有仁の自筆本が足利義満に献上されたものの、献上直前に書写した写本はその後も三条家に伝来した。また、除目の儀に関しても、公教の子・実房が有仁撰の「春次第」を中心して『三槐抄』を作るなど、「花園説」の継承者であった。このことは、後述するように対抗関係のあった摂関家の九条兼実の日記『玉葉』に窺え、実房が叙位・除目で執筆の役を勤めた時を見ると、実房は「花薗説」を用いている。例えば、除目儀に関して、『玉葉』建久四年（宮内庁書陵部所蔵九条家本・同新写本）十二月九日条に「京官除目入眼也、戌刻、左大臣(三条実房)参入、（中略）次撰二出諸申文等一、相二加折帋一、傳二大臣(三条実房)一、大臣取レ之置レ前、先任二内舎人一、是花薗説也、去寺如レ此、凡大臣作法、今度幷欲レ改二去春作法一、而最前任二内舎人一事、春秋惟同、此條不レ被レ知下有二異説一之由上歟」とあり、建久五年正月三十日条（宮内庁書陵部所蔵九条家本、以下同じ）にも「此日入眼也、申刻、執筆左大臣(三条実房)参入、他公卿等少々参會、（中略）大臣(三条実房)云、有二二分代御申文等一、承二可レ任者一欲レ任者、彼花薗説、先任二内舎人一也」と見え、共に最も先に内舎人を任ずるという「花薗説」が用いられている。更に叙位儀に関しては、女叙位であるが、建久五年正月十一日条に「此日女叙位也、（中略）晩頭、左大臣(三条実房)参會、（中略）次奏二院宮御申文一、其作法如二官奏一、叙位・除目之習、未レ返二給奏書一之間、不レ止二本座一、是依レ無二其袓〔程〕一也、官奏ハ文書御覧太久、仍歸二着本座一、而令下叙位与二官奏一混合上作法一、不二甘心一、花薗説云々、御覧了」見え、同様なことが指摘できる。特に『玉葉』の記主九条兼実がこの「花薗説」に対して「甘心」せずと批判的であることも注目される。この他、藤原長兼の日記『三長記』建永元年（一二〇六）十一月九日条によれば、「入道左府」（三条実房）は除目儀で「大間右サマニ縿時、自二中程一更左サマニ引返テ、又展ル作法」は「花園左府口傳秘事」であり、「輙不レ可レ用之由」を長兼に示したことが書き留められている。また『三長記』建永元年九月二十五日条に「今日被レ行二官奏一、荒奏、（中略）権辨率レ史、参二御直廬一、（中略）但揖六度、（割注略）官奏揖、六度・三度、両説也、而辨官多用二三度説一、花園左府(源有仁)被レ用二六度之説一、其外大臣多以二三度一也、但入道左府(三条実房)用二花園説一歟」とあり、官奏の荒奏の作法で、揖を六度する説と三度する説と二説あり、六度の説は有仁が用いている説であるが、多くの大臣が三度の説を採用している状況下で、「入道左府」（三条実房）は「花園説」を用いていたという。実房は『玉蘂』承久二年正月一日条に

「入道左府（三条実房）、世以稱㆓大恩殿主御房㆒、是則公事為㆓諸人師㆒之故也」とあるように、鎌倉初期に公事において諸人の師であったため、世に「大恩殿主御房」と称された実房は、有仁の説（「花園説」）の継承者の一人であったといえる。

この他の家では、藤原（花山院）忠雅は、『山槐記』治承三年（一一七九）正月十六日条などより、源有仁の故実を伝えていることが知られる（田島公「『公卿学系譜』の研究—平安・鎌倉期の公家社会における朝儀作法・秘事口伝・故実の成立と相承—」『禁裏・公家文庫研究』四輯　思文閣出版　二〇〇九年）。また本節の冒頭で『玉葉』承安四年（一一七四）十二月十五日条を引用して述べたように官奏の荒奏で藤原経宗は揖六度で、「花薗左府説」を用いており、「近代人」が「大事」の「公事等」に関して、「花園左府次第・日記等」をもっぱら「伺見」ており、左大臣藤原経宗が代表的な一人だといっているように、経宗も「花園説」の継承者の一人であった（田島b一九九〇）。更に国立歴史民俗博物館所蔵広橋家本『吉部秘訓鈔』巻四「一、粟田口太政入道（藤原忠雅）公、与㆓（藤原）經房卿㆒言談條々事」に引く、『吉記』建久二年（一一九一）二月十九日条（髙橋秀樹編『新訂吉記』本文編三　和泉書院　二〇〇六年）の「裾尻引様事」によれば、「裾尻引様尋㆓申之㆒、故（藤原経宗）左府ハ執筆之時、従㆓座上方㆒仰レ手ヲ少別々取レ之、答（藤原忠雅）云、是花園左府（源有仁）之説歟」という記述からも同様の指摘ができる。経宗は父大納言藤原経実と共に大炊御門家を確立する。経宗の母は、『今鏡』六　ふぢなみの下　「竹のよ」に「その大君は、（藤原）經實の大納言の上、その次は花園（源有仁）の左の大臣の北の方、三の君は待賢門（藤原璋子）の院におはします」とあるように、大納言藤原公実の長女であり、源有仁の北の方の姉であった。経宗が有仁の説（「花園説」）を継承したのは、経宗が母方で閑院流に繋がっていたためであった。また、田中本『春玉秘抄』の「奥書等」の最後に「傳㆓此書（春玉秘抄）㆒之人、為㆓相府（大臣）㆒」とあるように、大臣を務める家格の家にも伝えられた。なお、管見で確認出来る「花園説」に関する最も時代的に下がる例としては、万里小路惟房（一五一三〜七二）の日記『惟房公記』天文十一年（一五四四）三月十四日条（東京大学史料編纂所架蔵影写本［菊亭家本］『惟房公記』［請求番号　三〇七三—五〇］、『続々群書類従』第五）には「入夜暁（及レ）向㆓中院（通為）相公羽林亭㆒、除目大間長禄三年（一四五九）度、久我相國通尚公執筆、参㆓勲大間㆒、令レ遂㆓一覧㆒了、以レ次如法三宝院内府、通冬（顕カ）、中院先祖也、神木入洛之時、叙位執筆勲レ之、彼記遂㆓一覧㆒候、彼家（中院）説用㆓花園（源有仁）方説㆒云々、少折紙叙人之内、尻付臨時ト付レ之自レ院被レ仰云、只一院御給ト可レ改之由、後日被㆓仰下㆒之由、見㆓彼記㆒」と見えるので、戦国期まで「花園説」が中院家（村上源氏）に継承されていたことが知られる。

これに対して、摂政・関白になる家柄である五摂家、とりわけ忠通以下の摂関家関係者は、更には九条家の関係者は、「花薗説」に対して厳しく批判している。例えば先に引用した『山槐記』治承四年二月二十一日条所引「永治御譲位日宇治左府記（藤原頼長・台記）」（『台記』永治元年［一一四一］十二月七日条逸文）では、譲位の儀で内弁を務めた源有仁が譲位の宣命を渡した後、軒廊より退下した際に、軒廊の西二間より出た行為を、関白忠通は専ら無理があるとし、頼長は今日の有仁の行為は不適当であると批判している。また、これも先に示した『玉葉』建久五年正月十一日条に見えるように「花園説」は「甘心」しない説（不満足な説・不快な説）であり、九条兼実は「花園説」やその継承者の作法・儀式次第について大変批判的であるし、また、以下に示すように九条道家や九条良輔も同様に批判的で、九条家の「家説」とは違っていることを強調している。すなわち大嘗会解斎大祓に続き、加叙が行われたことを記す『玉蘂』建暦二年（一二一二）十一月二十九日条［今川文雄校訂本］によれば、「參内、（中略）主上（順徳天皇）取御中文等、置御座端給、右府（徳大寺公継）取中文、（折紙、數通、）置笏引廻、又中歟、懐其間太以遅々如何、逡巡降長押、小退向坤立、（先立左足、）左廻大輪立廻、（到南間南柱之程、更東行到東柱下、又北行也、）巳上作法、未聞説歟、花園（源有仁）説歟、余家（九条家）説有三、皆推硯直進寄也、即又可分置中文歟」と見えるように、日記の記主九条道家（時に内大臣）は、大嘗会の女叙位の儀で左大臣徳大寺公継が用いた作法（「花園説」）を聞いたことがない説で、自分の家の説とは違っていることを記している。更に藤原定家の『明月記』建暦三年（建保元年・一二一三）正月二日条［国書刊行会本］に「參左大臣殿（九条良輔）、見參之次、令問夜前事給、予中（藤原定家）云、依不知子細、不分別可否、但毎事似安不行、毎出一言、先取出扇、當燭光委見之、或又見笏紙、太丁寧、毎度如斯、不仰進物所・御厨子所、詞、只次第事、昔とぞと仰、又飯汁催事モ詞（調カ）物と仰、宰相又同仰其詞、仰云、花園など註置説歟、我等不存事也、但宇治左（藤原頼長）初度ニモ名ヲいはんか、はづかしくて（恥）ハ、次第申など云由被註、於後ニ者、毎度仰飯汁也、故殿（九条良経）、飯汁と被仰き」とあるように、左大臣九条良輔は、源有仁などが註し置いた説は自分たちは知らないことだと評し、言外に不快感を表明している。このように、「花園説」は、院政期から鎌倉初期にかけて、特に摂関家である九条家の人々には強い批判の対象とされており、その点、九条良経編『春玉秘抄』巻第二（『図書寮叢刊　九条家本除目抄』上）に見える「次左大臣依召着圓座」に関連する作法について、次のように記されているのは注目される。

引寄下襲尻事、

一説、顧座下方、以左右手（笏猶取加、）取下襲尻中程、引寄置之、末方為下（シタ）、（宇治左府（藤原頼長）用此説、）

一説、片手乍持笏、以片手自袖下竊遣後方、漸々縿寄、（花園左府（源有仁）用此説云々、但無慥説歟、）

又片手取移笏、以今片手又同様縿寄之、左右相同、

松殿（松殿基房）仰載右、依為正説也、

これによれば、九条家では、松殿基房の説が「正説」（正しい説）であるが、有仁の説は「一説」（別の説・ある説）であり、「無慥説」（確かでない説）でもあった。それは先に述べた『玉葉』建久五年正月十一日条に「花園説」を「不甘心」と記していることと共通した認識である。また同じところで、「取四所籍、（中略）返入闕官帳」の作法の箇所で、

無二長押一所乍レ置レ板引二廻莚一例、

治承四年正月御記(玉葉)云、奏二闕官帳一、其儀如レ常、但置二莚於板敷一引廻、是無二長押一之儀、故實也、返給復レ座、

花薗(源有仁)左府説、雖レ有二長押一、猶置二莚於板敷一引二廻之一、代々家(九条家)説不レ然歟、

兼実は闕官帳を奏する時、長押が無いところでは、莚を板敷に置いて引き廻すのが故実であるのに対して、源有仁の説では、長押があっても莚を板敷に置いて引き廻している。代々の九条家の説ではそうではないと九条良経は注記している。

先に引用した「九条家文書目録」によれば、九条家には「花園左府抄」も所蔵されていたが、それはおそらく参考のためであって、『玉蘂』建暦二年十一月二十九日条（前掲）に見えるように、「花園説」を用いる徳大寺公継の作法に対して、九条道家は「余家説」（九条家の説）との違いを強調している。それを裏付けるように、先に指摘した九条家本『除目部類抄』五巻（宮内庁書陵部所蔵　函号　九―四〇六）には「花園抄」（『春玉秘抄』）が比較のためか、多数引用される。

こうした九条家を中心とした摂関家の人々と「花園説」を用いる人々との関係については、中山定親の日記『薩戒記』正長二年（永享元年・一四二九）二月四日条に「晩頭、四條(油小路)宰相隆夏、入來、被レ携二一樽一、例年之佳儀也、被レ談(油小路隆夏)曰、九條(海住山)宰相清房、敍位執筆事、諸人奇傾也、或人曰、彼卿(海住山清房)受二入道前右大將(久我)通宣説一、勤二仕之一云々、此事如何、非二摂家一者不レ可レ授二其説一者、予(中山定親)案レ(之カ)也、雖レ非二攝家一、何不レ為二先達一乎、土御門(源師房)右府・堀河(源俊房)左府・師時(師時)・師頼(源)卿等皆為二先達一、多受二彼人々説一勤也、又大納言經房(藤原〔吉田〕)卿者、中御門左府(藤原)經宗公、弟子也云々、彼左府(藤原経宗)存生之間、又經房卿教二訓弟光長(藤原)卿一云々、然者此難不□(審カ)事也」とあることが参考となる（田島ａ一九九〇・田島ｄ一九九四）。油小路隆夏は、摂関家では無い者は叙位の執筆の作法を授けることができないという考えに対して、中山定親は、摂関家の人でない場合も、叙位の執筆の作法を教える「先達」となりうる。そうした「先達」としては源師房・俊房・師時・師頼など、（摂関家ではない）村上源氏系の公卿の作法が参考にされて、多くはそれらを受けて執筆の役を務めている、と語っている。この記載に、先に示した源有仁の説（「花園説」）は一方で村上源氏系公卿の儀式書の集大成であることをも併せて考慮にいれると、源有仁の「春次第」（『春玉秘抄』）を中心とする儀式書及びその説「花園説」が、非摂関家の公卿によって受け継がれていったことが想定できる。実際、叙位・除目で執筆を行うのは摂関家以外の公卿もあり、むしろ摂関家以外の公卿が行うことが多かった。叙位・除目の執筆の作法は複雑なため、九条家などの摂関家では「秘説」として伝授され、他家には伝えられないものであった。摂関家で用いられてきた叙位・除目の儀式書を見ても、独自の資料は摂関家以外には広まってはいない。叙位・除目の執筆は、主に大臣が担当した。そのため源有仁撰の儀式書や「花園説」の相承は、大臣に就く可能性が高い家、すなわち先に示した閑院流や勧修寺流など摂関家以外の藤原氏北家を中心に行われていった。源有

仁撰の儀式書は、後三条・白河両院という天皇の説を継承し、撰者が皇孫・臣籍降下という貴種性をもった上に、村上源氏系公卿の教命・口伝故実を集大成し、儀式書を秘蔵する摂関家に対して、大臣になった諸家出身の公卿にとって、入手しやすくかつ権威のあった儀式書であり、口伝・故実であった。このことが少なくとも一六世紀まで、摂関家以外の家（非摂家）において叙位・除目を行う際に有仁撰の儀式書が重要視され続けてきた大きな理由であろう（田島a一九九〇・田島d一九九四）。

三　尊経閣文庫本の書誌

1　包紙

本書『春玉秘抄』一巻は、二つの包紙に包まれ保管されている。まず外側の包紙は、縦四七・六cm、横一六・五cm（最大長）の渋引の料紙である。包紙の左側の「春玉秘抄　　一」と墨書され、「春」の上に貼紙があり「七ノ八八」と墨書され、その右側（包紙中央の上方）にも「模写一七」と記された貼紙が付されている（参考図版二三〇頁）。この外側の包紙を結ぶ紙縒（長さ二七・二cm）が一本ある。そして、巻子本を直接包む内側の包紙は、縦二四・七cm、横三三・六cmであり、この内側の包紙の奥（左端）に「春玉秘抄　　一巻」と墨書さている（参考図版二三〇頁）。

2　書誌

本書は一巻の巻子本では、透写に適した薄手の縦約二九・五cm、横約四二・〇cm前後（五三紙からは横三九・六cmのやや短い料紙を用い、最後の第五七紙は三九・〇cm）の料紙を合計五七紙貼り接いで本文が書写されており（糊代部分は約〇・五cm）、縦三〇cm、直径〇・九cmの竹製の軸（竹製のため軸は中空）に巻き付いているが、現状は、第一四紙と第一五紙との間が糊代部分で剝がれている。この他、第一紙は、本文を書写した部分（影印九三頁より九五頁三行目まで）の他に、表紙の外題部分「春玉秘抄初夜」（影印九一頁「巻姿」・九二頁「表紙」参照）を記すため、本文（表側）とは別紙に写され、背中合わせに重ねられている。すなわち本書冒頭は料紙が二紙重ねられていて、第一紙左端の糊代部分（影印九五頁の(2)の部分）で第二紙右端に繋げられている（この部分は三紙が重ねて貼り合わされている）。従って、外題を書写した料紙も加えると、料紙は全五八紙となる。一紙には約一九～二〇行、一行約一八字～二二字が書写されている。

また、第三紙の末行二〇行から第四紙第五行までは以下のようになっている（読点・人名注などは省略）。

20　（第三紙）太政大臣在朝・事欤經頼　件議所東面（此儀同在綿文）太政大臣左大臣南北面右大臣内大臣

1　（第四紙）記云太政大臣（外欤）・朝者官、　可着之由入道禪門仰者可尋

議所事必無之春除目三箇夜中以人数多時
或一夜着之有何事乎
本書云里内之時不着議所无其所之故也
議所雨儀無之欤云々但勘土記之處雨日多着議
2 記南所座左右大臣、納言列
3 ・安二年野記云・右大臣一上也
4 入南幔著座北面内大臣入艮幔
5 南面云云此事閑院相國御時也

この頭書（首書）のある部分は、親本である三条西家本には、

此首書、先公後稱名院殿
御筆也、実隆記之、

という裏書があったようで、その事を忠実に再現するため、尊経閣文庫本には、縦二九・五cm（本書と縦の長さが同じ）、横八・一cmの添付紙片一紙（参考図版二三一頁参照）が、巻子本である本書のこの部分に巻き込まれており、紙片の表には、右記の『春玉秘抄』第四紙の1行～3行の冒頭の三字「可」「議」「或」がそれぞれ記され（紙片をそれぞれに字の上に載せ、重ね合わせると紙片と本紙の文字が完全に重なる）、右下には第四紙目であることを示すため、「四葉目」と小字で墨書されている。一方、紙片の裏には右に引用した「此首書」以下「御筆也、実隆記之」までの文言が記され、甘露寺親長が書写した「春玉秘抄」に、「太政大臣」以下「此事閑院（藤原公季）相國御時也」までの頭書（首書）を書き込んだのは、「後稱名院」と号し（『親長卿記』文明四年［一四七二］正月二十八日条・『実隆公記』長享三年［一四八九］正月十九日条他）、実隆の父（「先公」）である三条西公保（一三九八～一四六〇）であったことを示している。公保は長禄四年（一四六〇）正月二十八日に亡くなっており、一で述べたように甘露寺親長が亡くなったのは明応九年（一五〇〇）八月十七日で、買得した親長書写の「春玉秘抄」に三条西実隆が巻末に識語を書き込んだのは、同年九月三日であるので、公保は親長の持っていた「春玉秘抄」に右記の頭書（「首書」）を書き込んだのは、遅くとも長禄四年正月以前となる。田中本『春玉秘抄』は第四丁表第四行～五行の頭書及び五行～六行に行間に、

□（太カ）政大臣在朝
□（時カ）事欤、經頼（源）
□（記カ）云、大（マヽ）政大臣
□（在カ）朝者、官
□（外カ）記南所座左右大臣
□（大カ）納言列、
□（治カ）安二年野記（小右記）云、
□（左カ）右大臣一上也、
□（入カ）南幔、着
座北面、内大臣入艮幔、南面云々、此事閑院（藤原公季）相國御時也、

と見える。字配りはやや異なるが、田中本でちょうど料紙の天の部分で、断ち切ったために字が切れて読みにくくなっている各行の冒頭部分が、三条西家本を透写した本書では、「・」「、」で示されている（第四紙1行目頭書双行の左の部分は、田中本では「外」と思われる部分が断ち切られているので「官、」（外欤）と記している）。公保が親長書写の『春玉秘抄』に書き込みを行った理由や具体的な時期は不明である

が、①親長が書写した本にはこの頭書が無かったので、公保が別の写本から写したか、②親長が書写した後、書き落とした頭書（「首書」）に気づいた公保が書き込んだか、のいずれかの可能性が考えられる。京都大学附属図書館寄託の菊亭家本『春玉秘抄』では、「此首書」以下の注記は、貼紙に書かれているので、尊経閣文庫本の書写は、表紙の外題の書写同様、原本を非常に忠実に書写していることが知られる。なお、こうした頭書の書写の仕方からも、三条西家本は田中本の転写本であることが知られる。

尊経閣文庫本には『春玉秘抄』の初夜（初夜上・初夜中・初夜下）の三巻部分が書写され、初夜上と初夜中には目録が記され、初夜上の最後には「初夜上」（第二七紙・影印一五五頁）と記され、初夜二の最後には「第二 初夜中」と記されている（第四三紙・影印一九二頁）。それに続き初夜下が始まり、「（初夜上）次取公卿當年給束 不下勘依當年也」と行間に「初夜上（マヽ）」と記されているが、これは「初夜下」の誤りである。なお、初夜上の目録部分（第一紙・影印九三頁～九四頁）は以下の通りである。

初夜上
仗座
議所
關白并大臣着二殿上一
參二御前座一
納言取二莒文一
奏二正權闕官一
縿二大間一
任二四所一
取二遺院宮御申文一
任二四所殘一
　持二參院宮御申文一事 在レ奥、任所一、又在二記〔別カ〕巻之

一方、初夜中の目録（第二七紙・影印一五五頁）は以下の通りである。

初夜中
下二賜大束申文一 關白不レ候議、
任二内給一 内給未給、内給推〔難カ〕書、
書二袖書一
召二參議給袖書文一
任二院宮當年給一
成二々文束一

そして、奥書は、

右、春玉抄初夜部也、有二子細一、不慮
買二得之一、筆者故（甘露寺）親長卿也、
近日帰泉、俯仰之陳迹、尤
可レ憐、可レ秘〳〵、中夜以下、静〔尋カ〕
可レ書二續之一、此抄全部草子一帖、
今度同買得文書之内也、
不レ可レ許二外見一而已。

□□□□（明応九年カ）季秋初三（九月三日）（花押影）（三条西実隆）

と見える。その内容は先に説明した通りなので繰り返さない。なお、実隆が数ある親長の蔵書からこの「春玉秘抄」を買得した理由は、貴重の儀式書であることのみならず、父公保の筆跡を見出したことがあったからかもしれない。

3　伝来

「春玉秘抄」の前田家での伝来に関して、先ず、前田綱紀（一六四三～一七二四）の『書札類稿』（尊経閣文庫所蔵）の一部であり、前田家と三条西家との間でやりとりされた書状の控えを収載する「三条西蔵書再興始末記」の宝永五年（一七〇八）六月二十五日付「覚」の記述が参考になるので、以下に引用する。

覚

一、中右記抄　一巻

（中略）

一、宣陽門院（覲子内親王）御落飾記　一巻

（中略）

一、春玉秘抄　一巻

右秘抄者、名高書ニ御座候得共、世間ニ無二御座一候乎、初而被レ致二披閲一、別而本望成二御座一候、全部八巻之由、承及被レ申候得共、其段難レ計、先修覆（復）申付、被レ致二返納一候、追而出申者、早々御差下度候所ニ頼入被レ存候、

一、永仁六年記

（中略）

一、槐御抄下　一冊

（中略）

一、元号字難　十葉

（中略）

一、記録抄出　一通

（中略）

一、迁（遷）都以後朔冬年々　一葉

（中略）

（宝永五年）六月廿五日

恐らくはこの記述によったのか、尊経閣文庫本「春玉秘抄」の書写を宝永五年六月とする見解もある（所a一九八六）。しかし、これは正確ではない。綱紀は、幼くして家を嗣いだ三条西公福（一六九七～一七四五）が財政窮乏して図書の維持・保存も意のごとくでない状態をみて、援助の手をさしのべ、書物の整理・補修、さらには書庫の新築までも行い、養女寿姫を公福に嫁がせているなど（「前田綱紀について」石川県立美術館編・刊『―加賀文化の華―前田綱紀展』一九八八年）、深い関係にあった。この「覚」はまさに覚え書きのため詳しい事情がわからない部分が多いものの、この時点では、借用したと思われる三条西家所蔵の「春玉秘抄」の修復を申しつけ、三条西家に返納した旨が記されているにすぎないので、この「覚」の

『春玉秘抄』写本略系統図

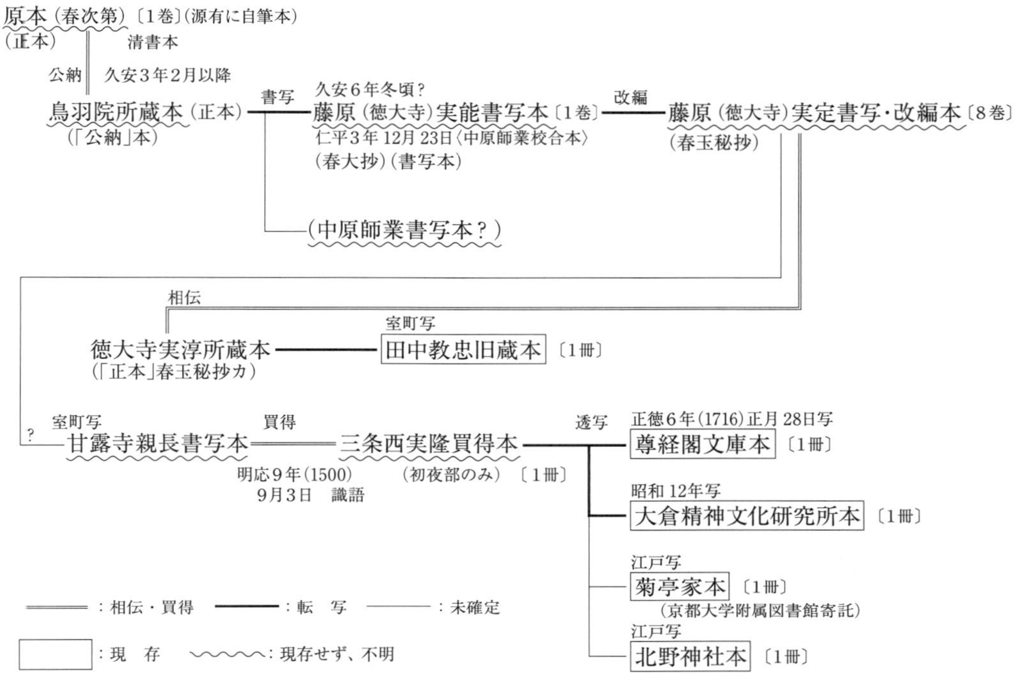

記述から宝永五年六月に「春玉秘抄」の透写が行われたのかは不明である。一方、前田綱紀の雑記帳である尊経閣文庫所蔵の『桑華書志』五十八　家蔵書　丙申之一（享保元年・一七一六）の末尾の第一丁裏には、「春玉秘抄」に関して、以下のように記されている。

伏見殿御書二秋玉秘抄一二巻、花園左大臣有仁公（源）除目抄ト申來、同否未レ決、

春玉秘抄一巻

此一巻者、巻頭・巻尾二撰者之姓名不レ書レ之、未レ考二其記一者、俟二後日一而已、

右、春玉抄初夜部、奥書也、有二子細一、不慮買二得之一、筆者故親長卿（甘露寺）也、近日帰泉、俯仰之陳迹、尤可レ憐、可レ秘〱、中夜以下、静可レ書二續之一、此抄全部草子一帖、今度、同買得文書之内也、不レ可レ許二外見一而已、

□□□□季秋（九月）初三　（花押影）（三条西実隆）

某年某月日、以二三条羽林家蔵之舊本一摹二写之一、

「（押紙）逍遥院殿（花押影）丙申・正・廿八、写レ之、花押藪見合、無レ疑者也、」

右の記述によれば、「伏見殿」（伏見宮家）の蔵書に「秋玉秘抄」二巻があり、花園左大臣源有仁公の「除目抄」であると言っているが、それと「春玉秘抄」が同じか否かは決しがたいと書かれている。そして「春玉秘抄」一巻の奥書部分を記した後、「某年某月日」に「三条羽林家」（三条西家）所蔵の旧本を模写したことが記され、花押影

の右に「逍遥院殿」(三条西実隆)という注記を付け、更に「丙申・正・廿八、写レ之」すなわち「丙申」年の正月二十八日に書写したこと、花押を『花押藪』と見比べたところ、実隆の花押に間違いないと記している。

　前田綱紀存命中の「丙申」年としては、明暦二年(一六五六)と正徳六年(享保元年・一七一六)があるが、綱紀が収書を始めたのは万治二年(一六五九)以来であり、本格的に集め始めたのは寛文年間以降であることから、この「丙申」年は正徳六年(享保元年)と考えられる。従って前田家で三条西家本「春玉秘抄」を透写し終えたのは、正徳六年正月二十八日と思われる。また、花押影を「花押藪」と「見合」わせたところ、疑いなく「逍遥院殿」すなわち三条西実隆の花押に疑いないとも綱紀は記している。なお、『花押藪』は、徳川光圀の命により、丸山可澄(一六五七~一七三一)が編纂した七巻七冊の木版の花押図鑑であり、元禄三年(一六九〇)刊行され、宝永八年(一七一一)に『続花押藪』七巻七冊が続刊された(皆川完一「かおうそう　花押藪」『国史大辞典』3　吉川弘文館　一九八三年)。

　以上、尊経閣文庫所蔵『春玉秘抄』一巻についての書誌と伝来について述べた。透写の時期は正徳六年(享保元年)正月二十八日であることが確定された。最後に、まとめとして現存する『春玉秘抄』の写本を中心に略系統図を示すと前頁上段のようである。

むすび

　源有仁の撰で、藤原(徳大寺)実定が改編した除目の儀式書『春玉秘抄』は、戦国時代まで用いられた「花園説」の中心的な役割を果たした儀式書であり、摂関家以外の家で用いられた。それは後三条院や白河院という天皇の説と村上源氏系公卿の説の集大成であったこともあり、摂関家の説に対抗できる権威をもっていた。田中本『春玉秘抄』とあわせて、三条西家本を透写した尊経閣文庫本の影印本が今後、除目儀の研究で用いられることが期待される。

　原本調査に際しては、財団法人前田育徳会尊経閣文庫及び同文庫理事の菊池紳一先生のご配慮とご教示を頂戴した。なお、私が本書の閲覧を初めて許されたのは、一九八九年のことかと思われるが、その際には橋本義彦・飯田瑞穂両先生の御高配を賜った。特に飯田先生より『桑華書志』に見える「春玉秘抄」の書写時期に関する記述をお教えいただいたことが懐かしく思い出される。二十年以上前のことではあるが、その後、源有仁の儀式書が次々と確認され、後三条天皇の儀式書も確認され、影印も刊行されたことは隔世の感もある。解題執筆の機会を与えていただいた財団法人前田育徳会尊経閣文庫に深謝申し上げる。

【参考文献】

大阪府立図書館編a『皇紀二千六百年記念國史善本展覧会目録』（大阪府立図書館　一九四〇年）

大阪府立図書館編b『皇紀二千六百年記念　國史善本集影』（小林写真製版所出版部　一九四〇年）

田島公a「『叙玉秘抄』について―写本とその編者を中心に―」（『書陵部紀要』四一号　一九九〇年）

田島公b「源有仁編の儀式書の伝来とその意義―「花園説」の系譜―」（『史林』七三巻三号　一九九〇年）

田島公c「田中教忠旧蔵本『春玉秘抄』について」（『日本歴史』五四六号　一九九三年）

田島公d「「花園説」の源流と相承の系譜―『春玉秘抄』の成立と伝来の過程を手懸かりとして―」（上横手雅敬監修、井上満郎・杉橋隆夫編『古代・中世の政治と文化』思文閣出版　一九九四年）

田島公e「『秋玉秘抄』と『除目秘抄』―源有仁原撰本『秋次第』と思われる写本の紹介と検討―」（田島公編『禁裏・公家文庫研究』第一輯　思文閣出版　二〇〇三年）

田島公f「東山御文庫に収蔵される源有仁撰『春次第』の「具書」と思しき儀式書」（『［東京大学史料編纂所研究成果報告書二〇一一―一］目録学の構築と古典学の再生―天皇家・公家文庫の実態復原と伝統的知識体系の解明―』二〇一一［平成二三］年度科学研究費補助金［学術創成研究費］研究成果報告書　二〇一二年）

所功a「『春玉秘抄』残巻と逸文」（『京都産業大学世界問題研究所紀要』七巻　一九八六年）

所功b「『春玉秘抄』の復原」（『国書逸文研究』一八号　一九八六年）

所功c「『春玉秘抄』の『魚魯愚鈔』所引本」（『宮廷儀式書成立史の研究』国書刊行会　二〇〇一年）

和田英松「春玉秘抄」『本朝書籍目録考証』（明治書院　一九三六年）

尊経閣善本影印集成 49

無題号記録 春玉秘抄

発行 平成二十三年九月二十日
定価 二六、二五〇円（本体二五、〇〇〇円＋税五％）
編集 財団法人 前田育徳会尊経閣文庫
東京都目黒区駒場四－三－五五
発行所 株式会社 八木書店
代表 八木壮一
東京都千代田区神田小川町三－八
電話 〇三－三二九一－二九六一〔営業〕
－二九六九〔編集〕
FAX 〇三－三二九一－六三〇〇
製版・印刷 天理時報社
用紙（特漉中性紙） 三菱製紙
製本 博勝堂

ISBN978-4-8406-2349-0 第七輯 第2回配本

Web http://www.books-yagi.co.jp/pub
E-mail pub@books-yagi.co.jp